台湾北部タイヤル族から見た近現代史

日本植民地時代から国民党政権時代の「白色テロ」へ

菊池一隆

集広舎

装丁／design POOL

台湾北部タイヤル族から見た近現代史◉目次

第三章　日本・台湾総督府の理蕃政策と角板山タイヤル族

第四章　高砂義勇隊の実態と南洋戦場
台湾原住民から見るアジア・太平洋戦争、そして国共内戦

第五章　一九五〇年代国民党政権下での台湾「白色テロ」と原住民
角板山タイヤル族ロシン・ワタンの戦中・戦後

台湾北部タイヤル族から見た近現代史

日本植民地時代から国民党政権時代の「白色テロ」へ

プロローグ　抵抗・苦難・尊厳

戦後しばらくは外省人から見た台湾史、それ以降、最近は本省人の視点からの台湾史が主に論じられるようになり、それが増大傾向にある。それに対して、本書は外省人、本省人の立場からではなく、原住民の視点から見た台湾史であり、歴史学である。その際、私の関心は、平埔族のように「近代化」を受け入れた民族ではなく、それを頑強に拒絶し、対清・対日抵抗を続け、最も「野蛮」と称され、台湾原住民の中で影響力の強かったタイヤル族にある。そして、タイヤル族内でも、特に指導的立場にあった台湾北部の桃園県角板山タイヤル族に焦点を合わせる。

表1によれば、日本植民地時代に台湾原住民は七種族と称されていた。中華民国以降、ずっと九種族と称されていたが、最近は言語や風俗などの相違、もしくは政治的趨勢もからまり実に一六種族と称されている。その結果、タイヤル族からタロコ族、セデック族が分離した。ただし、本書が対象とする日本植民地時代、そして中華民国以降、特に一九五〇年代までは七種族、次いで九種族時期であり、したがって、タロコ族、セデック族を包括した総称としてタイヤル族とする。

ところで、従来、台湾原住民研究は主に民族学、人類学、社会学の視点から家族構成や生活様式、

表1　台湾原住民各種族の分離変遷

時期	日本植民地時期	中華民国後	現在（2015年段階）
北蕃	タイヤル族	泰雅族（タイヤル）	泰雅族 太魯閣族（タロコ）2004年分離独立 賽徳克族（セデック）2008年分離独立
	サイセット族	賽夏族（サイセット）	賽夏族
南蕃	ブヌン族	布農族（ブヌン）	布農族拉阿魯哇族（サアロア）
	ツオウ族	曹族（ツオウ）	鄒族（ツオウ） 卡那卡那富族（カナカナブ）2014年分離独立 拉阿魯哇族（サアロア）2014年分離独立
	パイアン族	卑南族（ピュマ）	卑南族
		魯凱族（ルカイ）	魯凱族
		排湾族（パイワン）	排湾族
	ヤミ族	雅美族（ヤミ）	雅美族，現在の正式名称は「達悟族」
	アミ族	阿美族（アミ）	阿美族 撒奇莱雅族（サキザヤ）2007年分離独立
平埔族			平埔族の一部が原住民として 邵族（サオ）2001年認定 葛瑪蘭族（クバラン）2001年認定
計	7種族	9種族	16種族

出典：①門脇朝秀編『台湾 高砂義勇隊』あけぼの会，1994年，53，55頁。②蘭与郷公所『蘭与郷―導覧手冊―』2009年，1頁などから作成。③月田尚美「台湾原住民の言語」『現代中国への道案内』Ⅱ，2009年，60～61頁では，2009年1月段階では14族となっている。このように分離独立し，種族数は次第に増大傾向にある。なお，「平埔族」は元来。「漢化」され，原住民数には入っていなかったが，その一部である邵族，葛瑪蘭族は原住民の種族に認定。雅美族は現在，正式名称として「達悟族」と称されている。筆者は蘭与島に実際に行き，確認したところによれば，蘭与島は昔，原住民自身は「Ponso No Tao」（人の島）と称し，「Tao」人（人族）と自称していたという。漢語では「雅美族」と書いた。結局，現在，「Tao」という音に合わせて漢字で「達悟族」と表現するようになったようだ。

婚姻、宗教、言語などがとりあげられてきた。[1] 他方、歴史学では原住民研究は少ない。対日抵抗である一九三〇年の霧社事件研究が進んでいるが、それ以前の原住民史研究も不十分であるが、むしろそれ以降の歴史研究は激減する。このように、研究が蓄積されつつある中部タイヤル族（現在のセデック族を含む）に対して、台湾史研究でも空白ともいえる北部タイヤル族の解明が急務である。さもなければ台湾タイヤル族のみならず、原住民の体系的かつ全面的解明は不可能だろう。その上、下関条約（馬関条約）による台湾割譲、「台湾民主国」建国、台湾全土の「土匪」の対日抵抗は捨象できないが、「土匪」の研究に比して原住民の対日抵抗は霧社事件などを除けば、未解明部分があまりに多い。日本領有前期における北部タイヤル族の抵抗を除外しては、台湾の対日抵抗史全体を構築できないのではないか。また、分断されてきた歴史学と民族学、人類学などを結びつけることにチャレンジし、新たな学問的地平を切り開くことを目指す。なぜなら民族学、人類学と歴史学それぞれが各分野で蛸壺的に探究され、研究の幅を狭めていると感じられ、かつそのビビッドな実態を解明できないからである。

ここで、各章の内容と特色を簡単に述べておきたい。

第一章では、タイヤル族の伝統生活を人類学、社会学の研究成果も採り入れて明らかにする。ただし、それを全般的に論じるのではなく、組織機構、社会経済制度、家族制度から、「出草」（馘首）、祭祀などに言及しながらも伝統的戦闘側面を摘出し、あくまでも軍事的側面に重点を置き論じる。

すなわち、台湾原住民の中でもタイヤル族は「生蕃」といわれ、対清抵抗、次いで対日抵抗を繰り返し、強靱に戦った。それが何故可能であったのか。その際、タイヤル族はガガという特有の精神・組織・規則・宗教までも包括する構造を有しており、それが外敵に対して軍事態勢を採る際、どのように機能したのか。また、対日抵抗において銃、蕃刀、入れ墨、首狩りである「出草」はどのような意味を持つのか。このように多角的視点から考察を加える。

第二章では、まず「土匪」の対日抵抗の実態を簡潔に押さえた上で、北部タイヤル族の対日抵抗と「帰順」を明らかにする。[2]結局、日本討伐隊に対して北部タイヤル族は具体的にどのように戦ったのか。どのような形で「帰順」に追い込まれたのか。当時の原住民の抵抗に関連する史料は多いとはいえず、不十分な感は否めない。したがって、私自身が台湾桃園県角板山で実施したインタビューを梃子に、史料としては総督府関係資料、および当時、台湾で発行されていた『台湾日日新報』を使用することで、角板山を中心に北部タイヤル族の対日抵抗がどのようなものであったか、その実態や特質などについてアプローチする。なお、その際、タイヤル族部落にいた日本人二人の動向にも着目する。

第三章では、戦時期（一九三七～四五年）を中心とするが、一九二〇年代から三一年「満洲」事変を経て三七年盧溝橋事件に至る期間も視野に入れ、日本の理蕃政策と台湾原住民との関連について論じる。[3]日本植民地時代の台湾における理蕃政策、すなわち原住民政策（当時、原住民は「高砂族」、または「生蕃」・「熟蕃」などと称されていた）に焦点を絞り、その内容、目的、実態、特色、および限界と意義を考察する。それは銃を奪い、狩猟民から農耕民への大転換を促すものであった。その際、さらに一歩進めて、理蕃政策に原住民がいかに反応したのかに言及する。そうすることで、原住民から見た理蕃政策を浮かび上がらせることができる。この二つの視点から構造的に考察を深める。

第四章では、台湾原住民から見るアジア・太平洋戦争であり、歴史学では空白のまま残されてきた高砂義勇隊の実態、役割、および歴史的位置を明らかにする。当時の直接的な史料は少ないが、高砂義勇隊については聞き取りをベースに執筆されたルポルタージュは少なくない[4]。だが、このテーマは歴史学的にも看過できない。なぜならアジア・太平洋戦争期における台湾原住民の動態、台湾内での原住民の位置と差別問題、および日本敗戦後の戦争責任問題などを通して、原住民問題はもちろん、戦争それ自体を多角的視点から考察する手がかりを与えてくれるからである。したがって、本章では、前述のルポルタージュに、当時の新聞、史料、および私自身が実施したインタビューなどを組み合わせ、歴史学的に高砂義勇隊の実態、構造、およびその本質にアプローチする。

第五章では、一九五〇年代台湾「白色テロ」と原住民の関係を、角板山（現在の桃園県復興郷）のロシン・ワタン（**Losin Watan**）。日本名は「日野三郎」、中国名「林瑞昌[5]」）と阿里山の高一生を中心に論じる。日本では、台湾二二八事件は著名であるが、その後の極めて重要な問題である「白色テロ」については知る人は少ない。だが、「白色テロ」を捨象して、戦後台湾史を正確に捉えることはできない[6]。本章では、本省人、外省人ではなく、原住民、特に角板山タイヤル族と阿里山ツオウ族の視点から見た日本植民地時代、日本敗戦後の一九四五年に蒋介石・国民政府の台湾「光復」（回復）、四七年の二二八事件、特にその後の五〇年代「白色テロ」の解明に重点を置く。ところで、日本植民地時代にロシン・ワタンは公医として山地医療・衛生に奔走し、かつ総督府特任評議員として原住民の地位や人権面での向上を目指した。だが、日本敗戦後、「白色テロ」下で蔣介石・国民党政権によってロシン・ワタンは処刑された。それは何故か。そのことを、歴史学的にどのように考え、位置づければよいのか。当時の台湾の実態、原住民の地位についてメスを入れる。

これらを通して日本植民地時代、国民党政権時代を中心に台湾北部タイヤル族の二段階変容、および断絶と連続性を解明する。第一段階は日本植民地後、北部タイヤル族は対日抵抗を続けたが、圧倒的な武力の差から日本に「帰順」、その理蕃政策を受け入れた時である。第二段階目の変容は一九四五年日本敗戦後、国民党政権が台湾を奪還し、四七年本省人弾圧の二二八事件を経て、その後、国共内戦で中国共産党に敗北し、蔣介石・国民党政権が台湾に全面撤退、逃亡したことによる。いわゆる五〇年代「白色テロ」である。第一段階、第二段階の変容を具体的事例をあげながら、それぞれ実態、共通性と差違、連続と断絶、何が変容し、何が変容しなかったのかを明確にしたい。この二つの時期を連続して議論されることは少ない。日本植民地時代はそれだけで完結して論じられる。その後、国民党政権下で彼らはどうなったのか。日本植民地時代の影響、功罪は具体的にどのようなものだったのか。台湾原住民はこれら二つの時代の歴史的荒波に翻弄されながらも、生き抜き、生活しているのである。彼らの歴史は激しい抵抗、投降、苦難の中で、自らの尊厳を守る闘いでもあった。日本人の思考を植民地時代、もしくは現在の日台関係に留めず、日本植民地時代と深く関係しているので戦後直後の台湾原住民の状況を知る必要があろう。したがって、これらの解明は是が非でもやらねばならぬ重要テーマといえよう。

では、（1）その伝統生活における戦闘組織、（2）日本植民地化後の対日抵抗、（3）日本による理蕃政策、（4）高砂義勇隊、および（5）日本植民地崩壊後、国民党政権支配へと大転換の中で角板山タイヤル族を襲った「白色テロ」などに関して順次論じていきたい。なお、ここで押さえておくべきことは、タイヤル族には元来文字がなかったという事実である。その結果、タイヤル族にとって口承、伝承は重要な意味を持ち、それによって各種の規範、伝統、部族史などが伝えられてきた。このようにタイヤル族側からの史料が少ない以上、各人へのインタビュー、現地調査など、オーラルヒストリー的手法が極めて重要なことが理解できよう。ここ十数年来、私が続けてきたインタビューと文献史料、当時の新聞史料などを組み合わせ分析を加え、その実態と本質に迫りたい。

【註】

（1）例えば、①山路克彦『台湾タイヤル族の一〇〇年』風響社、二〇一一年は、生活文化を軸に社会学的視点から伝統社会が日本植民地時代を経て、さらに戦後、近代化による変遷、また「認同」（アイデンティティー）についても論じる労作である。②小泉鉄『台湾土俗誌』建設社、一九三三年、③王梅霞『泰雅族』三民書局、二〇〇六年、④宋光宇主編『泰雅人―台湾宜蘭県武塔村調査―』雲南大学出版社、二〇〇四年、⑤達西烏拉彎・畢馬（布農族）『台湾原住民泰雅族』台原出版社、二〇〇一年はタイヤル族の伝統文化全般を論じ、⑥洪英聖『台湾先住民脚印』時報文化出版企業股份有限公司、一九九三年、⑦黒帯巴彦『泰雅人的生活形態探源』新竹文化局、二〇〇二年は多数の写真を掲載、説明を加える。いわば、これらの多くは主に民族学、人類学、もしくは文化史の視点から論じる。

（2）原住民の対日抵抗については、牡丹社事件、霧社事件などを除けば、本格的にとりあげた研究は少ない。そうした中で、最近、傅琪貽（藤井志津枝）『日本統治時期台湾原住民抗日歴史研究―以北台湾泰雅抗日運動為例―』団結出版社、二〇一五年が出版された。同書は各戦闘を区分けし、分かりやすく論じた好著である。ただし、①史料面からいえば、弾圧側である『理蕃誌稿』を多用し、タイヤル族側の言説が見えてこない。これを打開するのが、本書で用いるオーラルヒストリーである。②「一九一四年」を「台湾島内の漢族とタイヤル族の……武装抗日時代は終わった」とする。しかし、現在はセデック族として分離したが、当時タイヤル族が起こした「一九三〇年」の霧社事件とすべきだろう。③対清、タイヤル族の抗日のみを論じるが、タイヤル族にとって清も「外族」で敵であった。清、そして日本に対する抵抗の共通性と差異、連続性と非連続性に着目する必要があろう。④著者は高砂義勇隊研究をする意識がないようだが、これを捨象すると、原住民がどのように具体的に姿勢変更したのか、もしくは変更しなかったのかを明らかにできないであろう。

（3）日本では、台湾原住民に対する理蕃政策に焦点を絞った研究は多くはない。だが、台湾植民地関連では、①台湾史研究部会編『日本統治下台湾の支配と展開』中京大学社会科学研究所、二〇〇四年は論文集であり、檜山幸夫「台湾統治基本法と外地統治機構の形成」、柏木一朗「明治三〇年前後の台湾の郵政事業と治安問題」などが所収されているが、遺憾ながら理蕃政策をとりあげていない。②又吉盛清『日本植民地下の台湾と沖縄』沖縄あき書房、一九九〇年は台湾と沖縄の関係を考察する際、参考になる。③劉鳳翰『日軍在台湾―一八九五年至一九四五年的軍事措施与主要活動―』（上）（下）、国史館、一九九七年は日本軍統治下の台湾全体を論じたものであるが、一部で原住民をとりあげている。こうした研究状況下で、③藤井志津枝が理蕃事業に関して著書・論文を精力的に発表している。藤井の著書『理蕃・日本治理台湾的計策』文英堂、一九九七年、論文「日據時期佐久間総督的理番事業」『台湾文献』紀念輯、一九八八年、「児玉総督時期的台湾原住民政策」『台湾史学術研討会論文集』第一輯、同年、「日據時期的理番政策―論生活改造問題―」『台湾史研究暨史蹟維護研討会』成功大学歴史系、一九九〇年などである。これらは主要に日本植民地前期の理蕃政策に着目している。それに対して本書では日本植民地後期に焦点を合わせ、理蕃政策に対して総督府のみならず原住民の視点から論じる。

（4）日本軍や高砂義勇隊の関連では、①本康宏史「台湾における軍事的統合の諸前提」、前掲『日本統治下台湾の支配と展開』所収があり、一九〇〇年前後に焦点を絞り、「護郷兵」→「軍役壮丁」→「軍役志願者」の展開をあとづけ、その主要対象は原住民であったとする。この初期「志願兵」制度は挫折したとし、一九四〇年代、総力戦体制下での「陸軍特別志願兵」に触れるが、これと高砂義勇隊の「志願」と混同しているのではないか。また、ルポルタージュを基礎としたものに、②石橋孝『旧植民地の落し子・台湾「高砂義勇隊」は今』創思社、一九九二年、③土橋和典『忠烈抜群・台湾高砂義勇兵の奮戦』星雲社、一九九四年、④門脇朝秀編『台湾高砂義勇隊―その心には今なお日本が―』あけぼの会、一九九四年、⑤林えいだい『証言 台湾高砂義勇隊』草風館、一九九八年などがある。これらは、ジャーナリズム的なアプローチにより高砂義勇隊の南洋戦場での活動への聞き取り、台湾原住民の親日的姿勢と日本への不満という複雑な心境、および日本敗戦後に補償未払いという日本政府の姿勢を批判するなどの重要な問題提起している。その他、⑥中村ふじゑ「霧社事件から高砂義勇隊まで」『中国研究月報』第四七六号、一九八七年一〇月は霧社事件後、強制移住させられた川中島の現地調査と原住民への聞き取りによる報告文がある。なお、周知の通り、⑦大岡昇平『野火』新潮文庫、二〇一二年一〇七刷（初版一九五四年）は、極限の食糧不足の中で、日本兵が日本兵を「猿」と呼び、射殺し、「人肉食」をした有様を小説にしている。ただし、同小説では、高砂義勇隊には触れていない。このように、管見の限り高砂義勇隊については聞き取りをベースに執筆したルポルタージュしかない。その他、⑥山路勝彦、前掲書があるが、高砂義勇隊への言及はない。

（5）タイヤル族をはじめ、台湾原住民は原住民名、日本人名、中国人名という三つもの名前を持っている。姓名をそれぞれの政権・統治者に合わせざるを得なかったためである。いわば台湾原住民を取り巻く統治体制下の反映であり、歴史的産物といえよう。

（6）一九五〇年代「白色テロ」に関しては、重要テーマにもかかわらず台湾でも研究は遅れていることが指摘されており、①藍博洲主編（台湾民衆史工作室）『五〇年代白色恐怖―台北地区案件調査与研究―』台湾史文献会、一九九八年、②『簡吉獄中日記』中央研究院台湾史研究所、二〇〇五年など、主に本省人中心に若干の資料集や日記などが出ているだけである。特に原住民と「白色テロ」の関係については、『回帰歴史真相―台湾原住民族百年口述歴史―』原住民族出版社、一九九四年など関連の若干の聞き取りが含まれているが、管見の限り研究はほとんどない。したがって、その研究や聞き取りは緊急におこなわなければならず、さもなければ原住民に対する「白色テロ」は闇に埋もれてしまう危険性がある。

第一章

台湾タイヤル族の伝統生活と戦闘組織について

はじめに

　タイヤル族は台中州能高郡埔里以北、花蓮港庁付近に至る中央山脈に沿った連山の間に居住する（図1―1）。このように、タイヤル族は主に台湾北部の山地に分布するところから「北蕃」と称された。すなわち、台北州下で南湖大山とその付近の山脈より発する大濁水渓流域にある南澳蕃、濁水渓域にある渓頭蕃、および棲蘭山から新店渓上流にある屈尺蕃がある。新竹州では大覇尖山より分岐する山脈間を流れる淡水渓上流のキナジー蕃、マリコワン蕃、大嵙崁前山蕃、ガオガン蕃、内湾渓上流のメカラシ蕃、上坪渓上流のシャカロー蕃などがある。[1] 表1―1によれば、タイヤル族人口はパイワン、アミ両族に次ぐ第三番目で、大体三万一〇〇〇人から三万三〇〇〇人、二三～二五%を占めている。その占有地域は実に全原住民居住地域の約三八%で、約五〇〇〇方里（約八〇〇〇平方キロメートル）の広さを占めていた。

　種族名に関しては、明治四五（一九一二）年総督府が査定し、タイヤル（Tayal）族、もしくは音声から「アタヤル」（Atayal）族と称されることとなつた。「タイヤル」とは「宇宙の頂点に立つ真

図1－1　台湾原住民分布図（1937年）
盧北麟主編『台湾回想』創意力文化事業有限公司，1933年，370頁から作成。なお，平埔族はほぼ完全に漢北（本島人化）していると見なされ，当時原住民から除外されていた。

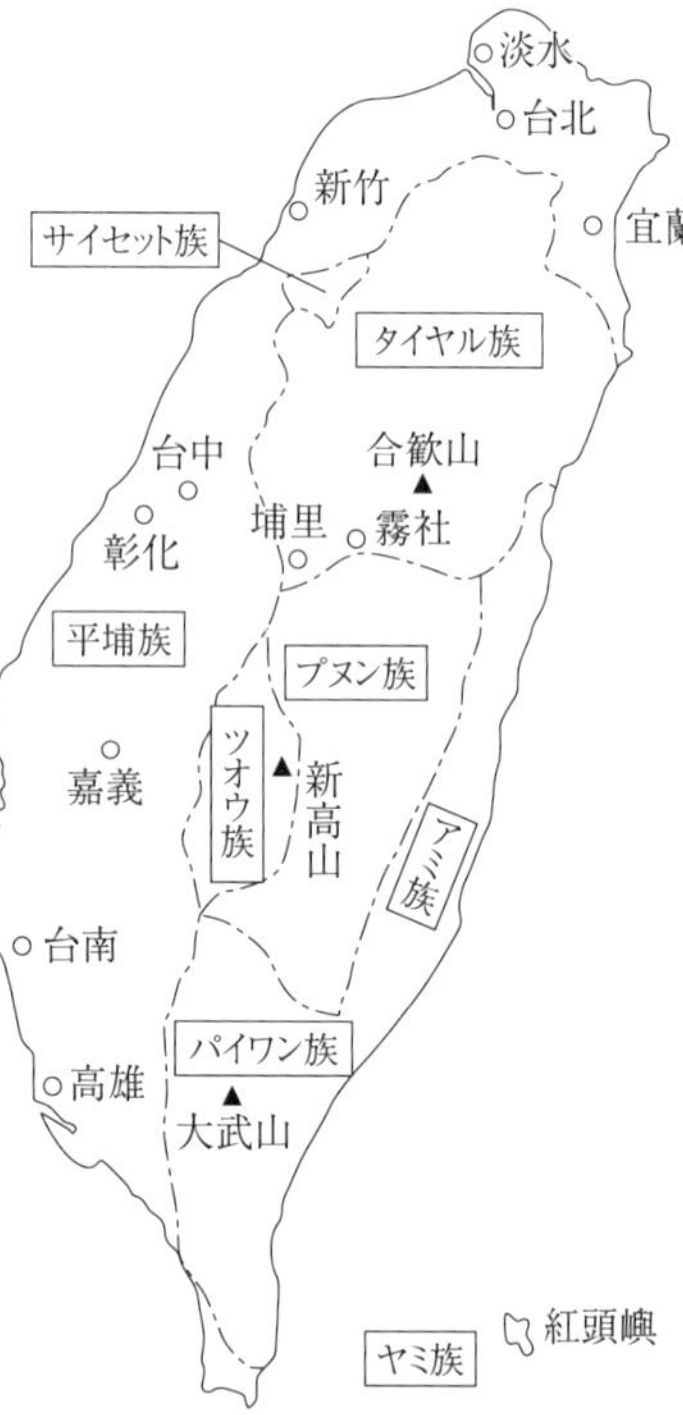

表1－1　各種族統計表
（1922－29・1937）

	タイヤル	%	サイセット	%
1922	31,101	23.6	1,150	0.9
1923	31,600	25.4	1,196	1.0
1924	31,942	23.5	1,325	1.0
1925	32,528	23.8	1,226	0.9
1026	32,761	23.6	1,251	0.9
1927	32,906	23.6	1,279	0.9
1928	32,296	23.2	1,269	0.9
1929	33,710	24.0	1,283	0.9
1937	36,660	23.8	1,566	1.0

	プヌン	%	ツオウ	%	パイワン	%	アミ	%	ヤミ	%	計	%
1922	16,656	12.6	1,977	1.5	41,693	31.6	37808	28.6	1615	1.2	132,000	100.0
1923	17,400	14.0	2,007	1.6	41,813	33.6	38889	31.3	1515	1.2	124,420	100.0
1924	17,566	12.9	2,039	1.5	42,039	31.0	39399	29.0	1529	1.1	135,721	100.0
1925	17,844	13.1	2,030	1.5	41,941	30.7	39543	28.9	1594	1.2	136,706	100.0
1026	18,394	13.3	2,089	1.5	41,899	30.2	40618	29.3	1615	1.2	138,627	100.0
1927	18,561	13.3	2,068	1.5	41,693	29.9	41211	29.6	1609	1.2	139,327	100.0
1928	18,082	13.0	2,017	1.4	41,344	29.7	41627	29.9	1603	1.2	139,234	100.0
1929	17,758	12.7	2,103	1.5	41,235	29.4	42435	30.3	1619	1.2	140,169	100.0
1937	17,672	11.5	2,204	1.4	44316	28.7	50052	32.5	1729	1.1	154,199	100.0

出典：①1922−29年は「蕃地調査書」『現代史資料―台湾（二）―』(22)，みすず書房，1971年，389頁，②1937年は盧兆麟主編『台湾回想』創意力文化事業有限公司，1993年，370頁から作成。%は筆者算出。

の人」という意味の自称である。しかし、タイヤル族の中には「サーデック」（Sedeq。または「セーダック」、「セデック」。これも「真の人」を意味する）と自称するものがある。この系統は台中州能高郡下の霧社蕃、タウツア蕃、トロツク蕃、花蓮港庁下タロコ蕃、本瓜蕃、タウサイであるが、彼らは「タイヤル」と自称しない。ただし、総督府が、これら一群は、「僅かに言語の中に聊か方言を異にするもののある外は其の体質、土俗、習慣等に於て画然たる差異を認めず、等しく同一系統に包含さるべき」として、これらを含めた全体を「タイヤル族」と認定したのである。[2]竹越与三郎によれば、タイヤル族の性格は「極めて慓悍にして、最も馘首の風を重んじ、蕃人中の最下等なるものに属する」[3]とする。このように台湾原住民、とりわけタイヤル族（因みに一九三七年には、台湾人口五四五万人である。その内、原住民全体は一五万四一一九人で、内、タイヤル族は三万六六六〇人）は「生蕃」といわれ、「近代化」を拒絶し、対清抵抗、および対日抵抗を繰り返した最も「野蛮」、もしくは「勇猛果敢」な種族と称された。

本章では、具体的には伝統的な組織機構、社会経済制度、家族制度から、祭祀、戦闘、「出草」（馘首）に至るまで多角的視点から考察を加えたい。こうして、タイヤル族の伝統生活を明らかにするが、特に軍事的側面を重視し、粘り強い対日抵抗を可能にした要因、さらには太平洋戦争時期における高砂義勇隊の特質などを解明する手がかりを得ることも念頭に置く。

一　タイヤル族の神話伝説・居住空間・伝統生活

まずタイヤル族の特質を知るため、神話・伝説から見ておきたい。

第一に、タイヤル族大嵙崁蕃の伝説によれば、「太古、パッパクマーヤンと呼ばれてゐた処に、苔蒸した一大巨岩があった。或る時その岩が自然と二つに割れてマプタ（男）、マーヤン（男）、ルックルサーボ（女）といふ三人の男女が現れ、そこを住居として長らく同棲してゐる間に四子をあげた[4]」とされる。これはタイヤル族が石から誕生したという神話である。

第二に、太陽征伐伝説がある。太古、太陽が二つあり、一つが西に没すると、他の一つが東から昇る。草木、水流も枯れ果て、鳥獣の姿もない。そこで、屈強な三人の若者を選んだ。だが、太陽への道遠く、白髪の老人となった。そのため、新たに勇壮な青年三人を選び、三人の嬰児を背負わせ、先発隊の応援に向かった。応援隊も老いたが、三人の嬰児は立派な若者となり、目的地に到達した。木鼠（栗鼠?）の「ウツタシ」（陽物）を矢の先につけ、太陽を射ると、大音響と共に「血塊淋漓」が滴り落ち、蒼白な形骸を留めることになった。一つの射られた方の太陽を今は月と名づけている（タイヤル族北勢蕃[5]）。タイヤル族には、これに類した神話・伝説の内容は地域によって若干異なるが、幾つかあり、太陽を矢で射るなど冒険心、勇猛さを示し、狩猟民族としての特質が如実に示されているといえよう。

タイヤル族は父系社会で男至上であった[6]。男は幼少の時は母が撫育するが、八、九歳頃になると、父が薫育し、神話、伝説、自族の歴史を教え、かつ慣習や制度を習熟させる。また、建築、農耕、狩猟、手細工などの技術を授ける。他方、女は母の手でずっと養育され、八、九歳頃には炊事、機織り、家事を覚え、その傍らで慣習、制度、「儀礼」（礼儀？）、勤勉、貞淑を教え込む。特に機織りは重要で上手にできないと、天国の「アトハン」に行けないとされる。適齢期になると、異性との交際を慎むよう戒められ、処女のまま結婚、妻となることを誇りとする[7]。①女は織布の技巧のよい者が高い評価を受ける。②女は「Nanigan Pinta」と呼ばれ、「食事を作る人」を意味し、家庭にいた。③女は織布や料理以外に仕事が多く、米をつくのが重要な仕事であった。通常夏に米を収穫するのが男の仕事であり、その後の籾殻と米を分け、米倉に入れるまでが女の仕事で大変時間を要した[8]。このように、男女の区別、性的分業は明確であった。

タイヤル族の伝統的な住居の大部分は一〇〇〇～一五〇〇メートル内外の高山中腹の平坦な場所に建てられ、二〇戸ほどで一集落を形成した。家を建てるのは一大イベントで、親戚や村落の成年男子が相互扶助で手伝ってくれた。報酬はないが、完成後、酒宴で歓待する。主要部分は支柱、棟、梁によって構成される。中央部分が高く、屋根は両側を斜めにする。屋根は藁葺きや瓦ではなく、平らに加工した石板や竹、木皮、もしくはそれを組み合わせたものである。木釘などは用いず、縛って連結する。壁は木の柱を立て、竹を編み用いる。睡眠や休息する部屋の床も竹を編んだものを用い高床式で、床下は四〇～六〇センチである。もう一種の伝統的な家屋は「半穴居式」で、出入口から約一メートルほど掘り下げ、竹梯子などをかけ、出入りする形態であった。これは防風、防砂、防犯の機能があるとされる。家の周辺には菜園、穀物倉庫、鶏小屋などがある。タイヤル族は台湾原住民の中で、もともと唯一、一夫一婦制とされる。娘は結婚すると家を出て新たな家を建てる。したがって、大家族制ではない。また、犬を飼うのが一般的であり、一家で十余匹いる場合もあった。番犬とともに、狩猟で使用するためであろう。なお、タイヤル族は外敵の侵犯を警戒し、見張り台として木材と竹を組み合わせ、高さ四メートルから九メートルの「望楼」（もしくは「眺望台」とも称す）を建てる。最上にある「看守台」には同時に三、四人が上がることができる。[9] こうした「望楼」は角板山には日本統治末期にはなかったと聞いたが、かつて存在していたと考えられる。

食物は粟、米（陸稲）、蕃薯を主食とする。結婚は自由結婚で、男女自ら配偶者を求める。女の家に行き、あるいは男の家に伴う。高さ二丈余の高架を作り、新郎・新婦は五日間そこで新婚生活をする。夫婦は一夫一婦制で、「異姓」（異なる種族？）との結婚はできない。嬰児が生まれると、母は自ら嬰児を冷水で洗浴し、生後一〇日目に命名する。この間は父や家族は馘首や狩猟をおこなわない。[10]

粟の調理法としては鍋に入れ炉で炊き、粥や餅にする。その他、粟は祭祀や婚礼の時の酒として醸造する。まず麴と粟飯を混ぜて小量の水を入れ、瓶の中に入れ火気を加え、発酵するのを待つ。数日後、再び粟飯を加える。その回数が多いほど、酒は美味になり、幾日かで酒ができあがる。伝来の方法では、粟飯を口に含んで嚙み、唾液とよく混ぜた後、吐き出し、それに火気を加えて酵母を作った。また、里芋、甘藷は主食の代用食としてばかりではなく、狩猟の時などに携帯する。黍は煮て食す。豆類は種類が多く、落花生は好物である。その他、大根、野菜、各種の瓜などもある。野生植物ではバナナ、筍、茸類、山枇杷、山梨、柿、桃、アケビなどがある。蜂蜜はそのまま、もしくは餅や酒に入れる。その他、鳥、鹿などの獣、魚などは最も好んで食べるが、煮て食べるだけでなく、生でも食す。蟹、蝦、スッポンおよびその卵を食すが、鶏の卵は何故か食べない。なお、塩は必要不可欠であるが、彼らの地域では採れず、他所から入手する。そのため貴重品であったが、日本統治後の一九三〇年代には、入手が容易になり、有難みがなくなった。砂糖は贅沢品である。なお、嗜好品の煙草は彼らの土地ではあまりとれない。そこで、野生のものを使用したり、庭先などでそれを栽培し、葉を乾燥させて保存する。必要な時、それを揉み、パイプに詰めて吸う。なお、火は非常に大切にされる。その発火法は昔は木片摩擦で火を起こしたが、燧石を用いるようになった。その後、燐寸を使用するようになったが、祭祀などでは燧石を用いる(11)。なお、タイヤル族には元来、飲茶の習慣はなく、したがって昔は茶畑はなく、外から導入されたものと推測される。

蕃地の特産物は籐、薯榔、石斛、木耳、伏苓などがあり、本島人との交易をおこなう。通貨は珠玉、鉄器で、一九〇〇年代になると、銀貨を用いる者もいる。タイヤル族は籐細工、木工、編網、織布をおこなう。男は開襟無袖の衣で、その長さは五、六寸、幅一寸五分余の布片に紐を付して褌とし、女は開襟に袖のある衣を着て、三、四尺の布片を腰に纏い、細ひもで結ぶ。男は外出する時、方形の腹掛けをつけ、女は脚絆をまく。男女とも植物の実、獣類の歯牙、もしくは珠玉を繋いだものを首飾りとする。また、本島人から得た真鍮で作った腕輪をする。死者が出ると、家族は慟哭の礼を尽くし、遺体に新しい衣服を着せ、その膝を屈して蹲踞の状態で鹿皮や布で包み、土中に埋葬する。死者を葬った地には近づかず、死者のことを語ることを忌む[12]。

二　タイヤル族の組織機構とガガ（Gaga）

杉佐木によれば、蕃社の規律は長幼の序が明白で、特にタイヤル族はその統制がとれていることは実に見事という。なぜなら彼らはガガ（Gaga）という一種の信仰による祭祀団体をつくり、その禁忌が保たれていた。男女関係には厳しかった。ガガには迷信も多かったが、参考になることも少なくない[13]、とする。この結果、部族間の団結は強固で、各社頭目の上に総頭目を有し、外敵に対して常に部族一団となって当たるが、他部族には対立の態度をとる[14]。

林昭明によれば、日本統治の開始時、タイヤル族には二四部族があり、ガガという共同体を基本単位にしていた。これには大中小があり、小部落は二〇～三〇戸、中部落は四〇～五〇戸、大部落が八〇～一〇〇戸であった。各ガガの頭が頭目である。ガガは自治団体・労働扶助団体・共食団体で、また原始共同体時代のようなクリタン（狩猟団体）があった。ガガが連合すると、部落連盟になり、頭目会議を開催し、その全体を統括するのが総頭目ということになる。カブンでは、幾つかの村が連合した「部落連盟」が形成されていた。共食団体とは、牛肉、山肉などを団体全体で分ける。もし他のガガからそれらを提供された場合、返品として布や衣服を渡した。布や貝殻は貨幣のような機能を果たしていた[15]。以上のように、ガガはタイヤル族にとって重要、かつ特徴づけるものといえよう。

したがって、看過できないのが、特有なタイヤル族社会組織のガガである。タイヤル族には文字がなく、祖訓や伝統的な制度規範を口承で伝えた。ガガは背後にある動力、すなわち霊界、「良知」、自然現象・法則によって全種族を統治する。ガガは父系社会の中で、特に血縁集落におけるタイヤル族の「共生共死」・「団結一致」の生命共同体・運命共同体とする。それは、「血族集団」、「祭祀集団」、「地縁集団」、「共食集団」と定義され、「共同労働」、「同甘共苦」の団体精神を発揮する。これは、狩猟や対外戦闘で効能を発揮した。また、ガガは生活規範面では、倫理道徳、法律、禁忌、宗教・信仰、礼俗(儀礼と慣習)なども包括する。ガガは最も多くが一〇戸以下で構成される[16]。

タイヤル族各部落・ガガで最も重要なのが狩猟団体と祭祀団体である。

(1)祭祀団体(qutux gaga)は例えば祖霊祭など共同で祭祀する。タイヤル族社会の中で最も拘束力と公権力を有す団体がガガの祭祀団体である。祭司一人を設けるが、部落の領袖が担う。主に共同祭祀、共有財産、狩猟などを扱い、また、犯罪の仲裁もおこなう。換言すれば、タイヤル族社会中、道徳、社会法規の最高維持、審判機構である。タイヤル族の自然信仰は祖霊を中心としていた。そして、タイヤル族の伝統観念の中で祖霊は一切の禍福を操るもので、「共同祭祀」、「共同生活」の「汎血親祭祀団体ガガ」を通じてすべての構成員の生命、平安、および豊作をもたらすものとされた[17]。

(2)狩猟団体(qutux litan)は狩猟区を有しており、共同で参加する。狩猟団体の範囲(人的)は大体、祭祀団体の範囲と一致する。狩猟団体の領袖は「マルソ・リタン」(Malxo litang)と称され、世襲ではない。才能や武勇の成果をあげて衆人の支持を受け、推薦され領袖となる。狩猟団体の領袖が「出草」や戦闘の際には、動員の指揮者となり、その権利は部落頭目と並び立つ。集団狩猟の時、皆、分担協力し、「共食」、「共享」である[18]。

その他、(3)犠牲団体(qutux nnipan)がある。すなわち、加害者に賠償請求権を有し、賠償金の一部を被害者、一部を犠牲団体が収める。例えば、婚約違反、離婚、私通、窃盗、殺人などの場合、不浄を祓うために、例えば、貨幣として用いる「珠裙」(玉を織り込んだ前掛け)、「珠衣」、もしくは武器を構成員に提供する。構成員はこれらで豚(犠牲)を購入し、屠殺して構成員に配分する。ただし大嵙崁、ガオガンなどでは数個の祭祀団体から一つの犠牲団体を組織する。ただし大嵙崁の角板山社の場合は、四つの狩猟団体から一つの犠牲団体を組織した[19]。

林昭明によれば、共食団体と狩猟団体はほぼ重なっている。共食団体はニカンといい、犠牲団体をコトニカンという。例えば、結婚の時、互いに結納をもらう。結納は豚肉か牛肉か、あるいは山での獲物である。それにピンプタン・「珠衣」(衣に玉を幾つも縫いつけたもの。それによって豚や牛を購入できた)があり、貨幣と同じ働きをしていた。それを持ってきた場合、コトニカンで分ける。サパツは、例えば、自分の娘が嫁に行く場合に、男の方からもらった「結納金」に相当する。ただしそれはお金ではなく、肉などであり、皆で分ける。嫁の家で独占しないので、共食団体という。だから、娘を嫁に出す方からも、部落も同じ共食団体か織った布とかを持たせ、土産とする。そうした団体だから経済生活上、互いに供出しあう。これが一つの自治団体として機能している。ところが、政治は対外関係が入ってくるので少し違うという[20]。

では、ここでガガを中核とするタイヤル族の組織機構に論を進めたい。

(一) 頭・各社（部落）・ガガ

ガガ毎に頭目が一人おり、崇敬を受け、社の核心である。その構造は血縁・祭祀団体であり、構成員中、皆が最も能力があり、族群（Ethnic group）の安全を保護できる人物を頭目にする。その場合、二つの原則があり、（1）血縁主義で父系の首長、（2）親族群内、および祭祀、狩猟各団体などの首長である。こうして、家族中の家長の権威と部落の政治権力が緊密に結びつけられる。頭目の職責は、①ガガの対外的な全権代表、②ガガ内部の調停・協調、③祭祀や狩猟の責任者、④防禦面では、土地を族群の第一生命源として他族群との戦闘決定。タイヤル族は歴史的、もしくは共同利害によって部族間で外敵に対して連合し、攻守同盟を結ぶ。⑤重大紛争の解決法としては、タイヤル部族間の神聖な盟約は「埋石」をおこなう。従来、タイヤル族は焼き畑・狩猟生活であったため、常に部落を移動させる。部落の竈に石を埋める[21]。「埋石」は前述の如くタイヤル族が「石から産まれた」という神話・伝説に由来するとされる神聖なものである。おそらく戻ってきた時の目印にもなり、部族の権利を主張する証拠ともなるのであろう。

（二）**長老会議**（Melaxoi napakajal）‥部落が重大問題に直面した時、頭目が長老会議を召集する。頭目の下には長老会議があり、それには二種ある。（1）高階層会議は副頭目、各祭祀団体の首長が出席する。（2）長老会議には家長すべてが出席する。長老会議の職権は、①「出草」、集団狩猟、祭祀の期日決定、②敵に対する審判、③族人が禁制を犯した場合の審判である。およそ祭日、「出草」、狩猟などは部落会議で相談して決定後、初めて実行できる。また、他部族との戦闘や講和も部落や部落同盟の長老会議の議決などを経る。[22] ここで押さえておくべきことは、部落のみならず、部落同盟の総頭目下にも長老会議が組織されていた。

（三）**部落同盟**

（1）部落同盟は近隣部落との連合組織である。部落同盟会議は強大な部落、あるいは問題解決を求めている部落、もしくは協力部落の頭目が発起し、宴席を設ける。発起部落頭目が会議開催の趣旨を説明した後、強大な部落でかつ指導力のある人物を総頭目（盟長とも称す）に推挙し、共同一致で決議する。異議のある頭目は途中で退席することができる。

（2）部落同盟の盟会会議。同盟加入部落に重要な解決すべき事案がある時、盟会会議の開催を請求できる。その目的は以下の通り。①攻守同盟の義務。加盟部落が敵に襲撃された場合、それを支援する。②同盟各社間で、土地、人的な面で紛糾した場合、調停し、土地の境界や賠償を決める。③同盟が敗戦、あるいは劣勢で土地割譲を迫られた場合、共同決定する。[23]

（3）部落同盟の役割。①外敵に共同抵抗。部落同盟頭目会議が最高権力組織であり、主な役割は同盟部落への共同支援の義務があり、また敵との講和、戦争で一致行動し、土地割譲・境界設定を決める。もし同盟部落間で紛争が生じた場合、仲裁、賠償、もしくは平和解決の道を探る。②同盟部落間は平等な地位にあり、相互不可侵である。なお、総頭目と頭目の間は主従関係ではない。総頭目は同盟頭目会議の開催、各部落の独立を守ることにある。③総頭目が更迭された場合、部落同盟の各部落頭目の中から総頭目が推挙される。総頭目は世襲ではなく、被選挙権は個人単位ではなく部落単位である。[24]

林昭明によれば、以下の通り。頭目が内部の自治問題を処理する。大きい問題は大頭目・総頭目が処理する。これには頭目会議があり、壇上に上がって演説したりする。例えば、総頭目は政治問題が起こった時、政治・軍事問題を決定し、攻守同盟を結ぶ。だから原則的に頭目内部の問題に関与せず、頭目レベルでは処理できない対外問題を処理する。例えば、ある勢力が我々の領域に無断で勝手に入ってきた。すぐに追い出すために作戦や戦略などを決める重要会議を開く。部落連盟（一般的には部落同盟と称すが、同一のものを指しているのであろう）の長は頭目で、これは中間攻守同盟だから、部落連盟の下に小さな同盟があって小頭目がいる。部落連盟は部族間の友好などを決定する。つまり幾つかの部落でまとまった話を各頭目が代表となって持ってきて、頭目会議で話し合う。代表が出て衝突（激論）する。部落連盟の対象が「外族」であった場合、これではおさまらない。その時は、総頭目（部落連盟と部落連盟の連合体の長という意味か）が出てくる。だから作戦もやれる。清朝末期、それから日本が来た当時、その範囲が広くなっている。小頭目では対処できない。「外族」に対しては、代表部族がその他の部族と連合して対抗しなくてはならない。「日本、その前の劉銘伝の部隊も外族[25]」とする。上述の如く、一般的に【頭目】―【総頭目】の二層構造だが、林昭明の場合、【小頭目】―【頭目】―【総頭目・大頭目】の三層構造と述べている。なお、彼の祖父は総頭目のシアツ・ワタンである。

三　タイヤル族の戦闘

（一）戦闘

タイヤル族は戦闘員としての特質を有しており、男は狩猟者、農民であり、同時に「戦士」である。武器は銃（モーゼル銃、村田銃、レミントン銃、管打銃、火縄銃など各種）、蕃刀、槍などが主であり、特に銃がないと恥とする。男は老人（元気な老人は戦闘参加）、病人、幼児を除いてすべて戦闘に参加する。女は武器をとって敵と戦うことはないが、戦闘のための食糧準備、負傷者の看護など後方支援に当たる。このように部落全体が一つの軍隊といえるのである。すなわち、「男は山地戦闘で卓越した能力を持つ兵士」で、少数で大量の清軍を打ち破り、また、日本の隘勇線の漸進に対して連続数ヵ月も抵抗を続けた。幼い頃から山野を駆け回り、身体は強健で、かつ極めて敏捷な上、敵に対する知識も緻密で、警戒も厳しい。彼らは潜行が巧みで足跡を残さない。なぜなら敵地では、樹根、岩石の上を歩き、川を渡る時は砂地を避け石の上を歩く。また、彼らは森林を通る時、草むらに潜入し、全神経を周りに集中して耳をすまし、僅かな音すらたてない。そのため、敵はすぐ近くまで来ても、その存在に気づかない。敵情を偵察し、すぐに殺害するか、あるいは全隊に報告するかを決定する。彼らは勇敢ではあるが、死を軽んずることはない。タイヤル族の男は幼児から頭目の武功を聞き憧れをもち、やや成長すると、父兄に伴い狩猟をし、銃操作を学ぶ。その上、「出草」や戦闘で敵の多くの首級をとった者が勇者であり、尊敬を受ける。逆の者は臆病者と見なされ、蔑視され、娘たちの愛慕を受けない[26]。なお、タイヤル族の男は皆、素足で歩いて、大きくなって皮が厚くなり、山を歩いてもトゲを刺しても入らない。だが、女の場合、あまり山歩きをせず、果物採取などしかしないので、それほど大きくならないという[27]。

部落対部落、部落同盟対部落同盟、あるいは異族間（①清朝軍、②日本軍・警察隊、③閩南人、広東客家、④他原住民、⑤タイヤル族他部落）で戦闘があった。この際、タイヤル族のガガの群体は厳密な規律ある戦闘体となる。勇敢さと犠牲は不可欠なものとされ、抗敵の責任は群体の各構成員・成年男子に課せられており、皆「勇敢な戦士」となる。①タイヤル族は尚武で戦闘を好み、排他の観念が強い。清朝支配、日本支配をタイヤル族は頑強に拒み、抵抗した。のみならず、タイヤル族の各部落間でも言語、風俗、習慣は統一されておらず、常に争いがあった。②戦闘開始は部落頭目、あるいは部落群体の公意であり、部落や部落同盟が議決する。平時における狩猟団体が戦闘動員組織の単位となり、狩猟団体領袖が戦闘指揮をする。戦闘によって人数は異なるが、七、八人から二、三〇人である。[28]

（1）戦闘目的――①本族に対する「敵族」の「出草」や略奪の情報をキャッチすると、対抗行動をとる。②狩猟場が犯された時、共同防衛する。③首を狩られた場合、集団で報復行動をとる。④和議に失敗した場合、戦闘を開始する。

（2）戦術――ゲリラ的で神出鬼没であるが、同時に組織的でもある。前衛部隊（Pataxakui）、突撃部隊（Paspangung）、後方部隊（Samalu）に分ける。前衛部隊が敵情偵察後、布陣を決定する。突撃部隊が戦闘を開始すると、前衛部隊が敵の側面に回り込み、後方部隊は敵の乱れに乗じて敵社（部落）に侵入、攻撃する。また、火矢を用いて隘寮を焼き、風向きを見て敵陣付近の草原や竹林に火を点け、突撃する。数的に劣勢な場合が多いため、自然の要害に陣を敷き、敵を誘い攻撃する。例えば、一九一二年一一月日本討伐隊を迎撃した時、日本の先鋒部隊を某地点まで前進させた後、突然、後方との連絡を切断し、全滅させた。その他、①尖らせた竹を地面に刺しておき、枝でこれを覆う、②茅原の中に尖らせた竹を斜めに刺しておき、敵の胸腹を狙う、③岩石を狭い道の上方に並べ、樹木の弾力や投石機を利用して、敵に落下させたり、投石する、④塹壕を作る。竹を組み、上を樹木で覆い、そこから射撃する。[29] ただし塹壕は日本軍の塹壕にヒントを得たものとされる。

（3）和議――敗戦が明白になった時は中立部落に講和斡旋を要求し、和議を求める。土地割譲、財物賠償、豚や酒などを贈り、謝罪を示す。和議の儀式は以下の通り。

①「埋石の誓い」：中立の人物を立ち会わせ、双方の頭目が地面に穴を掘り、中に石を置く。敗北側の頭目が瓢簞を二つに割った柄杓で池の水をすくい、天を指し水を指し、誓いを立てる。誓詞毎に勝利した頭目は「然り」と声を出し、水を少しばかり石に振りまく。その残りの水を双方の頭目が飲み、埋石の儀式は終わる。

②武器交換：相互に銃弾を交換し、並びに水を指し、天（祖霊?）を指し誓う。

③敗戦側が豚を殺し、酒を造り、講和の宴会を開催、戦勝部落の全長老と壮丁を招き、共に飲んだ後、散会する。こうした儀式を経て和議は成立する[30]。

(二)「出草」

ここで看過できないものに、タイヤル族の「出草」(Malakajam)があり、馘首を目的とする生命を賭した戦闘行為である[31]。「それは昔日本の武士が戦場において一番首を獲つたことによる名誉と等しい」とする。だが、時代が異なるため、タイヤル族の場合、「野蛮人」の汚名をきせられたといぅ。

だが、「出草」は勇ましい雰囲気の中でおこなわれたばかりとはいえない。例えば、「昔出草前夜は、家族と一緒に一晩中泣きあかした」(大渓郡)という証言や、「内地人(日本人)の出征は……盛(ん)に歌つて祝ふが、タイヤルは歌つたりすると縁起が悪く、又黙つて準備せぬと負けるといひます」（竹東郡[32]）との証言もある。なお、「出草」前は水杯で、酒は飲まない。また、主に農閑期（この時期は通常、狩猟や淡水魚の漁労時期となる）に「出草」をおこなう。

では、「出草」は何のためにおこなうのか。①多くが土地・狩猟地域の防衛のためである。②尚武の神聖な行為であり、男子が栄誉と社会的地位を獲得する主要手段である。したがって、敵を消滅させたり、略奪が目的ではない。③未だ馘首できない男子は顔に入れ墨を入れることができず、女に軽蔑され、結婚できない。馘首して初めて成人と認められる。④農業が不作、狩りでの収穫がない、あるいは伝染病などが流行した時、祖先が神の加護を得るのに不足しているとし、馘首により神に祈る[33]。

タイヤル族は「出草」の際、「夢卜」（夢占い）をおこなう。例えば、タイヤル族のマリコワン蕃の場合、まずガガ長に「出草」すべきか否かを問う。許可されれば、粟を搗いて（餅にし？）準備をし、社からやや離れた所に仮設小屋を建て、一泊して「夢卜」をする。「吉」なれば鳥声を聞き、「凶」であれば三日間滞在し、「吉」声を得て出発する。タイヤル族の南勢蕃の場合、「出草」は族長、蕃丁に告げて準備し、出発の前日に餅をつき、その夜の夢が「吉」ならば鳥声を聞き、一旦、帰社して他の者と共に「出草」に出発する。「凶」の場合、直ちに社に帰る[34]。

鳥占いについてより詳しく見ておこう。まず、あらかじめ持参した敵の首級から切り取った髪を取り出し、銃柄に縛り付け、二人が鳥占いをする。クイック鳥（どのような鳥なのか不明）の飛ぶ方向と鳴き声から吉凶を占う。例えば、①鳥が前方左から前方左に飛んで鳴いたら「吉」、②鳥がまず左側で鳴き、前方左側に飛んで再び鳴き、その後、前方に飛び、左右に飛び両側で鳴いたら「大吉」、③鳥が前方両側で鳴いた後、その中間で鳴いたら「凶」、④鳥が前方の中間で鳴いたら「大凶」。「吉」と出れば敵髪を鳥の鳴いた茅草に結びつけ、隊長に報告する。隊長は皆を集め、「出草」を準備する。「凶」が三回出た場合は、「出草」を停止する[35]。

かくして、「出草」隊は出発し、敵部落付近に宿営する。敵部落に通じる道に一部を潜伏させた上、一部が銃を発しながら突撃し、それを合図に皆で包囲する。敵が倒れれば、その首を斬り取り、首袋に入れる。その後、首級の口をこじあけ、脳と舌を取り除き、小刀で髪を全て刈り取る。そして、その髪の一部を「守護袋」に入れた上、芋の葉でくるみ、さらに別な袋に入れる。時には、死者の幼児を連れ帰り、自分の子供として養育する（ただし、成長した後、下僕や奴隷にされた時代もあったようだ）。再び銃声が鳴ると引き上げの合図である。自分の部落が近くなると、頭目の命により蕃丁が蕃刀で木を切りたおし、それを敲き始めた。木の中は空洞で、ポコン、ポコンと異様な響きが空一杯広がっていく。「出草」から帰ってきたことの知らせである。人々は盛装して彼らを迎え、首級を採った人を争って歓迎し、首を切った刀を要求する。それによって病を治し、邪を祓う。馘首した者が首級を男児の頭上に置くと、その家族は無病になると信じられている[36]。

この後、「敵首祭」を挙行する。「敵首祭」は頭目の指導で敵首の周りを取り巻く形で歌舞をおこなう。まず頭目と馘首した者が少量の酒、米粉菓子、肉を敵首の口の中に押し込む。そして「汝はすでにここに来た。今、盛大な宴に招く。速やかに汝らの族人も来たらんことを！」と呪文を唱える。その後、頭蓋骨の後ろに穴を開け、そこから酒を注ぎ込み、口の中から流れ出る酒を少年らに飲ませ、勇気を増大させる。これらの儀式が終わると、夜は更けていくが、踊りの輪は解けない。酒、酒、酒。歌、歌、歌……そして踊り、翌朝まで痛飲、狂舞する。[37] その後、馘首した首を敵首棚に置く。

「敵首棚」は、通常、各社の入口に設けられ、獲得した敵の首級・頭蓋骨を並べる。それは次のような意味があったとされる。①警告：その部落が強力な戦力を有していることを顕示し、敵に軽挙妄動、報復しないように警告する。②悪霊からの防禦：部落内で絶えず疾病、飢餓などが発生した場合、それは部落の精神力が減退していることを意味し、悪霊が侵入してくる。そこで、強者の霊によって鎮守する。③生命の尊重と同一性：敵の首を一定の場所に奉納することで、その生霊を尊重し、早く「帰天」（あの世に行く）ことを祈る。また、周囲の霊魂と共に部落と結びつき、生命共同体を形成する。[38]

(三) タイヤル族の狩猟

狩猟はある意味で戦闘訓練となり、戦闘能力を高める作用があった。

第一に、狩猟法には「動態」、「静態」、「逸態」の三つある。

(1)「動態」――獲物を追跡、包囲するなど激しい方法をとる。猟犬に黒鹿、山豚（猪）、山羊、

「豹」（別名「台湾虎」）、猿、狸などの獲物を追わせ、獲物が疲労した時、捕獲する。狩猟する人数が一〇人位に多い時は役割を分担する。これらの狩猟には一日から十数日に及ぶこともあり、出発前に食糧や塩、簡易の鍋などは必需品である。付近に狩猟に行く場合は弁当などを携帯する。

（2）「静態」――農作物を荒らす猪、およびムササビ、リス、渡り鳥など獲物が集まる場所に行き、静かに隠れて待つ。

（3）「逸態」――罠をしかけておき、その間には農作業などに従事できる。①大型野獣である黒熊、黒鹿、山羊、山羌（小型の鹿「キョン」のことか）、「豹」、猿、猪に対しては重圧式（上から大石で押しつぶす）の罠、および套脚式（輪を作り、樹木をバネとして引き揚げる）の罠をしかける。②リス、ムササビ、鳥は樹上などに罠を仕掛ける。③狸、白鼻心、山猫、センザンコウには套頸（紐、鉄輪などで首・頸椎を押さえる）式、鉄夾式の罠をしかける。(39)

第二に、タイヤル族の狩猟規則

（1）猟区は所属族群の領域内であり、族群が共同権利を有し、他族群の加入の可否を決定できる。猟区でもし他族を同行して狩猟をおこなう場合、必ず本族の人を伴い、狩猟する。さもなければ誤解から事件が発生する虞がある。なお、本族の者と直接婚姻、親族関係になった場合、許可の下、個人として狩猟することができる。

（2）活動規則：①もし罠を仕掛けた場合、その族人に告知する必要があり、それをしないと誤解を招き、傷害事件が発生する。②ある猟区では通常その猟区で先に狩猟した者が優先権を有しており、その人が猟区を一般的に一、二年間放棄した場合、もしくは狩猟器具を放置した場合、本族群のその他の族人がその猟区で狩猟をおこなうことができる。その場合でも、その猟区を占有したことを他の族人に告知する必要がある。[40]

ところで、対日抵抗の武器となる銃に関して、蕃務総長大津麟平はかつて「蕃人罪なし、銃を握つて罪あり」と述べ、「蕃人」が凶暴性を脱せず、理蕃上の禍根を為すのは銃器があるからと断じた。警務局のK生はその言を引用しながらも「蕃人」の銃器は生存や儀式のために生命同様のもので引き揚げは容易ではない。元来、武力による強制的の押収と提出があるが、提出といっても結局彼らの落度を捉えて半強制的なものである。この他、金を与えて買い取る方法がある。ともあれ統治上一日も早く理蕃の成果を収めるために銃器の引き揚げは不可欠とした。そして、①銃器は蕃人の生存上必要ではない。なぜなら狩猟時代から半農業時代に移り、食料は土地から得る作物、または家畜で狩猟物に代替できる。②狩猟は蕃人の最も快楽としており、また固有の儀式などで狩猟によって得た犠牲動物を必要とし、完全に銃器と絶縁させることはできない。そこで全銃器を従順に提供した蕃社には若干の銃器、弾薬などを貸与して監督を厳重におこない、使用後、駐在所が回収し、授受を明確にすればおそらく弊害はなくなる、[41]と主張した。すなわち、いかなる形であろうとも銃を回収し、狩猟を管理下に置くことを強調しているのである。ただし全面禁止はなかなか困難であった。

これに関連してパワン・タイモ（中国名「廖信義」、南投県埔里、タイヤル族）の回想によれば、「出草」は台湾総督府に禁止された後、猪が農作物を荒らすと、駐在所に銃を申請し、一人当たり銃弾三発を受け取る。一週間は山にこもり、猟犬で追い込み銃を撃つ。帰宅後、猪を解体し、最もよいところを駐在所に届け、後は隣近所に配ったという[42]。

このように、日本が理蕃政策で最も悩んだ一つは原住民が所有する銃問題であった。銃を各種方法でとりあげ、駐在所が管理し、期限を切って銃弾数を制限して貸し出す方式などをとった。また、銃を破壊した上で、銃身と柄の返却もおこなった模様である。タイヤル族はそれを再利用し、ゴムで矢が飛び出すように改良し、小動物を射るのに用いた。

なお、余暇には各社の壮丁や少年が漁労をおこなう。漁業は「魚藤」の根を叩きつぶして出る毒汁を渓流に流して魚を麻痺させ、浮かび上がる魚を捕らえ、また槍で突く[43]。

では、ここで犯罪と刑罰にも言及しておきたい。タイヤル族酋長はその権能により刑罰を与えるが、例えば、姦淫、争論、窃盗であり、最も罰が重いのが妻が姦通した場合で、相手の男と共に妻を斬殺するという。

（二）犯罪

（1）祖霊禁忌違反罪には、姦淫罪、近親相姦罪、強姦罪、殺人罪、不孝罪、公共安全違反罪、生産禁忌違反罪など。

（2）社会禁令違反犯罪には、不法占有罪、傷害罪、窃盗罪、強奪罪、放火罪、誹謗侮辱罪、脅迫罪、反逆通敵罪など。

以上は大きく五種の罪に分けられる。①殺人傷害罪、②財産侵害罪、③姦淫罪、④侮辱罪、⑤反逆罪である。①〜④は「私罪」、⑤は「公罪」とされる。

（二）刑罰

刑罰は四つに分けられる。

（1）死刑‥被害者の復讐に任せる。殴殺、溺死など。

（2）体刑‥殴打、指や耳の切り落としなど。

（3）「自由刑」‥放逐、部落民との絶交などにより犯罪者を孤立化させる。

（4）「贖刑」‥犯罪者が布、および酒、猪などを罰として差し出し、その中のある部分を被害者家族に、ある部分を犯罪者の同族が共に食し、厄払いをする。[44]

その他に特異なものとしては、狩猟判決という「裁判制度」のようなものがあった。

狩猟判決は蕃社内、または蕃社間で係争が起こり、双方が譲らなかった場合の裁判制度で、当事者の双方が出猟し、獲物数によつて黒白を決する。昔は「出草」によっておこなわれ、馘首数によって勝負を決められた。各種族の中で、特にタイヤル族がこれを重視した。それもタイヤル族は一回に留まらず、二審三審と三回までおこなった。そして猟参加者は当事者の団体員（祭祀・狩猟団体）であるが、もし一回の狩猟に負けても不服な場合、控訴して二回目の狩猟をおこなうことができる。敗者にとって冤罪に堪えられない場合にも実施され、他団体員に依頼し、猟場を換えておこなう。相手方は拒むことができない。そして、最後に獲物の多いほうが勝利する。いわば三審制度の裁判に相当する。公平でなければ、社会秩序を維持できないからである。瀬野尾寧（警務局）によれば、神の力を占う狩猟によって解決を図るのが、「社会の公安を維持ずべき手段として苦心の末にできた一つの制度」と認める。だが、①（日本による）理蕃の本旨からして「富籤」のようなことによりて真正な裁判をおこなうことは絶対に禁止すべきとする。②狩猟を原則として廃止をしたいのが理蕃方針である、殊に狩猟判決を黙認するようでは、「狩猟は一体何時になつて止むのか[45]」と指摘する。日本は原住民を狩猟民族から強引に完全な農耕民族への大転換を企図していたのである。

四　蕃刀と入れ墨

武器は銃が主であり、それがないと恥とする。他に槍を用いる。その鉾先は七、八寸で六、七尺の竹を柄とする。蕃刀は常に身につける[46]。

（一）蕃刀

緑：タイヤル族は「首をとる民族」だよ。日本人の首を蕃刀で相当とった、日本刀は長い。蕃刀は短いけれど、パッとやると、首がポンと落ちるそうよ。

和夫‥蕃刀は四〇～五〇センチくらい。日本刀は両手で切るでしょう。蕃刀は片手でいい。頭の髪の毛つかんで、サッと切る。切れる。

緑‥猪でも格闘して仕留める民族なのよ。

和夫‥山に狩りに行くと、まず犬を先に行かせる。犬は速度が遅いけれど、持久力がある。猪は猪突猛進でしょう。猪は猛スピードで逃げるが、持久力がない。そこで、猪は弱ると、犬を待って反撃しようとする。だが、犬に吠えられている間に、人間が到着する。猪は人間に突進してくる。猪の頭は尖っている。蕃刀でも頭蓋骨を刺すことはできない。だから、下から胸をねらい、心臓を一撃する。正確に刺せないと、人間の方がやられる。特に猪の雄は牙があるからね。……雌は咬む。咬まれたら、骨まで折れてしまう。だから、雌も恐ろしい。そこで、一発でやらなくてはならない。心臓ではなく、腹を刺したら大変だよ。暴れて、猪が死ぬ前にこちらがやられてしまう。(47)銃が普及する以前、もしくは日本が銃管理の時期、こうした猪狩りをしていたのであろう。

ところで、私は実際に林昭光宅で、彼自身が造った大中小の蕃刀三振りを見せてもらった。柄と刀身は一つの金属（鉄と亜鉛の合金？）で造られており、日本刀と異なる。柄の部分は空洞である。ずしりと重い。大刀は一メートル余り、中刀は五〇～六〇センチ、小刀は三〇センチ程度あっただろうか。小刀は棒を柄の空洞に差し込めば、槍や長刀のように使用可能である。

（二）入れ墨

タイヤル族の入れ墨は有名である。

林茂成によれば、入れ墨は台湾原住民の中でタイヤル族のみとする。男の場合、唇の下の入れ墨は一五歳頃で成人の証であり、額の入れ墨は「敵二人」、すなわち閩南人、平埔族、日本人の首を狩った時に入れた。後に二人は酷ということで一人でよいことにした。入れ墨を入れなければ、結婚はできない(48)、という。

和夫によれば、「男は額と顎。女の場合、苦労しても耐えられるように顔一杯に入れ墨をする。入れ墨がないと嫁にいけない。(入れ墨は)転がり回るほど痛い。入れ墨を入れるのに一ヵ月もかかる。以前は煙突には黒いススが出るでしょう。それを塗って針で刺す。女は入れ墨の範囲が広いから大変だよ。刺すと、腫れるけれど、薬もないよ。林昭明のお母さんを見たでしょう。入れ墨してたでしょう(49)」と。結局、男女とも入れ墨をしていなければ、結婚できないということになる。

二人へのインタビューにヒントを受けながら、入れ墨を入れる方法などを中心により詳細、かつ具体的にまとめておきたい。入れ墨は男は額と顎に、女は額と頬に施す。額は男女とも同形で眉間の真ん中に一本入れる。男の顎は成年に達し馘首成功後に入れ、女の頬は通経後に施される。施術は専門の女(男の場合も女が施術)のところで受け、謝礼を支払う。その道具はアットクと称する銅線の針を植えた大小(大は頬用、小は額用)の歯ブラシ状のものと、タトチンと称する木槌である。材料は小瓶に入った松の煤である。前夜から施術者と床を同じくして寝る。翌朝未明に屋外に小屋を作り、他人に見られることを忌むため、周囲を「蓆布」で覆い、内部の土の上に布を敷き横臥する。次いで施術者は入れ墨を入れる部分にアットクを当て、タトチンでトントンと叩き、血が滴り始めると、松の煤をすり込み、それを繰り返す。入れ墨を入れる者は苦痛に耐えかねて動くので前もって紐で縛っておく。施術中、母親たちが絶えず流れ出す血をふき取る。施術が終わると、顔を布で覆い自宅に連れ帰る。だが、苦痛と発熱が続くので、絶えず自分で水に浸した鳥の羽で施術部をしめらせ、痛みを緩和する。これには禁忌があり、施術前に娘が異性と性的関係をもつと、施術部に膿が生じ、腐乱し、「醜怪」になると戒める。男は女に比して簡単であるが、やり方は同じである。(50)

五 治療・呪術・信仰・禁忌

『台湾統治概要』によれば、高砂族(台湾原住民)は疾病に罹り、災厄に遭うは神霊の所為とする。術者は「悪鬼」駆除のみならず医療もするので、医術と禁厭の区別がない。すなわち、高砂族には巫医法があるが、医薬がなかった。だが、漢族と接触することで、若干の草木皮を医薬として使用するようになった(51)、とする。

当時、現実的問題として原住民幼児の死亡率が非常に高いという背景があり、その原因は栄養不良と感冒であった。この時期を乗り越えると、わりに強健で青年期、成人期の死亡原因は病気によることは極めて稀である。ただし五〇歳に達する者はあまり多くなく、早く老衰し、死亡する。その原因はやはり栄養不良と感冒である。その他、日本統治期の強制移住の結果、低地に居住せざるを得なくなるが、マラリアが猖獗《しょうけつ》するところが多く、ほぼ全滅した部落も少なくない。さらに一九三〇年代当時、外部から結核、梅毒などが侵入し、保健衛生上、重大な問題となっている。それに対する伝統的な治療法は初歩的な段階にある。特に薬に関する知識が欠如しており、治療と称して二、三の薬草を消化剤に用いるに過ぎない。また、外用薬としては野草の葉の汁を搾って患部を摩擦したという(52)。

(一) 治療と呪術

筆者は林昭明に対して巫婆と伝統的な治療との関係についてインタビューをした。

林昭明：巫婆が病気を治す。まじないは主に女がやる。男もいるが少ない。道具を使う。瑪瑙の丸い玉を使う。細い竹(割った竹を一本の竹と組み合わせて〝T〟の字にする)。土の絨毯にさして固定し、この竹の溝の上に直径一センチくらいの小さな丸い瑪瑙を乗せる。そして、呪文を唱えると、瑪瑙が自然に転がる。これが落ちなかったら良い気で病気は治る。落ちたら駄目。それで呪文を唱えてもうまくいかない場合、巫婆は「悪霊がついている。そして、何か供え物しなくてはならない」、という。そして、ニワトリとか、織物とか、豚とか、牛とかを要求する。

菊池：そういうものは占いをした巫婆にあげるわけですね。

林昭明：神様。もちろん実際は、巫婆がもらう。誰でもできる訳ではなく、呪文を習わないと。

教える人がいた。……私の母がこれをやってましたよ。祖母が巫婆で、母にそれを教えるというか、伝えた。それで母は自分も息子、つまり私にも伝えた。だから、私は知っている。丸い真っ白の瑪瑙ですよ。丸く磨くのですよ。……私ね、小さい時ね。途中でね、何というか凄い音がした。「鬼」からおどされた。びっくりして、完全には夜が明けていない頃、道でやられた。それでびっくりして帰ってね。そしたら母が「どんな状態だった」と聞くので説明した。すると、母が私を寝かせ、手をとって私の着物を持って、「呼び戻しなさい」って。こうして、魂を呼び返した。母はニコニコして「もう大丈夫だから」と言った。私も「エッ、直った」と思った。

菊池：金縛り、もしくは虚脱状態ですかね。「鬼」っていうのは「霊魂」ですね。

林昭明：まじないをやったら、病気が治ったことも本当にあるんですよ。気持ちの問題ともいえますが、非常に不思議なところもある。当時、医者がいないでしょう[53]。すなわち、病気は気のもちようというか、精神的問題もあり、全面否定はできないということでしょう。

これに関して、小泉鉄によれば、巫女はピンヌッコエという直径二、三分、長さ四、五寸の竹の管を使用し、一方に炉の灰をつけて病人や負傷者の患部にしばらく当て、次に一方の掌に唾をかけ、ピンヌッコエのもう一方の端を握って叩く。それを数回繰り返し、袋の中から粟の穂と菖蒲の根をオットフに供えて呪文を唱える。そして、その粟の穂で患者の体を祓う。

①巫女はのピンヌッコエの縦の部分を両膝にはさみ、横の部分を水平にして呪文を唱え、ツレナヤシという小さな玉（木、ガラス、陶器、金、そして、前述の如く瑪瑙も使用する）を上にのせ、病気

の原因や治療法を占う。玉が落ちないと必ず治療効果がある。

②危篤の場合、巫女は竹や木の籠を病床の上に吊るし、それに蕃刀や木の葉を入れ、呪文を唱える。同時に鶏を殺して煮て病人に食させる。これをマエソオツトフと称す。

③巫女は豚の前足を糸で縛り、他方を脚気やリュウマチの患者の患部に結びつけ、呪文を唱えながら杖で豚を数回打つ。その後、豚を殺し、蕃刀で二つに裂き、半分をガガの各家に贈与し、残り半分を一般蕃社の者たちに売る。

④病人などが全快した時に巫女が雄鶏の鶏冠の一部を切り取り、小袋に入れて樹木に高く吊す[54]。神への感謝の意味をもつのだろう。

タイヤル族は他人から侮辱や虐待を受けたり、財産を横領された者が自ら呪詛し、または巫女に依頼して怨に酬いようとした。この種の妖術をおこなう者をヤマウネ（「魔法使」）と称する。ヤマウネの元来の意味は、他人には見えぬ「一本脚の鳩に似た小鳥」のことである。これを飼養し、相手に憑依させ祟りをなし、あるいは死に至らしめると信じられている。その他、奇形児、双生児、私生児、逆子などを「不吉」として殺害しても、また変死者を遺棄しても罪悪視しなかった[55]。

(二) 信仰と禁忌

第一に、伝統信仰

タイヤル族の伝統宗教は基本的にアニミズムであるが、人間にはオツトフが宿っており、死ぬと体から離れると信じている。これが彼らにとって神（祖霊神?）に相当する。体を離脱したオットフはアトハン（天国のようなところで、沢山の動物がいて食糧に困らず、すでに亡くなった祖先たちがおり、皆和気藹々として平和である）に行く。アトハンとは浄土であってシロン（海や池）の彼方にある。シロンへの橋が虹である。男は生前、馘首の経験がない者、女は生前機織りがよくできなかった者は虹を渡ってアトハンに入ることができない。そうした者は途中から戻り、悪いオットフとして人界をさまよう。アトハンに行けた善いオットフは時々現世にやって来て遺族や族衆に幸福を授けるが、悪いオットフは自分の家やガガ地域内に留まり、ある時は人家を襲い、あるいは野原や山を彷徨し人を驚かし、禍を加える。悪いオットフを見たり、出会ったりすると、病気になる。

オットフ信仰によれば、①人間の運命はすべてオットフが支配する、②善いオットフは訓戒する夢を見せ、生命を守る。悪いオットフは殺人の夢を見せ、また夜半に息苦しくさせる。その怒りに触れると、死や怪我を招く。③風がないのに木の葉が動くのはオットフの仕業であり、深い森などで時折大勢の人々の話し声がするのはオットフが集まっているからである。④オットフは伝統、慣習を破ることを憎む。殊に私通・姦通・離婚を怒り、罰を加え、旱魃の原因となる。ガガ内で私通・姦通者がいると、オットフの怒りにより「出草」、狩猟が目的に達さないばかりか、一行の中で誰かが怪我や横死すると信じられている。[56]

第二に、禁忌

（1）死・死者に対する禁忌

①ガガ内に死者が出た時は祭りをせず、また「出草」、狩猟には出かけない。

②死体を埋葬した所は汚すことができず、もし汚せば、遺族、子孫、またはガガから贖罪させられるし、またオットフからも罰せられる。

（2）疾病、病家に関する禁忌

①病人が全快するまでは看護人は自分の体を洗ってはならない。

②病人が出た家は病人が全快するまでは酒を造ってはならず、また山羊、猿、鼠などを食してはならない。

③「豹」、熊など猛獣の肉を食した者は病人に近づいてはならない。その病人の胃腑の中の猛獣により病気が重くなる。

④悪疾病の流行地方から来た者、病人、およびその家族とは炉の火など一切の火を共有せず、その人の家財などにも触れない。

（3）祭祀、「出草」、狩猟の禁忌

①ガガ内で死者、私通、姦通があった場合、その月は祭祀をおこなわない。

②祭祀の前夜から自分たちのガガの地域に、他のガガの者が入ることを禁じる。

③祭祀、「出草」、狩猟の期間はその家族やガガは炉の火を絶やしてはならない。また、婚姻に関する話を忌む。この間は贈り物を受け取ってはならず、酒も飲まない[57]。このように、各種の禁忌が

あり、特に死、病気、および私通・姦通を巡る者であった。それとも連動するものとして祭祀、「出草」、狩猟における禁忌もあった。他に火を重視、神聖化している面も見受けられる。

第三に、キリスト教

キリスト教と台湾原住民の関係は看過できない。なぜなら日本敗戦後、台湾では、そして現在に至っても原住民の絶対多数がキリスト教を信仰しているといわれるからである。

台湾におけるキリスト教の伝播と普及の歴史についていえば、南部はオランダ人、北部をスペイン人が占領し、主として原住民の間に伝教した。だが、十分に深く浸透せず、主権が代わると宣教師も去ったため、痕跡をとどめなかった。一八五六年マニラの天主教会は聖父サンズを台湾に派遣したが、伝道は十分な効果はなかった。ただし、彼は力を貧民救済に用い、主に台湾の悪弊たる子棄て、幼女虐待の救済に力点をおき、二〇年間に救済・養育した者は六〇〇〇〜七〇〇〇人に達する。その伝道本部は打狗（高雄）にあり、宣教師が一年一〇〇円の収入に甘んじながら一生をこの事業に献身した。明治四（一八七一）年スコットランド長老教会はウイリアム・キャンベル（William Campbell）を台南に派遣し、一八七二年カナダ長老教会はジョージ・エル・マッケー（G.L.Mackay）を淡水に派遣し、伝道を開始した。両教会とも派遣した宣教師が有為、かつ剛健な性格だったため、原住民の心を開かせた。そして、広大な教会、整備した女学校を含む学校を設立するに至った。ことにマッケーは原住民と共に素足で旅行し、生蕃地域を出入りし、同じ台湾米を食べるという熱意を示した。その結果、原住民から男女の伝道者を生み出し、財産をキリスト教会に献ずる者も出た。キリスト教徒は清朝官吏と原住民の双方から迫害され、生命が危険な時期もあったが、ついに台湾の一大勢力となり、(一九〇五年頃)信徒は新旧両教で一万三〇八九人に上ったという[58]。

ところで、日本植民地化後の明治三一(一八九八)年に成立した「蕃情研究会」は「蕃情研究要目」をテーマとした。その一部門では「生蕃ノ宗教的思想及ビ其ノ性質並発達ノ程度ヲ調査シ布教感化ノ方法ヲ研究」した。キリスト教牧師河合亀輔、仏教布教師佐々木珍龍(神道関係者の姓名はなく、不参加の可能性もある)らが調査、研究、作成したものと見なせるが、同研究会会誌の刊行中止により発表されなかった模様である。一九〇二年頃に出たと思われる「蕃人ノ宗教的感化ニ関スル意見ノ発顕」の内容は以下の通り。

蕃社に伝道すべき宗教は①蕃人の道徳習俗を改良する実力を備えているもの、②蕃人が心から尊崇畏敬の感情を持たせられるもの、③心の奥底の「悪」を罰し、隠れていた「善行良徳」を賞するもので、犯すことのできない「全能者」である必要がある。そうなると、「神仏耶ノ何レヲ選ムベキカトイフニ神教(神道)ノ無能無力ナルハ言フニ足ラス。仏教ハ永ク我ガ国ニ消化セラレテ、殆ど国教ノ如キ有様ヲナスト雖モ、目下ニ於ケル僧侶ノ腐敗ト宗教ノ擾乱トハ明ニ其ノ目的ニ」適さずとして、「今日嘱望スベキ有力ナル宗教ハ耶蘇教(キリスト教)」のみと断じる(読みやすさを考慮して句読点は筆者が補った)。

キリスト教を推奨する理由として

①「奸悪残忍ナル野蛮人」を感化し、「正義信愛」を解するようにさせる。

②道徳を高め、「慈悲救恤」に有力なことは日本で認知されている。

③キリスト教徒は蕃人のために伝道することを希望し、その任に堪える者が多い。

④広壮な伝道も高価な偶像なども必要としない。

⑤台湾は諸宗教が混合しているが、有力な日本人キリスト信徒が台湾に来て（日本）帝国の観念を与えることは必要である。

⑥伝道上、音楽・唱歌を利用することはキリスト教徒の得意とするところであるが、それにより「温雅優美」の情感を涵養し、「獰猛野蛮」の性格を消滅させる。[59]

このように、宗教政策において神道、仏教ではなく、キリスト教を梃子にしようとする意見もあったのである。だが、神道、仏教を批判し、キリスト教のみ持ち上げるものであり、その後の日本統治時期においては神道、とりわけ国家神道推進の政策から上記意見は却下され、採り上げられることはなかったのであろう。ただし戦後、台湾原住民の中にキリスト教が普及したことを鑑みると、上記意見を一概に無視できないであろう。[60]

おわりに

以上のことから以下のようにいえよう。

第一に、タイヤル族には、その起源が「石から生まれた」という神話・伝説を有し、かつ旱魃などをもたらす「二つの太陽」の一方を矢で射るという勇猛な英雄伝説があった。狩猟民族として面目躍如たるものがある。特にタイヤル族各部落、部落間の結束を強めたのが、ガガという特有の精神・組織・規則・宗教までも包括する構造であった。その中で祭祀団体、狩猟団体が二本柱として特に重視された。かつ十分とは言えない食糧を分け合い、「共食」という形態が生まれたといえよう。換言すれば、従来からタイヤル伝統社会は独自で厳密な「法」と規則・規範を有していた。このことは、清朝統治、次いで日本植民地下で押しつけられる法や規則と矛盾対立し、敵対した。特に狩猟地・自らの領域を維持し、森を守ろうとするタイヤル族と、森を破壊し、茶畑に変え、樟脳採取後に楠を伐採する「外敵」との戦いは熾烈を極めた。かくして、タイヤル族の社会は団結したのである。その際、「部落」―「長老会議」―「部落同盟」―「長老会議」という関係、組織機構が存在した。このように、「長老会議」もレベルによって部落の長老会議と同盟の長老会議が二段階に存在していることは押さえておく必要がある。それに伴い「家長」―(「小頭目」)―「頭目」―「総頭目」という指導機構も整っていた。これらは、外敵との戦闘の際、宗教・精神、組織機構両面で強固な団結、連帯を可能とし、部落全体が一挙に軍事体勢を採ることを可能にした。

第二に、タイヤル族の武器は劣勢だったが、ひとたび戦闘になれば、すべての男は「兵士」になり、前衛部隊、突撃部隊、後方部隊に分けられ、ゲリラ戦を戦った。また、老人、女子供は後方支援をした。狩猟も各自の分担が決められ、戦闘訓練の一環としての意味合いも有していた。特に「出草」は狩猟区の争奪戦が多く、いわば数的に限られる獲物を巡っての争いといえる。かつ密林での各種形態の狩猟も軍事訓練となり、あらゆる側面で「兵士」として鍛えられていた。したがって、日本討伐隊も抵抗に遭い、多大の犠牲を払わなくてはならなかった。かくして日本による理蕃政策では、各種手段を通じて銃没収に全力を尽くすことになる。第四章で後述する如く、戦時期になると、一旦武装解除されていた台湾原住民の伝統的能力が高く評価される状況が生まれた。高砂義勇隊は伝統的な戦闘能力を太平洋戦争におけるニューギニア戦線などで発揮することになる。

第三に、タイヤル族の精神的支柱は銃とともに蕃刀と入れ墨であった。銃は没収されたが、蕃刀は生活必需品ということで没収されなかった模様である。蕃刀は日本刀と異なり、刃と柄《つか》が分離せず、一つの金属で作られており、かつ柄は空洞になっている。したがって加速度をつけて振り回すのに都合がよい。いわば、狩猟の際や道無き道を雑木を切り払いながら突き進むのにも便利であった。また、男の入れ墨は「出草」、もしくは部落間闘争、部落同盟間闘争、対清抵抗、対日抵抗などで馘首することで入れることができた。男の入れ墨は勇敢さと結婚できる資格を得ることを意味した。また、女の場合も成人を意味し、結婚資格となった。なお、自由結婚ではあるが、男女関係に厳しい掟があった。

第四に、タイヤル族の伝統社会では、巫婆・巫女が活躍し、呪術、占い、病気治療をおこなった。相手に危害を与える呪術から、占いは「出草」の時の占いまであった。特に医療が発達していないタイヤル族の伝統社会では、巫婆・巫女による呪術、占い、治療が未分化であった。野草による伝統薬はあったが、漢人系により漢方が徐々に根付いていったものと考えられる。日本により原住民伝統社会に西洋医学が導入されていくのは、台湾北部ではタイヤル族の対日武力抵抗が一段落する一九一〇年代、とりわけ台湾全土では中部の霧社事件が終わる三〇年代といえようか。

以上のように、ガガを中核とする政治・経済・社会・軍事各機構構造であり、それは蕃刀、入れ墨、巫婆・巫女による呪術・占い・治療も一つの体系として包括していた。これらは厳密な組織機構・規則を伴い、ある意味で排他的で、「出草」、狩猟という実践により戦闘力を高める作用があったといえよう。規律は厳しく、犯罪に対する罰則は厳格であった。換言すれば、伝統社会として「野蛮さ」、近代化からの遅れが指摘されがちであるが、一つの完結する体系を有していたことは間違いない。

【註】

（1）「蕃地調査書」『現代史資料—台湾（二）—』（22）、みすず書房、一九七一年、三八七頁。

(2)「蕃族紹介」、台湾総督府警務局理蕃課『理蕃の友』第一年一一月号、一九三二年一一月一日。なお、『理蕃の友』は一九三二年一月から毎月一回発行し、四三年一二月に戦争激化により廃刊。計一四四号を出した。「本紙廃刊に当りて」(『理蕃の友』第一二年一二月号、一九四三年一二月、一一頁)によれば、「本紙は山地勤務職員の座右の友として発行し来り、之に依つて其の状況、高砂族の日常生活の有様も知り、或は当局の方針、時局事項等の通報機関の使命を負ひ、或は又、之に依り、高砂族の一面を知るよすがともなつて、高砂族の調査研究上、好参考資料となつて、其の寄与する所少なくなかつたこと、思ふ」、と総括する。台湾原住民を研究する上での重要な一次史料といえるだろう。

(3)竹越与三郎『台湾統治志』博文館、一九〇五年、三六一頁。

(4)佐山融吉・大西吉寿著『生蕃伝説集』杉田重蔵書店、一九二三年、三六頁。その他、地域によっては、石から男女各一人が産まれたという伝説もある。

(5)同前、四九二~四九三頁。

(6)タイヤル族は男系家族組織になっているが、かつて女系であったと考えられている。なぜならその祖先も祖母も均しく「ヤーキ」といい、子供に名前を付けるのは母の権限だからとする(竹越与三郎、前掲書、三六一~三六二頁)。

(7)小泉鉄『台湾土俗誌』建設社、一九三三年、五八~五九頁。

(8)達西烏拉彎・畢馬(田哲益)『台湾原住民泰雅族』台原出版社、二〇〇一年、六三頁。

(9)宋光宇主編『泰雅人』雲南大学出版社、二〇〇四年、一一三~一三一頁。達西烏拉弯・畢馬、前掲書、一五四~一六一頁。游覇士・撓赫給(田敏忠)『泰雅的故事』晨星出版、二〇〇三年、二四五頁など参照。

(10)竹越与三郎、前掲書、三六四頁。

(11)小泉鉄、前掲書、八三~八七頁。

(12) 竹越与三郎、前掲書、三六三～三六四頁。
(13) 杉佐木「高砂族今昔模様」(2)、『大阪朝日新聞』一九三七年一月一〇日。
(14) 前掲「蕃族紹介」。
(15) 菊池「林昭明氏に対するインタビュー」二〇〇九年三月二四日。
(16) 達西烏拉灣・畢馬、前掲書、五〇～五一、五五頁など。なお、従来、タイヤル族の支流とされてきたセデッカ族の場合はガヤ(Gaya)と称す。
(17)・(18) 達西烏拉灣・畢馬、同前、五九～六〇頁。
(19) 台湾総督府臨時台湾旧慣調査会、中央研究院民族学研究所編訳『番族慣習調査報告書―泰雅族―』第一巻、一九九六年、二三二、二三八～二三九頁。
(20) 菊池「林昭明氏のインタビュー」二〇〇九年三月二四日。
(21) 達西烏拉灣・畢馬、前掲書。五二、五四～五六頁。
(22) 達西烏拉灣・畢馬、同前、五六、五九頁。
(23) 達西烏拉灣・畢馬、同前、五七頁。
(24) 達西烏拉灣・畢馬、同前、五八頁。
(25) 菊池「林昭明氏に対するインタビュー」二〇〇九年三月二四日。
(26) 前掲『番族慣習調査報告書―泰雅族―』第一巻、二六八～二六九頁。
(27) 菊池「林昭明、和夫両氏に対するインタビュー」二〇〇九年三月二四日。
(28) 達西烏拉灣・畢馬、前掲書、二五二～二五四頁。
(29) 前掲『番族慣習調査報告書―泰雅族―』第一巻、二七一頁。達西烏拉灣・畢馬、前掲書、二五三～二五四頁。

(30) 達西烏拉彎・畢馬、同前、二五四～二五五頁。
(31) 台湾原住民の文化特質は東南アジア文化圏のインドネシア文化群に属し、馘首による「汎霊崇拝」の習俗があるという（達西烏拉彎・畢馬、前掲書、二五五頁）。「出草」に関しては、林昭光によれば、「タイヤル族の言葉ではなく、清朝、日本側から出た言葉です。彼らから見て草の中から突然飛び出して襲撃されるという意味でしょう」、と述べている。
(32) 警務局理蕃課「時局下の高砂族」、台湾総督府臨時情報部『部報』第八号、一九三七年一一月二一日。
(33) 達西烏拉彎・畢馬、前掲書、二五五～二五七頁など。
(34) 鈴木譲「高砂族に於ける『夢』について」『台湾警察時報』第二四八号、一九三六年七月号。
(35) 達西烏拉彎・畢馬、前掲書、二五八～二五九頁。これに関しては、蛸島直「台湾原住民の鳥占の多様性をめぐって」『台湾原住民研究』第一九号、二〇一五年一一月が参考になる。
(36) 杉佐木「高砂族今昔模様」（1）、『大阪朝日新聞』一九三七年一月九日。達西烏拉彎・畢馬、前掲書、二六〇頁など。
(37) 杉佐木、同前（1）。達西烏拉彎・畢馬、前掲書、二六〇～二六一頁。
(38) 九族村にあった説明文参照。ただし、現在は九族村の「敵首棚」も上記の説明文も撤去されている。タイヤル族への偏見をなくすという理由だろうが、過去の伝統として明確に押さえる意味でもやはり展示する必要があるのではないか。
(39) 黒帯巴彦『泰雅人的生活形態探源』新竹文化局、二〇〇二年、九六～一〇三頁。
(40) 黒帯巴彦、同前、九三～九五頁。
(41) K生（警務局）「銃を握つて罪あり」『理藩の友』第二年六月号、一九三三年六月一日。
(42) 林えいだい『証言　高砂義勇隊』草風館、一九九八年、一七一～一七二頁。

(43) 竹越与三郎、前掲書、三六三頁。
(44) 達西烏拉彎・畢馬、前掲書、六八～六九頁。
(45) 瀬野尾寧（警務局）「陋習何故に改むべきか」『理蕃の友』第二年二月号、一九三三年二月一日。
(46) 竹越与三郎、前掲書、三六二～三六三頁。
(47) 拙稿「現地調査：台湾桃園県復興郷角板山のタイヤル族―「和夫」さんと日本人妻緑さん―」『愛知学院大学文学部紀要』第三八号、二〇〇九年三月。
(48) 菊池「林茂成氏へのインタビュー」二〇〇六年八月一三日。
(49) 前掲拙稿「現地調査：台湾桃園県復興郷角板山のタイヤル族」。
(50) 小泉鉄、前掲書、九四～九六頁。
(51) 台湾総督府『台湾統治概要』一九四五年（原書房、復刻一九七三年）、一〇八頁。
(52) 小泉鉄、前掲書、八七～八八頁。
(53) 菊池「林昭明氏に対するインタビュー」二〇〇九年三月二四日。
(54) 小泉鉄、前掲書、八八～九〇頁など。
(55) 宮尾五郎「高砂族の犯罪と防犯」『台湾警察時報』第二六九号、一九三八年四月号。
(56) 小泉鉄、前掲書、六五～六七、七二頁など。なお、二〇〇九年三月二四日林昭明はインタビューで、「アトハン」はタイヤル族の死後に行く「天国」のような理想郷で、「祖先の霊、懐かしい人々が沢山にいて、幸福なところです。鹿や猪も沢山にいて食糧にも困らず、狩猟地域などで争わなくてよい所でしょう」と答えている。換言すれば、やはり狩猟区で獲れる限られた動物・食糧確保のため、現世では紛争が絶えない、といっているように聞こえる。
(57) 小泉鉄、同前、六八～七一頁。

(58) 竹越与三郎、前掲書、四九三〜四九四頁。

(59) 「蕃人ノ宗教的感化ニ関スル意見ノ発顕」(一九〇二年?)、台湾総督府警察本署『理蕃誌稿』第一巻、一九一八年三月、八六一〜八六三、八六九頁。

(60) 林昭明は、筆者の質問に対して、戦後、原住民のほとんどはキリスト教徒とし、「日本時代は天皇、キリスト教ではキリストが神であった。……タイヤル族には祖先信仰があり、『天は太陽、地は水』、すなわち、『太陽と水』が生命の根源であると考えてきた。だから、ある時は天皇、ある時はキリストであっても、タイヤル族は天皇、キリストを『太陽』と重ね合わせて祈った。時代が変わっても祖先、太陽、水への信仰は一貫して微動だにしない」と強調した。

第二章

台湾北部における日本討伐隊とタイヤル族

対日抵抗と「帰順」

はじめに

台湾原住民の抵抗運動としては日本植民地化の遠因となる牡丹社事件[1]、および抗日運動として霧社事件[2]などが脚光を浴び、研究が蓄積されつつある中部タイヤル族の対日抵抗に対して、台湾史研究でも研究がほとんどない北部タイヤル族の解明が急務である。さもないと台湾タイヤル族の体系的、かつ全面的解明は不可能だろう。のみならず日本の台湾領有前期における北部タイヤル族の抵抗を除外することはできない。また、下関条約（馬関条約）による台湾割譲、「台湾民主国」建国、台湾全土の「土匪」（漢族）の抵抗の一連の流れは捨象できない。だが、土匪の研究に比して原住民の対日抵抗は霧社事件などを除けば、未解明部分があまりに多い。これでは、台湾における対日抵抗史全体像も構築できないのではないか。

ここでは、まず日本植民地時代以前の清朝時代の状況に簡単に触れておきたい。一八五八年、天津条約で淡水が国際通商港として開港された（六〇年北京条約で完全開港）後、北部タイヤル族の地域に樟脳（無煙火薬、セルロイド、防虫剤、防臭剤などの原料）を採取する漢人労働者が流入してきた。

巡撫は洋務派の劉銘伝[3]、総参謀は林維源[4]であった。

林維源は資産家なので経費を出し、樟脳採取は盛んだったので楠だけを除いて山を焼き、大木は消滅した。こうして、三峡の山を焼き尽くした。そして、樟脳採取後、楠を伐採して開墾し、茶畑にしたり、葉を染物に使用する樹木を植えた。また、この辺では石炭が採れ、台北州の海山炭坑（三峡）、それから慈湖に炭坑があった。劉銘伝はトンネルがある「蕃界」を越えて交渉に来た。「蕃界」とは、清朝の法律が行き渡らない原住民の領域である。平地人は境界から原住民の領域を侵して樹木を伐採し、耕そうとする。それに対して山の人（原住民）は狩猟のため、木を守る。その境界を「蕃界」、タイヤル語では「アトアギュカ」と称した。ここには、棘がある茅のような植物が生えている。最初は、三大隊か四大隊で兵隊二〇〇〇名位を率いて枕頭山方面に行き、タイヤル族住民に対して、米とタイヤル族所有の武器との交換を持ちかけた。次第にタイヤル族の領域に入り込んできた。その結果、樟脳戦争が台湾中部以北の各山区で発生した。

ワタン・セツ（Wadan Shetsu）は一八六一年頃、大嵙崁前山蕃総頭目として前山各部隊を率いて抵抗し、清朝軍警の侵入を阻止した。大豹社もその例外ではなく、一八八五、八六年から約五年間の大嵙崁戦争が勃発した。この時は、前山蕃総頭目シアツ・ワタンの指導下で連合して抵抗した。清朝軍が道がないところに入ると、タイヤル族の襲撃にあい、太渓まで後退した。この時、清朝劉銘伝の兵隊が沢山戦死したという。他方、タイヤル族は祖先伝来の土地を守ったが、ロシン・ワタンの叔父イバン・セツ（Iban Shetsu）など多くの生命を失った。漢人は山区に入山できなかったが、

「土牛」（土塁）による隘勇線を設置し、平地と丘陵の土地を占領した。林昭明が強調する如く、タイヤル族にとっては清朝も後の日本も同様で、自らの領域を犯す「外族」であり、代表部族がその他の部族と連合して対抗したのである。[5]原住民に対する差別、人権侵害は官僚や軍のみならず、一般台湾人にもあった。極端な例としては、原住民を人間と見なさないものまであった。[6]

本章では日本植民地時代に焦点を合わせ、北部タイヤル族の対日抵抗と「帰順」を本格的に明らかにしたい。当時の原住民の抵抗に関連する史料は多いとはいえず、不十分な感は否めない。遺憾なことにタイヤル族には文字がなく、伝承であり、彼ら自身が書いた当時の史料はない。したがって、繰り返すがオーラルヒストリーの手法が重要である。そこで筆者の場合、台湾桃園県角板山で自ら実施したインタビューを梃子に、史料としては総督府関係資料、および当時、台湾で発行されていた『台湾日日新報』などを使用することで、角板山を中心に北部タイヤル族の対日抵抗がどのようなものであったか、その実態や特質などについてアプローチする。[7]なお、史料の中に「敵蕃」、「凶蕃」などの文字が頻繁に出てくるが、「敵の原住民」、「凶暴な原住民」とすると冗長になるので、原則として「　」を付してそのまま用いた。

一　問題への導入　台湾北部角板山タイヤル族へのインタビュー

ここ十年余、毎年のように角板山を訪れ、タイヤル族の「和夫」（陳振和）、彼の妻緑、および林昭光、林昭明各氏（以下、敬称略）らにインタビューを繰り返してきた。そこから興味深い事実を聞き、原住民の対日抵抗を含め多くのヒントを得ることができた。まず、ここではインタビューなどから日本植民地以降に関する内容を摘出したい。

林茂成によれば、一八九五年清朝が日本に台湾を割譲後、一九〇三年から一九〇八年まで祖父ワタン・セツは大嵙崁前山蕃総頭目として日本軍警の侵攻に抵抗し、故郷を守りぬいた。日本はこの戦役を台北州三角湧派出所管轄下の大豹事件、および「蕃匪」事件と称した。二度にわたる大規模な激戦で日本側は攻撃、撤退を繰り返し、多数の戦死傷者を出した。とはいえ、タイヤル族側の損失も少なくなく、祖父の四番目の弟パヤス・セツは右手を失い、その後、日本警察の敷設した地雷により爆死した。結局、日本軍警の近代的な武器に抵抗は難しく、後方のタイヤフ社（現在の高義村の上方）まで撤退を余儀なくされた(8)。

菊池：枕頭山戦役とはどのような戦闘だったのですか。

和夫：台湾領有直後、一九一一年（一九〇五～〇六年？）に枕頭山戦役があった（なお、枕頭山での大小の戦闘が何度も発生している）。枕の形をしているから枕頭山という。丁度、角板山の向かい側の山ですよ。「山の人」（原住民）は降伏しない。この戦闘には「平地人」（漢族）は参加していない。タイヤル族以外、パイワン族を含めて原住民はすべて降伏した。「枕頭山戦役では、タイヤル族は毒矢を使った。鉄砲では音がする。日本軍は馬に乗り、大砲を馬に乗せ、また鉄砲を担いで山を登ってくる。その進路をムササビの擬声を使って合図するのですよ。『フューフュー』、『フューフュー』とね。この戦闘で日本兵は一〇〇〇人中、『六七二人』（六六二人?）も死んだ。タイヤル族はいわばゲリラだから、『七人』しか死なない。タイヤル族は褌姿で、また、それを風呂敷のように頭にかぶって日本軍を襲った。だから日本軍はタイヤル族を恐れた。『動物だ』、『野蛮人だ』とね。ただ、タイヤル族の方も流石に日本軍の大砲には驚いた。木がバタバタと倒れる。それで、タイヤル族側も枕頭山の稜線から逃れた。日本軍が白旗を掲げたところで、談判に入った。タイヤル族側で談判したのは林昭明の祖父シアツ・ワタンですよ。林昭明は私の祖母の弟の子供ですよ[9]」

ここから重要山岳地域として角板山とともに枕頭山が浮かび上がる。また、原住民は日本軍に対して毒矢を使用するなどゲリラ戦で戦い、他方日本当局は主要に大砲で鎮圧しようとした。これに関連して林昭光によれば、日本領有初期、「蕃匪」事件（一九〇六年）というのがあった。この時の「蕃」はタイヤル族のことで、タイヤル族は日本によって「生蕃」（近代化を拒絶したのが「生蕃」。近代化を受け入れた原住民は「熟蕃」。以下、それぞれ生蕃、熟蕃）と呼ばれていた。台湾人「土匪」約五〇〇人が新店、桃園で日本軍に敗北して角板山のタイヤル族に助けを求めた。タイヤル族は「義」を重んじ、台湾人「土匪」を匿った。そして、「匪」と「蕃」が協力して日本軍に抵抗した。当然、「蕃」が力量的に中心となった。その後、枕頭山事件が起きた。この戦闘で、タイヤル族「六人」が死に、日本軍は食糧運びの台湾人を含む「四〇〇〜五〇〇人」が死んだ。この戦闘ではタイヤル族の方が優勢だった[10]、という。

菊池：では、抵抗を続ける原住民に対して日本・総督府はどのような政策を採ったのか。

和夫：日本人はタイヤル族の一代目は反抗心が強いので、二代目を教育しようとした。「以蕃治蕃」で、いわゆる「飴と鞭」の政策だ。そこで、私の父「泉民雄」は台北一中に入学できた[11]。一代目に期待せずに、二代目を教育することで日本統治・治安の安定を図った。

結局のところ、ワタン・セツも大豹社頭目で、同時に前山蕃総頭目として当地タイヤル族の命脈を保全するため、一九一〇年自ら角板山（派出所？）に出頭した。そして、彼の長男であるロシン・ワタンを総督府に対して人質として差し出し帰順する同時に、総督府に対して唯一の条件としてロシンに近代的教育を施すことを求めた。こうして、ロシン・ワタンは日本の近代的教育を受ける機会を得た[12]。なお、ワタン・セツは最終的に日本に投降したとはいえ、「抗日英雄」として桃園県忠烈祠[13]に名を連ねている。こうした状況下で、ロシン・ワタンは医療により同族を救う道を目指すことになる。当時、原住民部落では流行性感冒、マラリア、赤痢が流行しており、これを治療するとともに、日本当局に免費診療と予防活動を要請した[14]。いわばロシン・ワタンら北部タイヤル族は主に武力抵抗から日本植民地体制内での原住民の生存権確立、地位向上を求める闘争に大転換したのである。

二　「土匪」の対日抵抗

まず、原住民の対日抵抗を論じる前に「土匪」の対日抵抗を論じておきたい。なぜなら双方は連動し、密接な関係を有すると考えられるからである。下関（馬関）条約で台湾が日本に割譲されたことに反発した「台湾民主国」建国と崩壊以降、台湾島内における武装対日抵抗は続いた。

では、「土匪」とは何か。台湾総督府警察によれば大きく三つに分かれるという。①日本の台湾領有当初、日本軍に抵抗した「清国旧兵」で唐景崧、劉永福を盟主と仰ぎ、「台湾克服」を掲げて義勇軍として清国の後援を期待した。これらは日本軍の攻撃により清国に逃亡したが、本島人（漢族の閩南人、客家で、現在の本省人）を包括するものも多く一時山岳に蟄伏した。②「博徒に盗賊の性質を多分に加へた」もので巣窟を構え、一定の地域で活動する、いわゆる「土匪」である。③元来良民であったが、「土匪」掃討で親兄弟や親戚が巻き込まれたり、あるいは「土人（原住民）密偵」の誣告により本人が冤罪を受けたことで官憲を恨み、「土匪」の群に入った。多くは良民に戻るが、土匪生活に慣れ、悔悟しない者もいる。[15] このように、日本の観点から「土匪」とみなされるが、その本質は、あくまでも多くは日本植民地支配に対するレジスタンスである。

許世楷の「土匪」反乱に対する時期区分などを参照すれば、以下の通り。

【第一期】（明治二七〔一八九四〕年七月～明治二八〔一八九五〕年一〇月）日清戦争勃発から「台湾

民主国」崩壊まで。日本への台湾割譲を境とし、前期は日清戦争期の清朝主権下における地方防衛戦争で、後期が「台湾民主国」（首都は台北）の独立防衛戦争である。清朝官吏と台湾人士紳を中心に清国軍と台湾人義勇軍が集められ、日本軍に抵抗を試みた時期である。台湾各地に盤踞する「土匪」と称された抗日ゲリラ勢力は、例えば簡大獅ら「抗日三猛」など多くが「台湾回復・清朝に忠」を標榜した。

【第二期】（明治二八（一八九五）年末〜明治三五（一九〇二）年）「台湾民主国」が拠点とした台南が日本軍に占領され、崩壊した。清朝官吏、清国軍が中国に逃亡後、台湾人が各地で再蜂起し、一時台北、宜蘭などを包囲した。中部では、抗日軍が雲林地方を一旦回復したが、山地に追いやられ消滅した。日本当局は守備軍、憲兵、警察によって鎮圧する一方、官庁を通じて降伏させ、治安確立に至った時期とされる。一八九八年を境に、それ以前は抗日軍が勢いが強く、日本統治打倒を目指し、それに対して日本当局は主に軍隊によって鎮圧した。同年三月に至り児玉源太郎が台湾総督に着任すると、民生長官後藤新平の協力の下、日本当局は軍隊を後援とし、警察力を中心に鎮圧、「招降」という硬軟両策を用いた。その結果、抗日軍は勢力を失い、匪賊化し消滅する。

【第三期】（明治四〇（一九〇七）年〜大正四（一九一五）年）中小規模の多くの対日抵抗が発生している。

（1）一九〇七年一一月北埔事件・脳丁であった蔡清琳（二七歳、新竹出身）は、多数の清国軍が新竹に上陸するので、彼らと共同で「日本人を追払う」と民衆を扇動し、「連合復中興総裁」を自称した。この暴動で、日本人数十人を殺害したが、自らの方も死者八一人、自殺一〇人、死刑九人を出した。この暴動が大規模化したのは、長期にわたり隘勇として駆り出された本島人の不満の爆発が背景にあったとされる。

（2）①一九一二年三月林圮埔事件‥一九一二年縦貫鉄道の開通と産業政策の推進に伴い、総督府の委託を受け三菱製紙が竹山に工場設置計画を立てた。そして、南投・竹山一帯の公有林すべてが三菱製紙の経営管理に移された。この計画は竹林に依拠して生活してきた竹山、嘉義、斗六一帯の民衆一万二〇〇〇人の生活を直撃した。劉乾の指導下で農民一二人が付近の頂林派出所を襲い、日本人巡査二人を殺害した。

②一九一五年四月西来庵事件‥西来庵周辺（台南県）で大規模な武装暴動事件が発生した。首謀者は余清芳で「神主」が出現したとし、「大明慈悲国」を建設し、日本人を駆逐するとした。そして、大衆を率いて派出所を攻撃した。総督府は軍隊、警察を出動させ、余清芳を逮捕した（図2―1）。

類似の事件としては、③一九一二年六月土庫事件、④一九一四年五月六甲事件、⑤一九一五年二月林老才事件などがある。これらの事件の共通性は、指導者が「神託」を受けたとして自ら「総統」、「皇帝」、あるいは「台湾王」を称し、「易姓革命」の観念を有し、農労民衆を率いて闘争するが、旧時代的発想を脱し切れていない。

（3）一九一一年以降、辛亥革命の影響を受け革命を鼓吹した。①一九一三年一月羅福星事件‥羅福星は一九〇三年広東からの台湾移民。六年中国帰国、廈門で孫文らの中国同盟会に加入、一二年

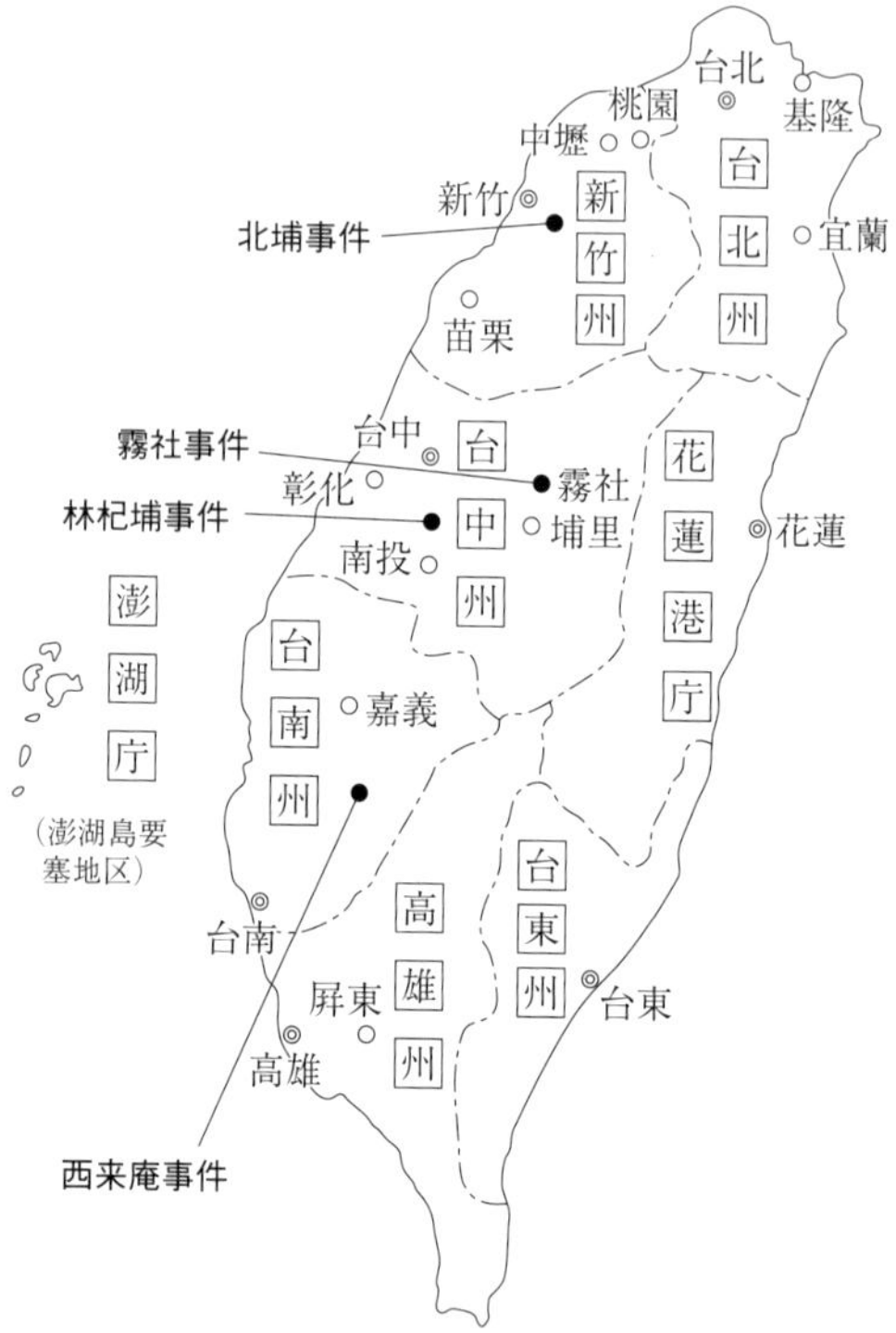

図２－１　「土匪」による対日抵抗図（1907−15）
出典：『台湾警察現労図』1932年と本章各所などから作成。

台湾で革命党を秘密裏に組織したが、一三年日本警察により革命党は破壊され、淡水で羅福星も捕縛、処刑された。類似の事件としては、②同六月李阿斎事件、③同一二月東勢角事件、④一九一四年二月張火爐事件などがある[16]。

このように、各蜂起は台湾各地に分散し、広範囲に渡っていた。換言すれば、平地を中心とする清国人・本島人の対日抵抗運動は、第一に、清朝復帰を目指す抗日運動、第二に、生活をかけた抗日闘争である「林圯埔事件」、第三に、伝統的な発想からの対日抵抗「西来庵事件」、第四に、「羅福星事件」など辛亥革命の影響を受けた対日武装闘争を経て、日本植民地体制内の非武装改革運動に転換していくことになる。

では、ここでは原住民の対日抵抗と地域的に重複する新竹・桃園地方での土匪反乱とその鎮圧に焦点を絞って見ておきたい。歩兵第四連隊第一大隊長馬渡少佐の一隊も大嵙崁警戒集合地を発して同残匪討伐に従事した。明治二九（一八九六）年二月一〇日第二中隊を前衛、一小隊を左衛として同地警察派出所の佐伯警部以下、巡査一〇人余を従え、蕃仔寮を経て三角林に至り、土匪の住居を焼却した。その後、大坪庄に向かい、途中、逮捕者七人の内、四人を土匪として斬殺した。一一日大坪庄を出発し、仔古寮に至り、匪首江振の住居を焼き、一四日一隊を分遣し、連日大山東方の山中を経て五指山に向かい掃蕩をおこなった。さらに本隊は二月一九日大嵙崁を発し、三角湧に至り、ここを本拠に各隊を分遣し、付近の土匪、および土匪「認定」者数十人を殺害、家屋数百戸を焼却した。

このように、連日土匪掃蕩をおこない、二五日大嵙崁一帯の掃蕩は終了した[17]。日本当局はまず北部の治安確立を優先し、一八九五、九六年には台湾北部の土匪はほとんど殲滅したとされるが、北部も実は終了せず、一八九九年後半まで続き、一九〇一年には完全に消滅した。それに対して中・南部は一九〇一年後半にも各地で反乱が発生、掃討の結果、一九〇二年後半に消滅した。

三角湧について見ておきたい。一八九六年一一月七日、三角湧分署の大寺能雄、高橋隆一ら五人が土匪偵察として、十三添庄、打鉄坑庄に行き、土匪三人を捕縛した。だが、帰途、匪首陳猪英ら六〇人に包囲され五人全員が殺害された。一四日同分署長の「討伐上申書」は以下の通り。「土人（原住民）並（びに）間者の諜報」によれば、「目下十六寮に集合せる匪数は一千乃至七百名と云ひ、或は四、五百名と称し……蓋し四百名を下らざるものの如し」。その他、「十六寮の匪徒と気脈を通ぜる黄文開一派の匪徒七、八十名は別に十三添庄の山中に潜伏する」という。これを受けて、総督府は三角湧の土匪討伐を決定し、二二日大嵙崁守備第七中隊は小暗坑付近を捜索、また台北から出兵の第六中隊は十六寮に向かった。匪賊は戦わずして潰走。第七中隊は三角湧分署と共に十六寮の家屋を焼却。第六、第七各中隊とも武器、弾薬、刀剣を押収。二三日両隊は前進し、獅子頭寮の攻撃を開始、戦闘数刻後、匪徒は生蕃地区に向かって潰走した[18]。

その後、三角湧方面ではしばらく土匪の大規模な襲来がなかったが、明治三一（一八九八）年九月匪首陳赤平、許嘴ら三〇〇人余が三角湧街を襲って三角湧弁務署を放火した。目的は同弁務署に保管していたアヘン、および官金を掠奪することにあった[19]。

「土匪」被害としては、一八九七年三〇五八件で、殺傷が七〇七人、一八九八年一七六〇件で五八〇人、一八九九年二四〇七件で五四一人、一九〇〇年が一〇三三件で二九六人で[20]、一八九七年から四年間で計八二五八件、殺傷二一二四人である。件数に比して、殺傷は思いの外、多くはない。

このように、植民統治初期、台湾島内の劣悪な衛生環境、および継続するゲリラ的抵抗のため、日本の国会は台湾を放棄し、周知の如く「一億円」で中国かフランスに売却しようとした。一八九八年第四代総督に就任した児玉源太郎と民生庁官後藤新平の赴任後、台湾植民地経営が本格化し、「漸進的同化主義」を採った。そして、士紳に対する懐柔策と共に、保甲制度の実施、反抗者の銃殺など「飴と鞭」の政策を採った。他方、清朝以来の保甲制度（一八九八年総督府制定の「保甲条例」

では一〇戸が一甲、一〇甲が一保）を踏襲し、連座・監視・密告方式により懲罰、治安を維持した。この他、「匪徒刑罰令」、「匪徒招降策」などにより帰順式も挙行し、就業斡旋もおこなったが、帰順式を口実に投降した者や反抗する者を一挙に射殺することもあった[21]。

三　日本当局の原住民政策とタイヤル族の対日抵抗

平地での反抗勢力が次第に終息した後、総督府は統治力を原住民の山区へと伸張させた。李鴻章が、「獰猛慓悍、馘首を好み、島内十の六余に占拠する化外難治の生蕃ある」として、日本の台湾領有を牽制したが、それは詭弁ではない。平地の土匪平定後に統治の「癌」は実に理蕃であったとする[22]。明治三一（一八九八）年九月、殖産課で調査、審議され、民政長官に「対蕃政策」が提出された。**図2―2**によると、「威力」と「恩恵」が明確に分けられ、前者では蕃政官の下に警丁、軍隊などが置かれ、後者では、賞罰が明確化すると同時に、授産として伐木、農業、工業などにより原住民生活を安定させると同時に、殖産にも貢献する。ただし、このことは原住民の狩猟生活を一変させるものであった。そして、この機構の核心は「事業」であり、林業、拓殖により植民地経営を日本にとって円滑にし、収奪し、収益をあげることに主眼が置かれていたことはいうまでもない。

また、殖産課では、「蕃政ノ主義」として、原住民に対して①全滅主義か②導化主義かが論じられたようである。換言すれば、かなり危険で過激な「全滅主義」を唱えた者たちが存在したことを示

図２－２　殖産課作成の「対蕃政策」機構図（1898年）

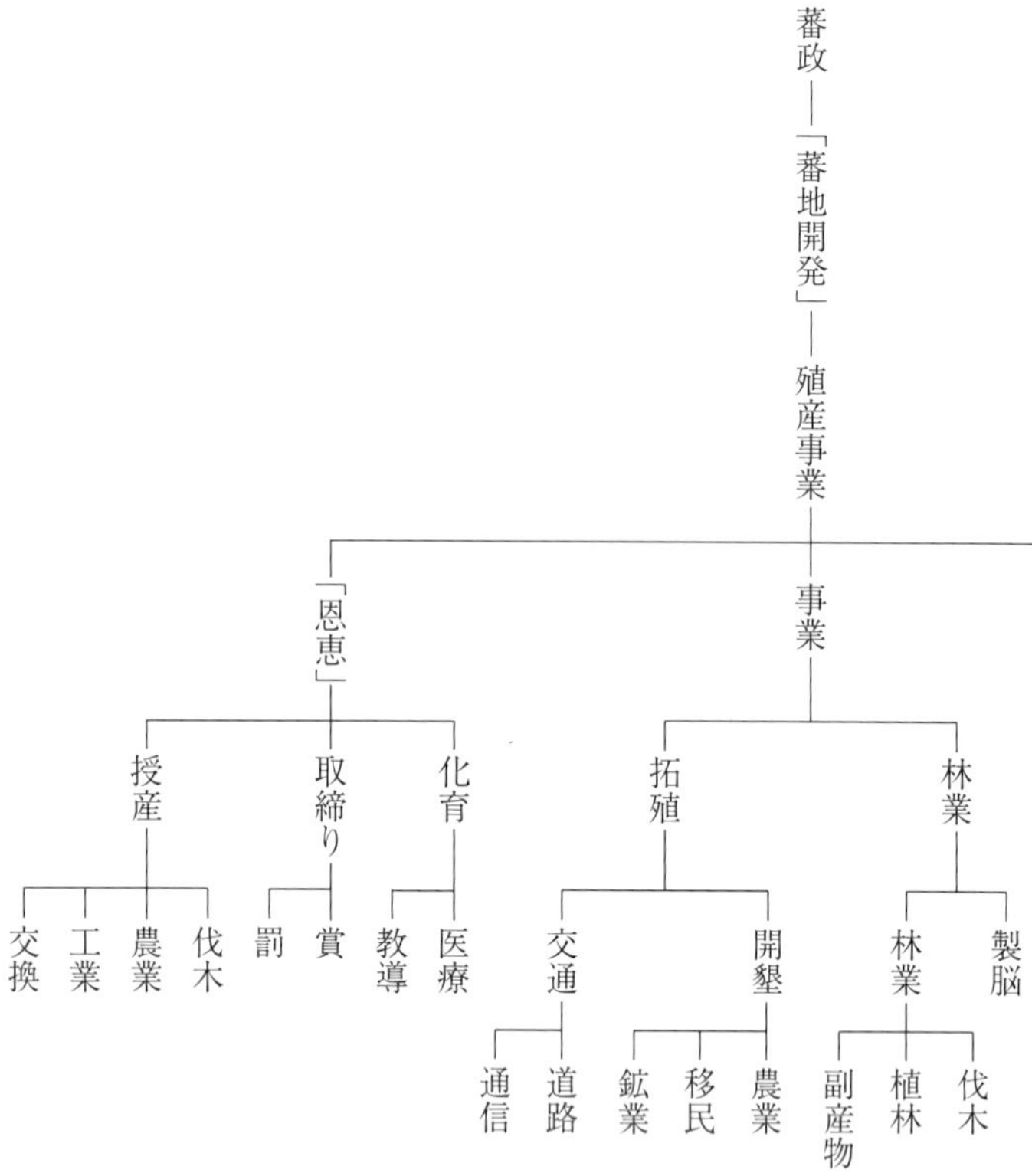

出典：殖産課「対蕃政策」1898年，台湾総督府警務局『理蕃誌稿』第１巻，1918年（南天書局復刻，1995年），134頁。

唆する。結果的にいえば、「全滅主義」は「壮ナリト雖モ第一人類ノ道義ニ反シ、第二領土治民ノ本旨ニ戻ル」とし、「本島十万ノ蕃族ヲ全滅シ得ルカ。僅ニ其ノ一小部分ヲ討伐セントスルモ容易ノ業ニアラズ」。したがって、唯一「導化主義アルノミ」と相対的に妥当な結論を導き出した[23]。

ここでは、まず日本当局の原住民に対

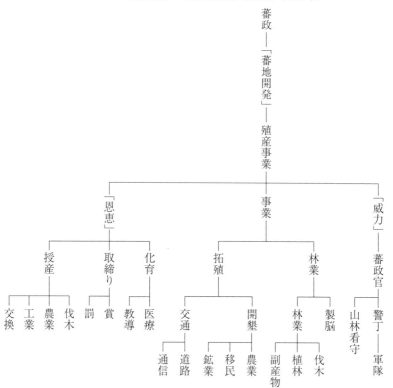

する政策と、それに対する原住民の対日抵抗について全体像を押さえておきたい。一八九六年南蕃アスポン社など討伐、一八九七年北蕃大坪社などを討伐、および隘勇線前進、太魯閣蕃討伐、一八九八年北蕃蘇澳方面に前進、およびマイバライ社討伐、一八九九年北蕃西石門、十寮間の隘勇線前進、一九〇〇年三角湧方面などの隘勇線前進と大嵙崁方面の蕃社討伐が実施された[24]。なお、隘勇線は清朝時代の土塁から、日本植民地後は高圧電流を流す鉄条網に変わった[25]。

一九〇〇年村上台北県知事は、総督に「大嵙崁ニ於ケル蕃変ノ善後方策」を提出した。「大嵙崁方面ニ於テハ絶対的封鎖主義ヲ励行シ、蕃人トノ交通ヲ厳禁シ、兵器、弾薬、米、塩ハ勿論、其の他一切ノ供給ヲ断絶シ以テ彼等ノ活力ヲ減ジ、其ノ死命ヲ制スベシ」。これと同時に脳寮開墾地が存在する新竹、文山堡方面に対しては関係的封鎖主義をとり、「良蕃」には戸口によって必需品を供給する。だが、決して余裕を与えず、「悪蕃」と融通交換させないよう取り締まる。この閉鎖主義を実行するには生蕃坂を境界として左右に隘勇を配置し、防御線をはり、生蕃の来襲に備え、密交換を取り締まる。これら経費の外、枕頭山と生蕃坂間に計画する砲台、隘寮建設費における残余約一万二〇〇〇余円を、深坑、新竹、大嵙崁の三弁務処管内に隘勇を増置し、隘寮を密設する経費に充てる。なお、警察費で監督警部を深坑、三角湧、大嵙崁、馬武督、内湾に各一人の計五人を配置し、以て本年度の厳重な防備とする[26]。このように、封鎖することで「兵糧攻め」にして弱体化させる。これは原住民の妻子など家族を含む生活圏を破壊し、窮乏化させることはいうまでもない。

この場合、原住民は①窮迫して投降を請い、開通を懇願するか、②活路を開くため襲撃に出るか、この二つが考えられる。①自然淘汰の原則に従い、劣者たる「蕃人」（以下、原則として蕃人）が内地人と接触した結果、「殄滅ノ時期ヲ速カラシム」。これも対蕃策上の第一義とする。また、平和的交渉が進むにしたがい、「時機ヲ見計ヒ以テ之ヲ誘ヒ其ノ虚ヲ衝キ、其備ナキニ乗ジ、一定ノ地区ヲ兵力ヲ用イスシテ占領シ、其ノ範囲内ノ防備ヲ鞏固ニシ漸次進ミテ蕃界ノ開拓ヲ図ルモ亦一策ト信ズ」。②もし隘勇線を襲撃した場合、全力を尽くして撃退し、大打撃を加え、「力ノ微弱ナル」ことを自覚させる。もし防蕃線（隘勇線）以外の大豹、馬武督、および新竹文山堡方面の脳寮を襲撃することがあれば、予め遊撃隊を設置し、防御の任務に当たらせれば、「蕃人ヲ制スル必ズシモ難キニアラザルベシ」とする。[27]この方針は「其筋ノ御決定」に基づきというから、当然総督府に採用されたと見なせ、大嵙崁方面一帯の蕃社に対して「絶対的封鎖」、その他の各蕃社に対して「関係的封鎖[28]」が原則として実施されたと考えて間違いない。

一九〇三年一月、従来殖産局に属していた「蕃人蕃地」事務は民政部警察本署に移管し、これに伴い地方庁でも警察主管に移した。同年、総督府は原住民が帰順する時、銃提出を命じた。だが、タイヤル族は従わなかった。銃は原住民の男の生命で、また山林での生存手段であり、かつ原住民地域と家族を防衛する武器だったからである。その上、彼らの運命は日本人の手の中で操られることになる。したがって、激しく抵抗した。ワタン・セツは最多には一〇〇〇人に達する戦闘力を有するに至った。その結果、彼は北部タイヤル族の武力面での重鎮となった。一九〇六年日本は軍隊・警察を動員し、大豹社を攻撃した。これを「蕃匪」事件と称する。大豹社は族人の安全のため、深山の志継社、詩朗社に退却した。だが、総督府は樟脳採取を目的としていたので、攻撃を緩めなかった。この時、原住民が知らぬ間に大豹社はすでに三井物産の樟脳採取地域となっていた。三井物産は討伐隊に資金を提供し、その見返りに土地の払い下げを受けていたのである。総督府は復興郷の障害を除去するため、枕頭山から深坑に至る隘勇線などを新設しようとした。枕頭山は宜蘭県大同郷への門戸でもあり、ここが北部タイヤル族の死命を決する戦いの場所となった。一九〇五年から〇六年にかけて、総督府は軍警五〇〇〇人余を派遣し、新式武器や大砲を追加準備した。それに対してタイヤル族は単発火縄銃一〇〇〇余丁と蕃刀で立ち向かった。この戦闘は復興郷の前山・後山各部落、大同郷渓頭群・南澳群、尖石郷馬里闊群が巨大な攻守同盟を形成した。枕頭山戦闘、挿天山戦闘、宜蘭の撞撞山戦闘など大規模な戦闘が続いた。枕頭山戦役ではタイヤル族側はロシン・ワタンの叔父バヤス・セツが戦死するなど、多くの犠牲を出した(29)。

一九〇六年四月佐久間総督の就任当時、警察本署内にあった蕃務掛を蕃務課に改め、職員を増やし、蕃政の刷新を致した。これ以降、隘勇線前進も断行し、「凶蕃」圧迫に努めた。すなわち、警察力の幾つかの部を討蕃機関とした。その結果、隘勇線前進により原住民の勢力圏を縮小させたが、北蕃中の大部族であるガオガン蕃、マリコワン蕃、北勢蕃、太魯閣蕃は天険により容易に政令に服さなかった。一旦帰順した蕃社もこれら大部族の威勢を望み、もし反抗を企てれば、それに呼応しようとした(30)。このように、帰順した蕃社も内心日本に対して不満を抱いており、再び抵抗に立ち上がる可能性を有していた。

計画としては、警備線を前進させ、蕃社を討伐しながら輸送路、交通路などを開鑿し、蕃地開発に資すことにあった。この「実行の順序は北蕃、即ちタイヤル族を先にし、南蕃を後にする」としたが、状況によって柔軟に対処するともしている。また、この計画実行を「威圧と撫育の二種と為すも、五ヶ年計画の主たる目的は全島各蕃族の所有する銃器を押収する」ことにある。台湾全島での「威圧」は一九一〇年五月より一一月まで約六ヵ月を要した台北、新竹州下に跨るガオガン蕃方面の隘勇線前進を始めとし、同年一二月より一一年三月にわたる台中州霧社方面討伐、同年四月より六月にわたる台中州北勢蕃討伐、同年七月高雄州トア社討伐にあった。さらに一三年六月より九月にわたる台北、台中両庁、および花蓮港庁に跨る太魯閣蕃討伐などがあった。この中で軍隊出動はガオガン、シナジー方面、および太魯閣蕃討伐の三事件である。桃園庁管内のガオガン蕃討伐の際は、ガオガン蕃一九社全体が大挙して反抗したのみならず、マリコワン、シナジー、渓頭奥各社もこれを応援した。日本の行動区域が漸次拡大した結果、警察官のみでは対処できなかった[31]。

ガオガン蕃はタイヤル族中、「大部族にして其の大部分は未た我招撫に就かす。各所に出てて肆にし凶虐至らさるなし」。しかも新竹庁下のタイヤル族キナジー蕃、マリコワン蕃と連絡し、桃園庁、宜蘭庁下の帰順蕃を説得し、勢力下に置こうとしている。

それに対して総督府は宜蘭、桃園、新竹三方面より隘勇線を進め、弾圧することを議決した。第一に、一九一〇年五月五日新竹庁は庁長以下、前進隊一二五五人は樹杞林支庁管内のマイバラ社北方より出発し、「敵蕃」の抵抗を排除。六月三日予定工事を遂行した。第二に、五月二〇日宜蘭庁は庁長以下、一八一四人がボンボン山の一部を占領したが、防御工事中の六月一〇日優勢な「敵蕃」の襲撃を受けた。死傷者が相継ぎ苦戦に陥った。ついに軍隊に応援を求め、歩兵一個連隊、砲兵一個中隊が来援し戦線を維持した。軍隊も多数の死傷者を出し、一時前進不能となった。第三に、九月一二日桃園庁では庁長以下、一二〇〇人をもって前進隊を編成し、角板山よりバロン山に向けて出発。かくして、三庁の前進隊は軍隊の支援を受け、九月一四日シブナオ社付近で連絡した。それ以降、「敵蕃」の勢いもようやく衰えたので、バロン山に総本部を置き、大津警視総長が前進隊の指揮に当たった。一二月二四日ガオガン、マリコワン両蕃を制圧し、大嵙崁前山蕃、渓頭蕃、屈尺蕃に銃器一〇〇〇余丁を提出させた。こうして、既設の隘勇線である宜蘭庁円山より台北庁のリモガン、挿天山を経て、桃園庁角板山、馬武督、六畜山に至るものは撤廃し、台北庁下の蕃地には不要とした。そして、台北、宜蘭、桃園、新竹四庁を通じ、巡査三四人、隘勇一〇六二人を減じて、隘勇線は宜蘭庁より桃園庁に直結させるとした。その地域内には樟樹が繁茂し、樟脳約一〇〇〇万斤を得ることが可能である。ことに棲蘭山、三星山一帯には手つかずの檜林があり、その富源は無尽蔵である。けれども連合前進の際、「凶蕃」の反抗で討伐隊の損害は警察隊、軍隊を合わせて死傷者は四六一人に上った(32)、とする。

四　日本討伐隊とタイヤル族の戦闘実態

では、ここから主に『台湾日日新報』の記事を使用し、上述の内容に関して、角板山を中心に時系列的にその実態をビビッドに明らかにしていきたい。

一八九八年四月一三日、大嵙崁蕃人約三〇人は道路開鑿工事中の人夫を襲撃したが、掩護隊に撃退された。また、五月四日竹北で「土人」（この場合、帰順原住民、もしくは熟蕃）が畑作していたところ、突然樹林から生蕃数人が狙撃し、「土人」が護身銃で生蕃一人を射殺したが追撃され、二人とも馘首された[33]。

臼砲射撃演習隊に依頼し、四月一七日再び枕頭山砲撃を開始した。同日早朝、砲兵第二中隊以下、二二〇余人は阿姆坪砲兵陣地に砲列を敷設し、鯉登参謀、川上事務官も臨席した。午前六時から三時間半、枕頭山各社に向けて連続三、四〇回の砲撃を加えた。各社内で叫喚の声が止むと同時に、別府支署長、巡査二〇人、隘丁五〇人で砲撃後の状況偵察に向かった。枕頭山の中腹でレナジー社の樹林の中から乱射され、三時間余の苦戦となった。橘巡査部長、松田巡査、および隘丁、隘勇の計五人が死去し、やむを得ず退却した[34]。

五月八日大嵙崁蕃地の砲塁配備に巡査三〇人を任命した。この内、一二人は以前砲兵で、一八人は歩兵出身である。つまり警察とはいえ、元軍人である。大嵙崁には旧式の臼砲（周知の如く口径に比して砲身が短く射角を自在にとれるため、城攻めなどに使用）を用いる計画なので、山野砲と操作法が異なり、練習を必要とする[35]。

枕頭山砲塁建設の準備として生蕃坂より枕頭山に至る通路を開き、その左右に隘寮を新設する必要があった。この検分のため、大嵙崁弁務署長は内地人と「土人」数人を率いて枕頭山に到着した。蕃社頭目など数人と会い、まず通訳を通して砲塁建設に関する蕃社の意向を聞いた。砲撃後のこともあり、蕃社内は一般に「恭順」の意を表し、速やかに交通を開くことを望んだ。そこで、弁務署長も帰順を許可するが、その条件として①枕頭山蕃社の撤退、②人質を寄こすこと、③銃器の差し出し、④小松組から掠奪した銃器返還を要求した。もし拒絶したら臼砲隊の砲撃を再開するとした[36]。

こうして、交通も復旧したので、製脳業者も入山の準備をし、防備施設にも着手した。だが、八日大嵙崁渓から枕頭山を経て阿姆坪に至る道路開鑿に従事する職工人夫たちを「凶蕃」（人数不明）が襲撃し、応戦中との電報が入った[37]。

一八九九年元旦、角板山の総頭目タイモ・ミツセルとタイモ・ワタンは部下三五、六人を率いて角板山の桑島製脳事務所、各製脳小屋を訪れ、製脳器物を押収した。さらに事務所内に集積していた樟脳三〇〇〇斤、脳油三〇〇〇斤を差し押さえた。かつて原住民が脳肚一個に付き月五〇銭の竈料を要求してきたが、同意しなかった。そこで、強硬手段に出た。したがって、弁事署はその頭目を召喚したところ、セツト・ブルナ以下六人が出頭してきたので、その「不心得」を諭したところ承服したという[38]。このような交渉、説諭も有効で、原住民はある意味で素朴であった。

ところで、大嵙崁蕃人の主力は枕頭山に点在するシバシー社、カウワロー社などで、臼砲二門で砲撃した。目標は三キロ以内の距離にあるシバシー、カウワロー両社である。砲撃は一三日朝開始され、午後四時まで四回、約一二〇発を発射した。砲撃の効果は三キロ離れた密林に散在する蕃屋なので目視できないが、砲撃三発目にカウワロー社から悲鳴が響いてきた。午後八時、シナジー、カウジャウ両社から点々と篝火が樹林の中を進み、枕頭山下の大嵙崁渓上流を渡る様子なので、砲兵隊が散弾を数発撃ち込んだ[39]。すなわち、タイヤル族は半狩猟・半農（半定住生活）で、男は狩猟のために長期間移動することもあるが、主に妻が農業を営むため、一定期間以上定住する。日本側は妻子らの住む生活圏・部落を狙い撃ちしたのである。このようにタイヤル族はゲリラなどの攻撃を得意とするが、こうしたアキレス腱を有しており、守りに弱かったと断じざるを得ない。

大嵙崁の前山蕃一帯への砲撃後、充分な効果をあげたと予測する。かくして枕頭山に砲台を建設し、左右に隘丁を配備する。そして、砲台下に兵営的駐屯所を設置し、警察隊の本部とし、随時蕃社の動静を徴して砲撃をおこなう。現在、隘丁は一七〇人であるが、さらに一五〇人を加え、三二〇人とする。また、巡査も三〇人増加させ、枕頭山本部は巡査一〇人を砲手とする。その他、巡査一〇人と隘丁一〇〇人を常置し、絶えず隘丁と連絡を取り、付近蕃社の警戒に当たらせる。なお、枕頭山の山頂は大嵙崁の前山蕃一帯を箝制し、大嵙崁渓を見下ろし、右に阿姆坪方面への蕃路、左にハブン方面への道路を監視できる。かつ枕頭山は天険であり、かつて劉銘伝もここに大砲を備えた[40]。こうして攻撃、防備とも強化された。

大嵙崁砲撃の結果を知るため、柳原弁務署長の指揮の下、蕃界調査をおこなった。枕頭山を退去した部落は僅かに三社で、その付近の各社は砲撃以前、自己の防御区内に見張りを配置し、人影を見れば直ちに狙撃し、かつ我方の動静を偵察していた。これらは砲撃後も撤退しておらず、実地調査の方途はない。[41]タイモ・ミツセルとその弟マラ・ミツセルは小松組の防戦により死去した。兄は胸部と股に各一発の銃弾を受け、ギヘン社に戻ったが、二日後、死去。弟はその場で即死した。原住民側の死者八人、負傷者五人で、主にタイモ・ミツセルのギヘン社の者が多い。それに対して討伐隊側で戻ってきた者は二五人だけであり、その他は原住民に殺害されたと見なせる。この戦闘後、すぐに枕頭山から砲撃した。そのため、原住民は懼れおののき、蕃社に運び込まれた討伐隊側の死体は馘首する暇なく、累々と積まれたままで目も当てられない惨状である。[42]

一九〇三年六月一六日宜蘭羅東支庁内の東郷、森両巡査は隘勇八人を率いて隘勇配置のため出かけると、犬が枕頭山隘寮付近で引き返してきた。原住民潜伏の可能性があり、警戒しながら進んだ。突然窪地から原住民が発砲し、蕃丁らが蕃刀と槍を持ち吶喊してきた。そこで、東郷らは二〇分間にわたり応戦し、一人を銃殺した。原住民は遺体や銃器を遺棄したまま退却した。当日、押収した物品は火縄銃一、蕃刀一、火薬入れ竹筒九などである。[43]このように火縄銃を使用している。

（桃園?・）庁下の原住民による最後の銃撃は戸籍調査開始の前日の一九〇五年九月二八日で、派出所が襲われ、巡査四人が殺害された。昨日が丁度一周年に当たる。現在は静かであるが、警戒を怠ることはできない。彼らの生業は狩猟六分、農業四分で、作物は粟を主とする。猟の場合、銃か槍を所持する。殊に地域によって温泉があり、硫黄、硝石などを産し、これに木炭を加え、自ら火薬を製造して使用する。[44]ここから労働は、男がおこなう狩猟が六分であるが、女が従事する農業を四分としていることがわかる。これによって原住民の生業が成り立っている。重要なことは、原住民が火薬、おそらく銃弾も製造する能力があったことである。

一九〇六年九月二六日桃園部隊は大豹渓左岸を占領。二七日早朝、桃園部隊は第一、第二、第三、第五各部隊は内挿角を出発し、第一部隊は大豹渓を進み、左岸断崖に沿って遡り、第三部隊は中央隊として直進し、一団の原住民と衝突、午後九時頃に混戦となり、双方とも数人の死傷者を出した。また、深坑部隊も「敵蕃」と衝突した。[45]

一九〇七年五月新隘勇線は插天山を境界とし、桃園、深坑両庁下に跨る約一一里半にわたる大計画である。そこで、深坑庁でも警部、警部補、巡査、巡査補、隘勇、人夫、雑役計七〇〇人余で部隊を編成した。情勢偵察のレモガン社原住民の報告によれば、桃園管内の大豹社のワタン・アノイがガオガン社を訪れた。そして、今回の隘勇線前進隊に対して共に反抗することを要請した。だが、ガオガン社としては自己の蕃社と無関係と拒絶し、逆に「到底勝算」がないとして「軽挙妄動」を戒めたという。[46]このように蕃社によって原住民同士の見解が分かれていた。

桃園部隊は五月六日、両方向から枕頭山南方の半分以上を占領し、第一、第三両部隊間の連絡をとったが、連絡道を造るに至らなかった。この間二〇〇メートルに、「凶蕃」が頻繁に出没し、巌穴を利用して抵抗した。七日抵抗がますます猛烈となり、第一、第二、第五各部隊に対して肉迫、あるいは狙撃した。そこで、第一、第三両部隊間の連絡道開通のため全力を尽くしたが、原住民の抵抗で巡査一人、隘勇一人、人夫六人が銃弾により死去、隘勇四人、人夫三人が重傷を負った。「敵蕃」は枕頭山のケイフン社、竹頭角社、ラハル社、内大豹社の原住民約五〇人で、第一、第三両部隊間の連絡を阻止するため、終日頑強な抵抗を繰り広げた(47)。

五月九日枕頭山激戦で付近は一時沈静化したようであるが、抵抗を中止していない。一〇日再び枕頭山の原住民は第一、第三部隊の連絡線より二、三間隔てた岩窟の間から出現し、肉迫襲来し、終日戦闘状態が続いた。夜、降雨により道路がいっそう難渋となり、行動に困難さが増した。とはいえ、各部隊は奮起して対抗し、占領地の維持に努めた。だが、この間、人夫二人が即死した。なお、前日来の降雨により本部間との交通が途絶し、食糧を得る術なく、出張中の庁長、本部職員は携帯の餅を朝食に代えた(48)。

六月一二日午後二時頃、討伐隊の枕頭山北端占領に対する「敵蕃」の抵抗、来襲は猛烈を極め、第四部隊長の秋葉警部は敵弾により危篤状態となり後送した。また、同石井巡査は死去。午後七時頃、喊声を上げて占領地点を襲撃され、接近戦となったが、「敵蕃」を退却させた。本日(一三日?)未明より多数の「敵蕃」が枕頭山北角にある我が占領地点に向かって襲来し、午前八時から約一時間激烈惨憺たる戦闘となり、砲声が渓谷を轟きわたった。一三日午前二時、大嵙崁前進隊は目的地点で多数の「敵蕃」と衝突、頑強な抵抗を受けたが撃退、枕頭山のすべての高地を占領した(49)。

一九〇七年一〇月、「敵蕃」は占領した控社分遣所を根拠として見返坂分遣所第二隘寮付近の高地に大砲を据え付け、討伐隊守備の最先端を砲撃してきた。「敵蕃」の主力は一四日砲撃により数十人が群を為して退散した。だが、見返坂の東深山分遣所より望都分遣所にわたり、線の内外、密林に潜伏する少数の「敵蕃」は依然として退却せず、線を往来する警戒員を狙撃した。ことに一〇月一五日正午すぎ前線の深山分遣所付近の隘寮を襲撃してきた。これに応戦、暫時撃退。巡査田村栄が負傷。また、一〇月一一日角板山を攻撃した。「敵蕃」は一三日以後、各所で狙撃するが、大砲を放つこともない。一三日の砲撃戦で討伐隊の砲弾が命中し、彼らの大砲を破壊したと推測される(50)。ここから原住民側も大砲を使用していることがわかる。

一〇月七日以来挿天山隘勇線で襲撃してきた「凶蕃」（「敵蕃」と同じものと見なせる）は大嵙崁河の左岸蕃全部、ギヘン社、大豹蕃などで、隘勇線守備隊が極力防御するにもかかわらず、見返坂から角板間七里（二八キロメートル）の隘勇線は拋棄せざるを得なくなり、その中央で孤塁を死守するハブン監督所の谷警部補と巡査二人が死去。全体の死傷者数は不明であるが、決して少なくない。「凶蕃」襲撃の原因は土匪の煽動とか不明であるが、巨額の討蕃費と数百の人命とを犠牲にして前進させた隘勇線が再び蕃有に帰してしまった。だが、応援の諸隊が続々と戦地に急派され、我が守備隊二個中隊もすでに後援に赴くので「凶蕃」を撃滅一掃するのも近い(51)。

ただし「凶蕃」の襲撃は予測を超え、種々の教訓を得た。①蕃情偵察が極めて重要である。そもそも「凶蕃」は「人面禽心」で常識では推しはかれない。②「凶蕃」の反復常なく予想外なこと多く、その術中に陥る。③今回の討伐は大規模で、隘勇線奪取にとどまらず、「凶蕃」を根絶し、後顧の憂いを絶つ方針とする[52]。

大島警視総長によれば、「敵蕃」数は一〇〇人、二〇〇人で（反復）襲撃するので正確な数はわからないが、合計三、四百人と見積もれる。大嵙崁方面から全力で攻めてきているので、これ以上、勢力を増すことはあるまい。高山蕃、大豹、ハブンなど中堅蕃社も呼応している。暴動の原因は明治三二（一八九九）、三年頃逃れて生蕃に入った土匪の煽動によることは疑い得ない。土匪数は一五、六人位だろう。彼らは「蕃化」し、見た目は生蕃と変わりない。隘勇線の連絡を絶たれた巡査、内地人隘勇伍長らは皆殺しにされた可能性もあるが、大部分は捕虜になっているらしい。生蕃が奪った大砲で討伐隊陣地を砲撃するのは捕虜となった隘勇の仕業だろう。生蕃は大砲射撃法を知らないし、やがて砲弾も尽きる。各方面からの巡査は四〇〇余人で、他に台湾中部の隘勇一〇〇余人も応援に来た。軍隊はまだ戦線に出ていないが、準備ができたら「敵蕃」への攻撃を始めるはずだ。「いかなる困難があっても隘勇線を回復せずにはおかぬ[53]」、と強調する。

①挿天山方面では、一五日原住民約五〇人の襲来に応射し、午後三時には鎮静化した。また、控社分遣所内（付近？）に多数の原住民が集結するのを発見、砲陣地より発射、第一発目が命中、原住民数十人が逃げ出した。②枕頭山方面では、一五日午前、百数十人の「蕃匪」が永井阪分遣所前面の隘勇線外に来襲したので、北角分遣所より巡査一人、隘勇五人を急派し、二時間応戦し撃退した。また、午後「敵蕃」五、六人が坑道分遣所前面に現れたので射撃したところ、大嵙崁方面に逃走した。その他、集結地点を砲撃により密林に退却させた。その後、「蕃匪」は一般に衰え、多勢で

の行動が少なくなり、数人や十数人の小グループで警備員を狙撃するに過ぎなくなった。[54]ここでは「蕃匪」となっており、「蕃」と「匪」の共同抵抗を示唆する。

③西方面の警備は警部一一人、警部補一一人、巡査二一四人、巡査補四人、隘勇三七二人が担っている。「蕃匪」は角板山監督所清水分遣所付近の谷間に一〇〇人余が集結し、かつ飲料水を汲むピヤサン渓方面にも約五〇人が潜んでいる。一一日薄野分遣所の第二隘寮付近に大砲を据え付け角板山を砲撃するので、角板山と枕頭山北角は応戦、盛んに砲撃したため、間もなく沈静化した。一三日一隊の「蕃匪」が東方高地に現われ、一斉射撃してきたので迎撃した。この戦闘では、「蕃匪」の砲弾は皆頭上をかすめてピヤサン渓に落下し、討伐隊側に損害はなかった。それに対して、討伐隊側の角板山と枕頭山北角から発した砲弾は彼らの砲陣地と集団地に次々と落下、爆発し、多くの損傷を与えた。時にラハウ、ハブン諸社への砲撃は原住民の家屋を破壊し、火災を引き起こした。[55]このように、タイヤル族側も日本側から奪ったと見られる大砲を使用して反撃し、砲撃戦となっている。

④角板山方面では、一九〇七年一〇月一八日午前五時、枕頭山南角分遣所対岸の茅草中で焚き火をしているので、砲弾二発を撃ち込み命中させた。また、少数の原住民が隘勇線付近で警備隊を偵察し、さらに旧砲台第四隘寮と薄野分遣所第一隘勇の渓谷には多数の原住民が集合しているようである。衛生状態としては、日本隊には少数のマラリアや下痢が発生しているに過ぎない。ただ汚来方面では、宜蘭庁巡査の長谷川甚藏が急性腎臓内膜炎で病死。[56]なお、この当時は、双方ともに伝染病を含む風土病が蔓延しているとの記事はない。

一〇月二〇日、本田桃園警務課長が率いる一隊が角板監督所を出て山越え、渓を渡り、旧砲台方面に向かった。二一日、先頭が清水分遣所第一隘寮に達すると、隘勇線の上方森林から薄野分遣所第四、第五隘寮などで「敵蕃」部隊の一斉射撃を受けた。直ちに応戦し、後続部隊も合流し撃退した。これにより角板山を出てから三つの隘寮、チナバフ渓を渡り二つの隘寮、さらに清水分遣所と付属の第一、第二隘寮を奪還した。薄野分遣所所属の第四、第五隘寮も奪還した。清水分遣所所属の第一、第二掩堡を急造し、互いに射撃し、二一日になっても戦闘は終わらなかった。この戦闘で原住民の不意打ちに遭い、損害が多く出た。例えば、桃園庁巡査山村鶴太死去、南投庁巡査、警部補は二人負傷、隘勇一人死去、二人負傷。挿天山では汚来の山砲が威力を発揮したが、数人の「凶蕃」の狙撃にあい、深坑庁巡査一人が死去した。なお、挿天山方面は唐沢嘱託医（台北医院）が赴き、角板山方面は渡邊公医候補生、助手、および看護婦五人の計七人が赴き、負傷者の救護をしている。(57)医療隊は討伐隊に同行しているため、攻撃対象とされた。

昨夜半行動を起こした角板方面の前進隊は隘寮を奪還した。その後、清水分遣所第一隘寮に戦闘隊を置き、左右両翼を張り、塹壕を掘り、掩堡を築き砲撃した。また、同方面の「敵蕃」はハブン社と大豹社を主とし、薄野分遣所と先頭隊の中間にある渓谷数ヵ所に掩堡を設け、狙撃し、容易に退却せず、勢力を増しつつある。よって角板山、並びに枕頭山北角から野砲、山砲、臼砲などにより砲撃し、頻繁に損傷を与えている。右翼進撃隊に対して薄野方面の「敵蕃」は掩堡を築いて狙撃してきた。石川第一部隊は臼砲を据え付け掃蕩に努めた。二二日午前清水分遣所東北方の高地から南投隊掩堡の隘勇線付近を狙撃されたので、直ちに各砲台より山砲、臼砲で砲撃し撃退した。この時、砲手倉原仁一（桃園県巡査）が負傷。同日午後七時に第二部隊は三〇分の攻撃で左翼高地を占領した。八時旧角板山分遣所付近の渓谷から原住民約三〇人が喊声を上げて分遣所背後の守備歩兵隊に迫ったので、守備隊、警察隊が協力して直ちに撃退。この方面の「敵蕃」は防備薄弱な地点を窺っている。したがって、正面防御として旧砲台と薄野間に第一防御線を置き、桃林とハブン間に第二防御線とした[58]。

角板山の隘勇線に生蕃襲来し、旧隘勇線前の山地で樟脳生産をしている三井物産の脳寮では、脳丁数人が生蕃に馘首された。七日夜、「蕃乱」が始まり、以来襲撃が続き、九～一一日頃の「蕃害」が最も甚だしく、一脳寮の脳丁全てが殺害され、九人が馘首された。脳丁の妻子も数人が惨殺され、馘首された妊婦の死体から赤子が生まれたとする。隘勇線の連絡は絶たれ、警察官、隘勇の多数が殺害された。また、三井物産の樟脳製造場は枕頭山より挿天山にわたる新隘勇線の手前で旧隘勇線間の山地一帯に点在している。そして、脳丁は約一四〇〇人が各脳寮に分かれて樟脳生産に従事している。その内、妻子がいる者も少なくなく、また、製品運搬夫も数百人が入山している。新隘勇線は厳重に警備されているが、旧隘勇線は警備が手薄な所がある。三井物産の脳寮は最近、新隘勇線ですら生蕃の襲撃で破られ、旧隘勇線は役に立たず、隘寮間を自由に通過し、毎日脳丁を殺害、馘首している。ただし脳丁は仕事を続けている。とはいえ、製脳地区の脳丁で馘首された者計四二人にも達し、「其（の）筋」（三井物産?）は下山を命じ、一四〇〇余人残らず三角湧に引き揚げた[59]。

今回、暴動を起こしたのは大豹社で、新旧両隘勇線の中間にあり、新隘勇線の下方は凶暴な後山蕃で、新隘勇線の内外蕃が同時に新隘勇線を襲った。東端の插天山から見返坂分遣所、および西端の枕頭山から東方の角板山監視所までは討伐隊が守備を維持している。つまり東方の見返坂から西方の角板山間は「蕃匪」が占める。谷警部補らが籠城する合脗《ハブン》はその中間にある。一九日夜、角板山本部より清水渓分遣所東方の第一隘寮まで、および二二日夜、汚来より出て見返坂分遣所西方の第二隘寮を奪還した。(60)

では、ここで頻繁に出てくる地名の位置を確認しておきたい。図2―3によれば、旧隘勇線に対して、新隘勇線は原住民地域を横断している。当然のことながら、日本当局が原住民の完全統治と治安確保を狙った。また、新旧隘勇線で挟み込むことによって、樟脳生産を安定化させ、両線により運搬を円滑にしようとしたといえよう。原住民地域に直接の影響を与えることから、激しい抵抗を受けた。図2―4は台湾北部における插天山、角板山、枕頭山、大嵙崁の位置を示したものである。討伐隊は台北、基隆など台湾各地を含め、それぞれ桃園、中壢、新竹などでも組織され、それらを経て主に插天山から原住民地域に入ってきたと見なせよう。

插天山方面の左翼隊の先頭は二四日見返坂前面の「敵蕃」を砲撃して退却させた。同日夜「敵蕃」は討伐隊の掩堡の下に忍び寄り狙撃した。そのつど撃退し、損害もなかった。二五日午前「敵蕃」は第四隘寮に拠り射撃したが、山砲を発して柵を破壊、退却させた。それより「敵蕃」は密林に潜伏して射撃するので大砲で撃ち払う。また、枕頭山、角板山方面の右翼隊に対峙する「敵蕃」は掩

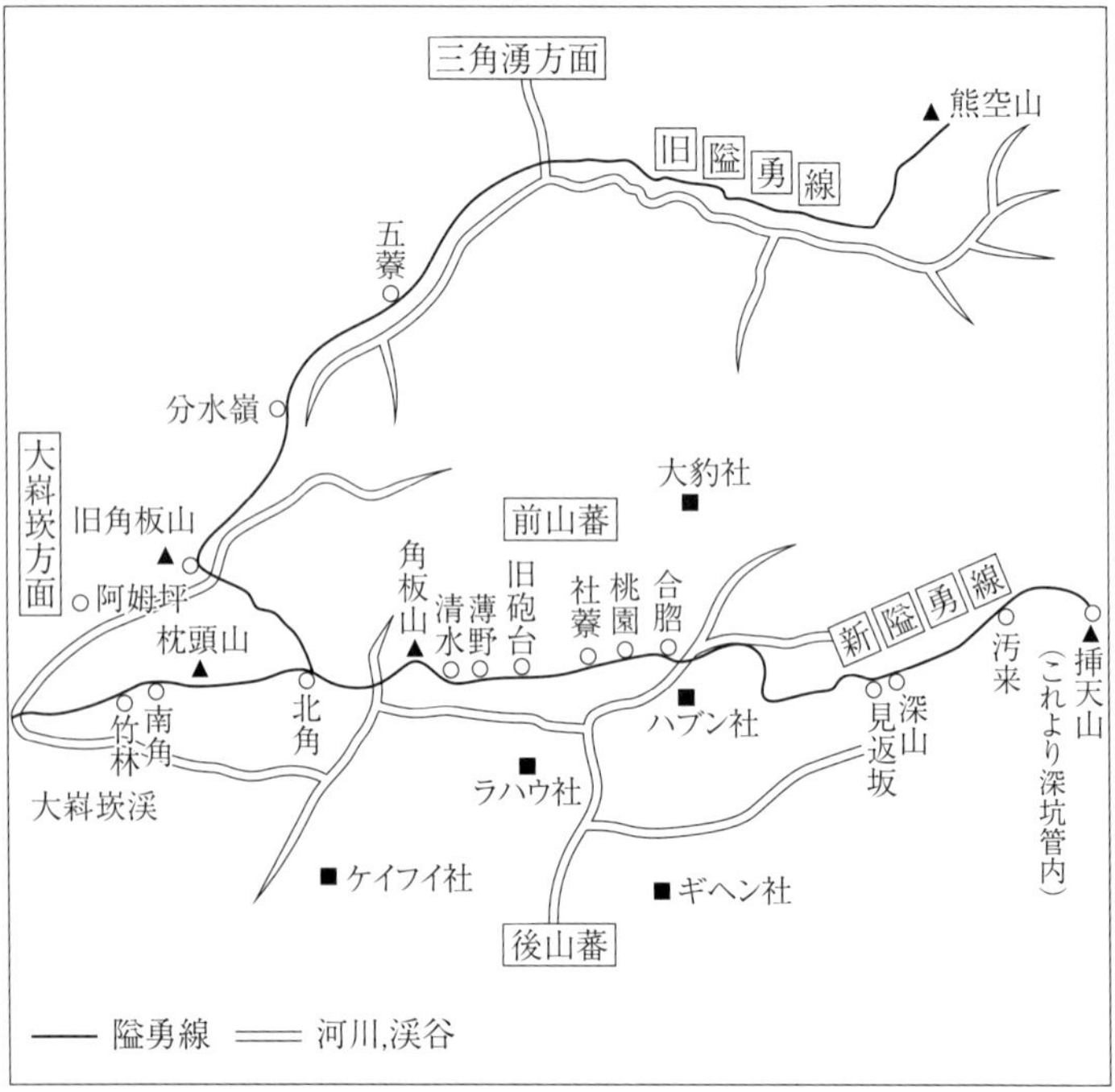

図２－３　新旧隘勇線図

出典：「自枕頭山至挿天山隘勇線図」『台湾日日新報』（1907年10月24日）から作成。

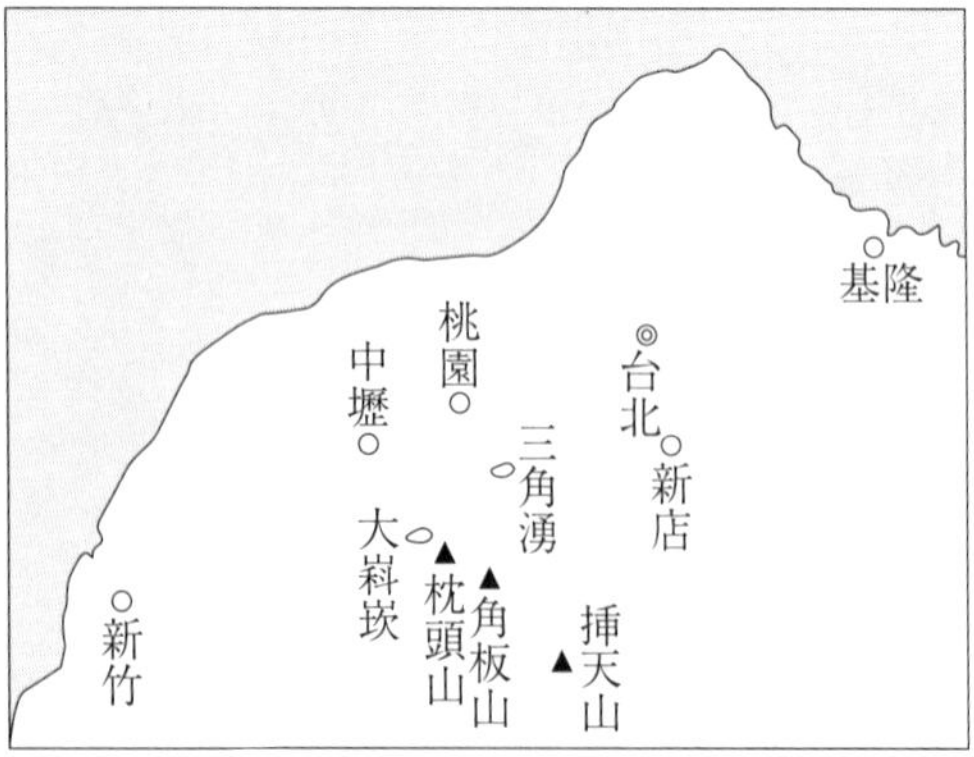

図２－４　挿天山・角板山・枕頭山・大嵙崁の位置

出典：台湾史料保存会『日本統治下の民族運動―武力抵抗編―』上巻，風林書房，1969年，368頁の折込表から作成。

堡を築いてやや優勢であるが、討伐隊の攻撃にも応射せず。そこで、二五日討伐隊は攻勢に出た。敵は前方より逆襲してきた。討伐隊の角板山、および北角砲台は敵の頭上に砲弾を浴びせると、「敵蕃」は分散して逃げた。午後六時「敵蕃」は再び襲ってきたが、銃、砲火をもって奪回地を守った。「敵蕃」主力は旧砲台と薄野分遣所第一隘蔡間の渓谷で防御陣地を構えている。(61)

こうした状況下で日本側は「生蕃決して侮るべからず」と考え始めた。なぜなら草中を潜行、狙撃のみならず、「堂々として大砲を放ちて適当な箇所に落下せしむる事」もできるからである。一〇月二八日桃園隊が占拠した薄野では、敵の本陣ともいうべき旧砲台から一発の砲弾が飛んできた。それを合図に生蕃は一斉射撃し、襲撃してきた。日本側の諸隊も直ちにこれに応戦し、北角砲台は野砲を放ち、薄野前進隊は肉迫して擲弾筒を投じるなど、激戦数刻、午後二時に至りて一時鎮静した。午後八時を過ぎて敵はまた山砲で討伐隊を攻撃した。そのうち一発が清水分遣所付近に駐屯する新竹応援隊の掩堡近くに落下したが、不発であった。ともあれ大砲、砲弾はどこから持ってきたのか。破壊したはずの旧砲台のものか判断に苦しむが、砲弾もそろそろ尽きるはずとする。(62) 角板山は桃園方面の討伐隊本部が置かれる重要拠点である。ここでも原住民側は入手経路不明な大砲、砲弾を使用し、双方の砲撃戦の様相を呈していた。

新隘勇線前進の際、多くの損害を受けたが、桃園庁下で一九〇七年一一月の掃討では、討伐隊側の死傷者が「割合に少（ない）」とする。だが、戦死者だけで【隘勇線駐在】①警部補：谷豊次郎の一人、②巡査：有吉□次郎、蓮井二平、吉川末次郎など一四人、③隘勇：中野宇吉、末広栄之進ら四人の計一九人、【討伐隊】①塩水港警部脇原義三郎、宜蘭巡査鈴木勝、桃園警部補米原清見と巡査二人、南投巡査□精次の六人、②隘勇：入江幾太郎、巫老五、黄広成、黄才、李田ら九人の計一五人で総計三四人である(63)。このように日本側も常時死者が出ていたことは押さえておく必要があろう。

ここで、討伐隊に対する寄贈、および隘勇についても見ておきたい。

第一に、討伐隊などへの各団体からの寄贈を見ると、①台北市の各団体中央部より討伐隊に加わる台北庁警察官、警官練習生に対して清酒五樽、紙巻煙草五〇〇包、また嵙崁方面行軍中の軍隊へ紙巻煙草六〇〇包、紙三〇〇帖、さらに各討伐隊に対して牛山薬店より千金丹二〇〇〇包、台北各布教所より「朝日」(煙草)二〇〇包が寄贈された。②盛進商行、村井商行、滝村商店、長谷川商店、丸福、馬淵商店などは、討伐隊に西洋手ぬぐい六六〇本を寄贈した。現金寄贈は分配や物品購入が面倒なので、なるべく物品寄付がよいとする。なお、篤志看護婦人会員は討伐隊負傷者救護用の繃帯調整のため、赤十字支部医院に一八人が集まった。③四国婦人会台北支部など婦人三団体が討伐行動中の桃園、深坑の隘勇線両討伐隊に向け慰問し、煙草などを送付した。④三井物産台北支店が晒し木綿一〇〇反を討蕃隊に寄付。その他、台北以外では、⑤基隆では、同庁警部補以下、巡査二〇人が生蕃討伐に出張した。そのこともあって、同地の愛国婦人会、および赤十字社特志看護婦人会は慰問として煙草、シャツ若干を寄贈したが、桃園全庁員よりシャツ、ズボン下、タオル、半紙、歯磨粉、煙草などを寄贈している(64)。

こうした寄贈に問題がなかったわけではない。自発性か否かについては要請もあったであろうし、半強制的であった可能性もある。また、寄贈品の品目と量などの問題もあるが、記事から判明することは、地域差があったようだ。『台湾日日新報』は以下のように主張する。すなわち、冷秋に入り、峻高な「蕃山」への物資輸送は困難で、討伐隊の労苦を想う。したがって、一層力を奮って慰問をする必要がある。由来、北部人士は形式的な宴遊はするが、精神的な貢献は冷ややかといわれる。南部では討伐応援隊の出発の際、深く同情し慰問に熱心であった。全島の首府（台北）は戦地と接近しているにもかかわらず、官民紳士が討伐隊慰問に奔走しているとは聞かない。「北部紳民諸君の奮励一番を切望せざるを得ず」[65]、と。おそらく台湾北部タイヤル族鎮圧を目指す討伐隊は仕事の一環として「義務」と考え、南部はその応援、協力の色彩が強く、「出張」討伐という形態のため慰問側も「同情」の気持ちが強かったようだ。

第二に、隘勇とは何か。これは元来清朝の制度であった。少数民族弾圧の目的で西疆で苗、猺を防遏するため設けた隘砦制を起源とし、少数民族地域に隘寮を設けて隘丁を駐屯させた。当初、私設であったが、乾隆五三（一七八八）年に官設として統一された。光緒一二（一八八六）年になると、巡撫劉銘伝が台湾島行政を刷新し、有名無実化していた隘制に勇営制を取り入れ、隘勇を組織した。日本の台湾領有後、一旦官立の隘勇は尽く廃止されて、各墾戸が私設の隘丁を雇った。一八九九年六月樟脳局を新設すると、「蕃界」事業は新時代を開き、樟脳生産は増大した。なお、「蕃害」の虞があり、羅東樟脳局が元軍役壮丁（当初五〇人定員であったが、その後八〇人に増大）を採用し、給養、被服、銃器・弾薬を官給とした。一九〇〇年一月総督府が追加予算として樟脳製造所款の「蕃界諸費ノ項」に「防蕃費」二万四六二〇円を付けた。かくして、二月内訓を出し、台北県下の三角湧、台中県下の東勢角等々で樟脳業者、一般通行人が「蕃害」を被る者が少なくないことから、三月以降、漸次隘勇を配置し、その指揮監督を県知事に委任した。そして、官設は隘勇とし、民設で補助費給付は隘丁と区別することとした。明治三三（一九〇〇）年度、三角湧は計二二〇人であり、内四〇人（十六寮から十三添を経て金面山付近の間）は「蕃界村落保護」に当たり、残る一八〇人（大嵙崁奥蕃地水流からハブン、ラハウ、ケイフイ、シナジー各社を経て十寮に至る区間）は「樟脳製造保護」と目的とした[66]。このように、樟脳製造保護を主に、同時に「蕃害防止」を目的とした。

では、どのような人々が隘勇に採用されたのか。総督府から「隘勇傭使規程」（一九〇〇年四月九日）が台北、台中両県知事、および宜蘭庁長に通達された。これによれば、（1）隘勇の年齢は満一八歳以上、四五歳以下。重罪刑などに処せられた者、アヘン吸食者などは不可（第一条）。（2）体格健全な者（第二条）、（3）給料は日給計算であるが、月末に一括して支払う。①伍長勤務者（月額?）一〇～一五円、②普通勤務者七～一一円（第三条）。（4）勤務は①警察官の指揮監督を受ける、②隘勇で品行方正、熟練者を伍長とし、監督員を補助する、③指定の隘寮の見張り、巡回、および昼夜間断なく警戒、④「蕃人」が凶器を携帯、出没の場合など、所属警察・官吏に急報、⑤「蕃人」が銃器、凶器を用いて抵抗、もしくは監督者の命令ある時以外は銃器使用不可（第九～第一三条）[67]。以上のことから隘勇は身体健全で強靱な者と錯覚する。

しかし、実際は多くの問題があった。隘勇の指揮監督は警察官職権であるが、総督府における

「隘制施設」の主管は殖産課で、運用に敏活さを欠く。例えば、台中県知事の報告によれば、隘勇は有名無実で、隘丁と異ならないとする。その上で、欠点として①隘勇の十中八、九がアヘン吸食者で身体弱く、勇気がなく、「蕃人ノ軽侮ヲ受ク」、②隘勇の勢力が分散し、生蕃二、三〇人の来襲にも防御できない、③平素の訓練に欠き、かつ銃器の手入れが悪く錆び付いており、実戦で役立たない等々である。[68]「アヘン吸食者」を採用しないとしながら、アヘン吸食者が大半を占めた。当然のこととはいえ、「蕃人」対抗組織であるから、原住民は隘勇に採用されず、ほとんどが本島人であった。伍長は日本人が就任していることもあり、日本人、本島人による組織と考えられる。

五　岸不朽の従軍記

岸不朽は討伐隊に同行した『台湾日日新報』の従軍記者と考えられるが、それが連載された。それは一般的記事と異なる点があり、また原住民と生活する日本人に着目するなど興味深い。かつ臨場感溢れるものとなっている。彼によれば、「生蕃討伐」は「ウツカリすれば命のなくなること亦戦争と異ることなし[69]」、とその厳しさを述べている。その内容は以下の通り。

桃園よりトロッコを馳せて大嵙崁に達す。救護所を訪れると、南投の武久警部補、および隘勇二人が負傷して臥せっていた。ここから山道を越えて旧隘勇線の旧角板（山）に出ようとする。旧角板

表2－1　角板監督所管轄下の大嵙崁前山番各社（計12社）

漢字名	カタカナ名	戸数（A）	人数（B）（人）	1戸当たり人数（B／A）
汚来	オライ	20	87	4.35
合脗	ハブン	34	96	2.82
金仔敏	カナビラ	8	34	4.25
堅殼排	キャコバイ	4	35	8.75
詩朗	シーロン	14	64	4.57
角板	カクバン	30	140	4.67
宜亨	ギヘン	37	148	4.00
吶喊	ラハウ	34	156	4.59
奎輝	ケイフイ	37	154	4.16
竹頭角	チクトウカク	15	67	4.47
新孫児	シナジー	23	98	4.26
九爪	カウジャウ	9	39	4.33
計	12社	265	1114	4.20

出典：岸不朽「討蕃隊所見」（4），『台湾日日新報』1907年10月30日から作成。

は一昨夜、「蕃匪」数十人が軍隊を襲った。旧角板より隘勇線であるが、険しい山の背を伝い、危なげな渓を渡り、一条の道をこれを隘路という。所々要害地点に隘寮がある。四壁を作るに二重の丸太を用い泥土を挟む。よって小銃弾を防げるが、その屋根は茅草で葺いているので危険である。また分遣所は警備員が駐在するが、掘立小屋である。また、永井坂分遣所は新隘勇線、旧隘勇線の連絡点で、枕頭山の北角砲台を少し下ったところに存在する。午後六時新隘勇線第一の重鎮の角板山討伐隊本部に達す[70]。

すなわち、桃園から大嵙崁までトロッコが通じていたこと、隘寮は壁は小銃弾を防げるが、屋根に弱点があり砲撃を受けるとひとたまりもないこと、および分遣所は掘立小屋で襲撃防備が難しい粗雑な造りであったことが判明する。

角板監督所管轄の大嵙崁前山蕃は一二社、一一一四人である（表2―1）。この中で角板社、キャコバイ社、竹頭角社、および詩朗社の一部を除いて、他は大豹蕃と連携して暴動を起こした。ラハウ社の一部が帰順の意を表しているが、依然反抗しているのは二五〇人はいる。角板蕃人は「両面性」を有し、「怪しむべき」点が多かったが、八日午後「豚を食ひてより態度」が決まり、（討伐隊の）応援隊に続々と入隊した。なぜなら「豚を食ふ」というのは、契約書を取り交わし、かつ腹に入れることで「約束」を守ることを「宣誓」したという意味がある。最後に「約束」履行に当たりて豚の咽に蕃刀を突き刺すという[71]、興味深い事実を指摘する。

八月二〇日枕頭山より挿天山までの七里（二八キロ）にわたる新隘勇線ができあがった。前掲の図2―3によれば、旧隘勇線と異なり、新隘勇線は蕃社、もしくは蕃社の間を貫くように造られており、原住民に圧力を加える狙いが明白である。また、挿天山、枕頭山の位置は図2―4の通り。

ともあれ新隘勇線の完成から一ヵ月許り経って、「土匪は生蕃を唆かして隘勇線に攻めて来て日本人を鏖殺しにする」、という噂があった。けれども何もなく何日か過ぎた。一〇月五日、ある「蕃人」がやって来て、「生蕃はいよいよ明後日、即ち七日の朝大挙して隘勇線を襲う」と告げた。だが、この生蕃は賞金稼ぎのために嘘ばかりつくので取り合わなかった。というのは、生蕃事情に通じた通訳、および生蕃の「探偵」（生蕃の中に密告者）がおり、彼らが「変わった事が無い」と言っていたからである。ところが、七日角板の真下で銃声がする。牌仔山分遣所の辺から「生蕃が来た。有吉巡査が殺られた」と叫んでいる。そこで、角板山監督所の蓮井巡査が鉄砲を持って裏口から崖を少し下りると、銃声二発、蓮井巡査も殺害された。掩堡から覗くと、生蕃約二〇人が有吉巡査の首を取り、半分がピヤサン渓に下りていき、残る半分は上がってきた。それぞれ持ち場を固めて門前を見ると、林の中に約一〇〇余人の生蕃がいる。頭目が指揮をし、ある者は銃口を向け、ある者は蕃刀を抜いている。こちらは警部二人、巡査三人の外、隘勇一〇人ばかり（計一五人で）である。「潮の如く押し寄せて来た生蕃を相手に戦つて勝てる見込が万に一つもない」[72]

その時、桃園の蕃語通訳である渡邊栄次郎が飛び出していった。蕃人たちは口々に「日本人だ。殺せ」と叫ぶ。また、「台湾人だろ。待て待て」という者もいる（つまり日本人だけを狙い撃ちにして台湾人には危害を与えるつもりがないことを示唆する）。そのうち「イヤ渡邊だ。オイ渡邊だぞ」と言って木の陰に隠れる者もいる。渡邊は蕃人と共に数年住んでおり、顔が売れている。渡邊が引き返してきた。「死ぬまで戦ふんだ」と覚悟を決めたが、有吉、蓮井両巡査を殺した生蕃の一隊が山を登ってきた。掩堡の本島人隘勇が村田銃で先頭の生蕃を斃した。残る連中は遺体を担いで森の中に逃げ込んだ。彼らも一〇〇余人と合流して蕃人勢力が大きくなった[73]。

なお、渡邊は大分県臼杵出身で、年齢は三二、三歳。小松組が当地で樟脳を採取していた時、職工をしていた。一九〇〇年の大暴動時、角板山頭目の親戚の妻の家に隠れた。その縁で五年間共に生活し、額や顎にも入れ墨をし、すっかり生蕃になっていた。娘もいる。蕃語がうまく、原住民の情況にも通じ、一昨年から桃園庁の通訳として角板山にいる。なお、角板山蕃社には長崎県五島出身で、タイヤル族の「養子」を自称する佐藤賢次郎もおり、当局から小松組隘寮襲撃は佐藤の教唆によるものと疑われていた[74]。

前門の「虎」の上、後門から「狼の群」、すなわち突然角板社の原住民にキャコバイや詩朗の原住民が少し加わり、四〇余人が武装して角板監督所の裏から入ってきた。これらは線内蕃人で八月帰順したが、殺気立っている。「何しに来たのか」と聞くと、「鹿狩りに行く途中だが、鉄砲の音を」聞き、「大人（あなた）等が心配」で来たという。だが、その扮装は首狩りのようだ。かくして、角板の一〇余人は進退窮まった。そこで、まず支庁に「蕃人が襲来したので、急いで応援をよこして呉れなければ間もなく陥落する」と電話したが、話途中で蕃人に電話線を切断された。支庁はもとより、目の先の北角砲台さえ、角板の苦境を知らない[75]。

ところで、不思議なのは隘勇で平気で水汲みに行けば、角板の酒保に買い物に行く。そして、群がる生蕃の前を行き来するが、生蕃は一発も撃たない。ただ日本人だけを殺すという噂も本当かと思われる。現に、ある角板原住民が「日本人を殺す時、お前達は手出しするな」といって回った。そこで、隘勇を人夫のように変装させ、北角砲台に事情を知らせる[76]。ここからも本島人隘勇に対しては、同様に日本人に被害を受けた者と見なし、連帯感を持っていたことがわかる。ただし、戦闘になった場合は、隘勇は討伐隊を支援するので攻撃対象とされた。

後門の角板蕃四〇余人はなかなか動かず、「凶蕃」などが攻撃した時、塩や荷物を奪おうとしているのかもしれない。時々、「逃げて仕舞ひなさい。逃（げ）道を明（開）けてやるから」などという。警部などは平気を装い「応援隊が来る」といったが、なかなか来ない。角板原住民共は渡邊に角板は落とされるから一緒に帰ろうといい、また、「皆殺しにされてもお前も妻も子も助かるから」と知人や妻の親戚が寄ってきて説得した。だが、渡邊は「今我一人助かる訳には行かない」といい、「政府には警察官も兵隊も沢山居るから吾々が殺された後で此処にやつて来て悪者どもを鏖しにするに違いない。其時になつて吠面かくな」などと威嚇し、決して動かなかったという[77]。前述の如く渡邊はタイヤル族の妻を有し、当地に住んでいるため、タイヤル族は彼に対して親近感をもっていた。

連日、生蕃が近くで山焼きをしている。おそらく山の傾斜の適当なところを選び、雑木、茅草を焼き払い、畑を作っている。この畑で稲や粟を作る。この付近では半白半紅の旗を立てて稲穂を摘む蕃人の姿が見られる。旗は帰順蕃に与えられたもので、保護の対象である。それに対して、反抗蕃社の女らは穂摘みをする時、角板の野砲がその頭上で爆発する。そのため、収穫期に穂摘み、取り入れもできず、窮地に陥っている。そこで、二、三日前、銃器を提出し、帰順許可を求めた[78]。タイヤル族の場合、狩猟は男の仕事、畑作は女の仕事であった。帰順しなければ、野砲の攻撃対象とされ、おちおち農作業もできなかった。

六　タイヤル族の「帰順」・投降

総督府は鉄条網により原住民の外との交通を遮断し、他方で帰順原住民に対しては森林伐採、土地開墾などに従事させた。第五代総督佐久間左馬太は就任後、「五年理蕃計画」を立案し、武力鎮圧方式で原住民を帰順させ、山区を隔てる有刺鉄線沿線で外との連絡道路の修理建設を計画した。総督府が最も手を焼いたのが、一九一四年太魯閣のタイヤル族（現在は太魯閣族としてタイヤル族から独立）の掃討で、佐久間総督自ら陣頭指揮を採り降伏させた。この結果、武力討伐をする「理蕃政策」に終止符を打ち、総督府は警察本署に「理蕃課」を設置し、教化、就業協力などで原住民を管理するように改めた。[79] すなわち、一八九八年児玉総督が就任後、対蕃警備方策を立ててから一九一五年佐久間総督の「五ヵ年計画大討伐」の完了に至るまで実に一八年間は、総督府の政治は理蕃にほとんどの精力を集中せざるを得なかったとされる。だが、その後も「蕃害事件」が続出し、一九三〇年には霧社事件が突然発生し、一九三四年に至ってようやく「蕃害の跡を絶った」とする。領台以来、「巨額の国幣」を費やし、「蕃害」に殺害された者は日本人と台湾人合計七〇八〇人に達した。[80] また、竹越与三郎によれば、日本の台湾領有以来、明治三三（一九〇〇）年まで生蕃による四〇〇回の襲撃にあい、殺傷された者は六二二人、一九〇一年三四二回、六三三人、一九〇二年二七〇回、四三四人、一九〇三年一二〇回、二一一人に上り、[81] 計一一三回、一九〇〇人であったとする。つまり「土匪」反乱より一回当たりの殺傷率は高いことになる。

では、ここで北部タイヤル族が「帰順」に至る経緯、状況、取り決めなどを明らかにしておきたい。一九〇七年「敵蕃」は初め大嵙崁渓の左岸蕃六社、右岸蕃八社、他に三角湧内外の大豹社、新竹のマリコワン社、咸菜硼の馬武督社の全壮丁で襲撃し、一挙に枕頭山、插天山を陥れようとした。だが、「敵蕃」はそれに失敗、加えて耕地は砲撃され収穫できず、食糧が漸次欠乏するようになった。

また略奪品の分配を巡り、各蕃が折り合わず、戦線を離脱した。抵抗しているのは高山蕃などのみである。左岸蕃のケイフイ、ラハウ、キャコバイ、カウジャウ、シナジー、竹頭角の諸蕃、および右岸蕃のハブン、角板は帰順を願い出た。また、当初「敵蕃」の捕虜となった隘勇は続々と逃げ帰り、その言によれば、捕虜隘勇で戦線に立つ者は極少数で、多数は稲刈りをさせられた。だが、生蕃は食糧不足で、捕虜隘勇は一日二回小さな握り飯のみで、飢餓に陥っているという(82)。つまり討伐隊による原住民の耕地砲撃、および各社間の矛盾対立が背景にあったことがわかる。

一九〇七年三月一四日に大嵙崁前山蕃の一部と大豹社蕃のある部分は深坑庁管内の阿姆坪での帰順式をおこない、必需品の交換を許され、その他の未帰順蕃にも影響を及ぼした。ところで、帰順を願い出た連合各社、すなわち詩朗、角板山、竹頭角、枕頭山、キャコバイなど十余蕃社が二六日、川向こうに集合した。帰順当日の二七日、一ヵ所に集合させるのは容易ではなく、かつ正午より大雨で河水が氾濫したため、一日延期して二八日に帰順式をすることとなった。二八日は一転好天気となり、式場に国旗を交叉(双方とも日章旗?)した。ただし前日の大雨により定刻までに到着できない社もあり、ともあれ午後三時までに参集した五社の頭目を式場に集めた。ハブン社アホク・ワタン、宜亭社ユカン・ポック、汚来社タイモ・チュトスの三人の頭目を立ち会わせ、津田桃園庁長、早川蕃務課長、井坂大嵙崁庁長、城戸三角湧支庁長、および本署(台北署?)より山内警部ら数名が参列した。その後、到着した四蕃社も同様に帰順式を挙行し、さらに二九日にも挙行し、大豹蕃社のみは三〇日に帰順各頭目立ち会いの下、「厳粛なる帰順式」を挙行することになった(83)。

各頭目は以下のような杞憂を抱いていた。帰順後、「領土を奪はるる如き観念を抱く者」の外、①隘勇線の前進により線内に入る壮丁が隘勇として（強制的に）使役される、②日本人らが蕃社内に入り込み、「蕃婦」を辱める、③日本政府を恐怖して出頭しない者もいる。この結果、帰順式では統一的行動ができなかった。数年前、ケイフイ社頭目タイモ・ミツセルが生存中は彼の命令下で各蕃社は統一的に動いていた。だが、彼の死後、数社を連合させて動かせる者はいなくなった。当局からの帰順許可条件は以下の通り。①絶対的に官命を遵法すべし、②馘首の禁止、③隘勇線前進の際、特にその「施設」（隘寮などの建設）に尽力、④交換物品は未帰順蕃社への「売買拾与」を禁ず、⑤「凶行蕃人」の出草、または蕃社内に不穏な状況がある時は官に急報すべし、⑥物品交換や報告などで来所する場合、銃器携帯を禁ず、⑦大豹社、および有木社は謝罪のため、特に銃器一丁、蕃布六反を提出すべし。許可事項は、①桃園管内の阿姆坪監督所、並びに深坑庁管内のリモガン監督所において随時物々交換を許可、②隘勇線前進の上は線内居住蕃に限り、線内の狩猟、漁業、耕作などを許可する、③線内蕃社の頭目で公事尽力者には相当の報奨金を給す、④線内居住の「蕃婦」に対して脳丁などの猥褻行為がないように保護する。早川警務課長は以上の誓約を読み聞かせ、各頭目などに姓名の下に拇印させた(84)。

「凶暴」な大豹社、ハブン社、詩朗社の一部は線外に逃れ、あるいは退却した。他方、角板社、キャコバイ社、および詩朗社の一部は確実に帰順した。すなわち、一〇日角板社、キャコバイ社の両社頭目二人、副頭目四人、蕃丁二二人、「蕃婦」一七人、「蕃童」一一人で、角板山討伐隊本部を訪れ、銃器、弾薬を提出し、帰順の意を示した。これに対する庁長の訓戒は、①「汝等が平生隘勇線の為めに働らく功労少なからず。依て総督は今汝等に線内居住の恩典を与へらる。……将来蕃害など無きやう深く注意すべし。若し然らずんば其責免るべからず」、と釘を刺した。②「銃器弾薬を提出したるは喜ぶべし。総督は飽まで汝等を保護すべければ、汝等も之を心に体し、慎みて官命に違ふ勿れ」。③総督は汝等の「功労」を賞し、別に「賞金」と酒肉、毛布などを与える。かくして、タイモ・ワタン、ブタ・チーバン両頭目にはそれぞれ五〇円ずつ、副頭目には二五円、蕃丁には二〇円など「賞金」を与えた。また豚を屠殺して料理し、酒をふるまい、かつ毛布などを与えた。その見返りに銃器を提出させ帰順させたのである。線内居住を願い出た者は「官府の力に依頼して其生命財産の保護」を得ることになった[85]。

一九〇八年五月一四日隘勇線外の原住民情況視察のため、角板山社のタイモ・ワタン他一一人の頭目ら一行は、一六日元大豹社副頭目タウソー他一二〇人の原住民らと共に下山して、角板山隘勇監督所の牌仔坪分遣所前の渓谷に至った。そして、タイモ・ワタンを介して長谷川警部に会見を申し出た。「自分等は昨年官に反抗して凶暴を敢て為したるも爾来前非を悔悟したり。……坐（し）ながら飢餓に迫らんよりも……線内に移住し、官の恩沢を蒙りて皆共に其業に安んじ良民となりて一家の幸福を求め度し」という。その願いを聞き届けてくれれば、銃や弾薬を提出し帰順する、と。彼らは元大豹社頭目タウソ一行五六人、戸数八戸、元金仔敏社頭目ワタン・ノカンの一行一三人、戸数二戸（以上はイマラワク社に移住）、およびキヘン社に移住する元詩朗社蕃丁タイモ・イラン一行一八人、戸数二戸など、総計戸数一五戸、一〇六人である。桃園庁長は五月二五日角板山監督所に出張して彼らと会い、出頭蕃人九六人(一〇人は病気などで欠席、二六日出頭)に対して帰順を許し、線内移住に同意した。帰順式の前、永田桃園庁警務課長、松田大嵙崁支庁長が帰順蕃人の携帯品を精査したが、疑わしき点はなかった。提出物品(銃二二丁、銃弾三九九発、「弾丸」〔砲弾?〕四二筒など)を受領後、角板山監督所で線内蕃頭目、副頭目に訓示し、帰順の手続きを終えた。彼らは移住後、永久線内蕃として官命に従うことを誓った。①当分は在来の線内蕃と同居し、他日官指定の土地を選び、かつ帰順後は角板山頭目の指揮に服する。②衣食住は官が一切を供給することはないが、随時耕作に用いる農具類は恵与することはある。③線内蕃頭目、副頭目は移住者に絶対の責任を有すとした。[86]換言すれば、摩擦を避けるため、日本人が全面に出ず、原住民頭目、副頭目に責任を負わせるという形の間接統治に転じたといえよう。

桃園庁隘勇線内の帰順蕃は現在の戸数七一戸、男女合計三六八人で、角板山付近に居住している。一九〇八年春、原住民の帰順以降、当局は撫育に努め、主に農業を奨励、自活生業を営めるように内地人一〇人、本島人二人に指導に当たらせた。日本人は蕃童教育を兼ねて耕作方法を教え、本島人は専ら開墾し、耕作の実地指導をした。その結果、七月頃までに水田約五甲(一甲は九七〇〇平方メートル)を開墾して二期作を実施し、予想外の好成績(具体的な収穫量は不明)を得た。彼らは乗り気になり、引き続き開墾し、冬以来、降雨が多く、十分な作業ができなかったにもかかわらず、さらに約五甲歩弱を開拓し、本年の第一期作で総計約一〇甲歩に近い植え付けをした。元来、彼らは水牛使用を知らなかった。当局の指導の結果、社内に水牛五頭を飼育し、原住民の子供らも牛背に騎して野山に放牧するに至った。現在、開墾地は大嵙崁から約二里半の渓間の平地にあり、灌漑の便もよく、水田予定地だけで四〇～五〇甲歩あり、かつ畑地として有望な土地も少なくない。なお、同渓流下方には開墾地があり、現に三井造林部、および桃園庁公学校が基本的な財産に充てる目的で開墾しつつある。すでに最近、移住戸数は一三〇戸で、開墾地面積は水田約一〇〇甲以上、畑地七〇～八〇甲で、すでに大きな一部落を形成したという[87]。

隘勇線巡視中の佐久間総督一行は一四日角板山監督所に宿泊した。一九一〇年二月一五日午前は警察官などの射撃演習、午後は枕頭山隘勇線を視察した上、楠仔にある三井八結事務所に宿泊する[88]。

宜蘭、新竹、桃園の三つの討蕃隊は二三日、相互の連絡を完成させた。宜蘭隊はバロン山の最先頭部隊より大嵙崁渓の右岸に沿って道路を開鑿しつつ下流に進み、桃園隊は同右岸に沿って上流に向かって進み、新竹隊は鳥嘴、李頭両山の大鞍部を出て、大嵙崁渓に流入するビヤワイ渓右岸を大嵙崁渓右岸に向かって開鑿した。そして、ついにタカサン社付近で三隊は合流した。宜蘭隊からは小島、田丸、岡本の三警部、桃園隊からは瀬戸警部補、新竹隊からは家永前進隊長、山本大尉、今田第一部隊長らが参会し、数ヵ月間の苦闘に感極まり「万歳」を連呼した[89]。

一九一〇年三月四日、角板山隘勇線外のケイフン社頭目ブタ・メックイなど七戸がハブン監督分遣所に来て帰順を申し出た。大津総長、西桃園庁らが引見した後、線外に帰らせた。五日はブタ・メックイは二人の子供、および蕃丁を従えて再訪し、帰順の誠意を示した[90]。このように、子供を連れてくる、もしくは「人質」として差し出すことも帰順を示す一つの行為だったようだ。

日本はまず主要な大嵙崁群を包囲攻撃することを決定し、一九一〇年五月九日警察隊一八一四人（その内、漢人隘勇四三〇人、労役七〇〇人、日本人労役二七五人の計一四〇五人）を動員した。そして、大嵙崁群全域を占領、隘勇線をその領域まで延長することを計画した。さらに五月一四日警察隊（その内、隘勇六〇〇人）を増援した。その上、日本は「以夷制夷」の戦術をとった。すなわち、日本軍が募集した渓頭・南澳のタイヤル族によって組織された別働隊も参加したのである。とはいえ、討伐隊の主要構成員は漢人隘勇と渓頭・南澳のタイヤル族であるため、消極的であった。日本はやむを得ず改めて「軍隊一大隊」を派遣し、山砲隊、迫撃砲隊と共同作戦を実施した。六月再度大嵙崁群を攻撃した。日本は優勢な兵力と装備にもかかわらず、タイヤル族は依然として勇猛果敢に抵抗を続けた。六月一七、一八両日、日本軍の糧道、水源、および通信を断絶し、見習い巡査一三〇人が苦境に陥ったこともあった。七月一日、日本は第二次鎮圧に乗りだし、警察隊二三〇八人（内、隘勇五七一人、労役九三〇人の計一五〇一人）が日本軍一大隊の支援を受け、かつ帰順して久しい屈尺群により組織した別働隊も参加した。そして、速射砲、山砲、迫撃砲、機関砲を繰り出し、火力で圧倒した。この他、新竹、桃園などから隘勇線をそれぞれ延ばし、大嵙崁群を包囲する体勢をとった。一〇年七月二五日各部隊は前日に引き続き、樹木伐採、道路開削・築寮工事に全力を注いだ。数日来、前進隊と対峙する「敵蕃」は地形を利用して十数回狙撃した。だが、前進隊員に損害はない。「敵蕃」は増加しており、マリコワン蕃タバホ社、シナジー社、およびヤバカン社の各頭目は蕃丁五、六〇人を率いて前進地付近に二五日頃に到着することになった。そして、討伐隊がこれ以上前進すれば、ガオガンと協力して抵抗する、と。ラハウ社の蕃丁が語るところによれば、ウラウ社頭目タイモ・プースの蕃丁二人が二三日、カウギス渓谷において新竹前進隊に対して狙撃したが、「我軍の一斉射撃を受け、一名即死し、屍体を遺棄したる儘逃走せり」、と。看過できないのが、大嵙崁群の中ですでに帰順した者たちを動員し、投降を勧めさせた。かくして、一〇月六日五ヵ月にわたる抗争は大嵙崁群一七社（計約三八〇戸、一〇〇〇人余）が帰順に同意し、銃六一六丁を回収して幕を閉じた。[91]

日本は植民地経営を円滑にするため、以下の近代化政策を実施した。それは経済的利益をアップし、同時に対日抵抗が減少するにともない、治安維持とその拡大を目指したものといえよう。

（一）軽便鉄道の新設‥桃園庁下の角板山は隘勇線への物資供給地にして警備上、最も必須な地点のみならず、大嵙崁流域に分布する「蕃族」に対する理蕃政策の発展上、重要地点である。すなわち、大嵙崁街から角板山に至る四里余の多くは峻坂、隘路で交通、物資運搬上、頗る困難である。その結果、蕃務警察も敏捷に動けず、物資運搬にも不便な点があった。よって軽便鉄道敷設に関して土木部に調査を依頼した結果、六里の延長となるが、支障がないと判明した。そこで、レール、台車は総督府で保管中のものを使用する。大嵙崁庁付近の便利な地を起点とし、角板山隘勇線監督所に至る従来の道路はできる限り利用し、それ以外は新たに鉄道を開設する。一九〇九年一一月二〇日に起工。[92]かくして、桃園庁管内における対蕃策進捗により、新たに大嵙崁より角板山隘勇線に至る一七マイルに軽便鉄道の敷設工事が着々と進められた。大嵙崁・角板山間は四里に過ぎないが、軽便鉄道の場合、険しい所を避け、迂回せざるを得ず、その結果、距離は延長する。とはいえ、完成すれば、隘勇線関係者に多大の便益を与え、かつ輸送力は苦力一人一日六〇斤に過ぎなかったのが、優に五〇〇斤以上となる、(93)とする。

（二）「蕃地測量」：一九〇八年来、着々と進められ、最近までに宜蘭庁下の大南澳より南投庁管内に至る台北、桃園、新竹、台南など北蕃隘勇線内を全て終了した。濁水渓以南、巒大山より群大山付近に至る一帯の地方、並びに新高山より元蕃薯寮管内の関山に至り、さらに中央山脈以西一帯は終了した。細井技師は宜蘭前進隊に在って測量に従事しているが、各方面とも山中の作業で宿泊地などもなく、困難を極めている。(94)第一部隊第一分隊、第二部隊第一分隊は作業を継続し大嵙崁渓の渡渉地点に向かい、それぞれ道路開鑿、鉄条網架設、通用門の取り付け、茅刈り取りに従事し、前進ルートを造成しつつある。また、第四部隊本部、旗山水源地の詰員も水源地に分遣所を建設し、占領地点は完成しつつある。(95)

（三）水利計画・大嵙崁渓の水を引いての桃園平野開発計画は「水利一六年計画」の一つである。だが、大嵙崁渓は隘勇線外に存在し、未調査だった。石門付近に一大堰堤を設けて貯水池とし、水路を引くという灌漑計画であった。討蕃行動も決着に近づいたので、その終了を待って土木部より技術者を派遣し実地調査する。まず隘勇線の物資供給路、次いで鉄道線路予定地として嘱目される大嵙崁渓はまた水源地として台北、桃園、新竹各方面の蕃界開発の「一大導火線」と考えられる。(96)

角板山派遣の軍隊は駐屯地の大嵙崁への引き上げを決定した[97]。

（四）「蕃童」（原住民の子弟。以下、蕃童）教育の要求：桃園庁角板山方面の線内蕃人は一九〇七年帰順を許されたが、頻りに蕃童教育を希望している。桃園庁もその必要性を認め、今回認可した。円山蕃務官吏駐在所内に設置予定で、まず角板山、詩朗、キャコバイ三社より二〇人の蕃童を募集、就学させることにした。詩朗、キャコバイ両社は二里以上の距離があることから、両社の蕃童一〇人は寄宿舎に収容する[98]。

（五）原住民の台北観光：大嵙崁生蕃以外は概ね「従順」で、同じ北部タイヤル族も平穏である。現に台北観光に来た生蕃は本島のあらゆる種族の生蕃を網羅し、その中には大嵙崁蕃と同族の有黥蕃もあり、凶猛で聞こえる台東の奥山蕃もいる[99]。

一九一〇年春以来、隘勇線前進のため、線内に含まれるガオガン蕃の中のタジャフ、セブナオ、タカサン、プシャ、イバウ、ピヤサン、ハガネ七社、および隘勇線外のバロン、クル両社の計七社の新たな帰順蕃の頭目、副頭目など代表者ら五七人が、大津総長の計らいで桃園を経て台北観光をすることになった。二四日内田民生長官がたまたま隘勇線視察のため、角板山に到着した。内田は以下の訓示をした。帰順したことに対して、「総督閣下に於ても亦必ず之を喜ばるることとなるべし。従来は汝等も不逞の挙動二、三に止まらざりしなるべきも、今後誠実を誓ふに於ては忠良なる日本帝国の臣民として何等の迫害を受くることなかるべきを以て安じて其業務を励むべし……」。その後、酒若干を与える旨伝えると、一同喜びを禁じ得ず。二五日長官一行出発に際し、謝意を表した。彼らには水流東付近、帰順原住民の生活、耕作などを見せた後、二六日桃園より汽車で田中巡査、渡邊嘱託に付き添われ、台北に来て三日間滞在し、各所を観光する(100)。なお、内田民政長官は角板山地方の機織場、寄宿舎などを視察した。帰路、五蓼湊合付近の鬱蒼たる林、石炭鉱を見て原住民地域の無限の富源を知り、その利用法について深く考えたという(101)。

ガオガン帰順九社五二人（五人減？）が桃園を経て観光のため、台北に来た。二七日警察の銃器庫、鉄道部の工場などを参観した。彼らは帰順後、前進隊の労役に従事し、日払い賃金をもらっていたため、一人一〇円前後を所持していた。毛糸、毛布、シャツなどを購入するが、所持金不足のため、引率者の田中巡査らに「前進隊の労役賃金で返却するから、一時貸してくれ」などという（このことは、原住民に貨幣経済が次第に浸透していたことを示す事例ともなる）。そこには銃をとって反抗していた面影はない。今回台北観光に来たのは頭目三人、副頭目四人、その他は蕃丁であるが、年齢は二〇歳以上、三五、六歳以下の屈強な骨格の者たちであるが、その内、一四、五歳の蕃童二人も含まれている(102)。

台北観光の蕃人二〇〇人の内、一部分が昨夕台北に来るが、公学校教育を受けた者もおり、また蕃界駐在の警官に教育を受けた者もおり、日本語を解する者が少なくない。蕃人観光の目的は彼らを啓発する一環である。内地人、本島人が「侮辱の言語を放ち、彼等を怒らしむること往々にあり」。これでは、折角の観光が何の役にも立たない。当局者は「今度来北の生蕃に対しても面り（面と向かって）悪罵することを避けられたし」と語っている(103)。日本人のみならず、本島人にも原住民に対する差別的発想が潜在的にあったことはこの事例からも明らかである。

おわりに

以上のことから以下のように考えられる。

第一に、明治三五（一九〇二）年一二月持地参事官が命を受けて実地調査し、「蕃政問題」意見書を作成、総督に提出した。それによれば、「植民地経営とは結局殖産行政にほかならず[104]」、と断言する。すなわち原住民討伐、治安回復、授産は植民地経営のためであり、結局、殖産行政というのである。この見解は日本による台湾植民地経営の本質を衝いている。

第二に、焼き畑などの農耕もするが、本質的に狩猟民族として山、森、林を守り、生活圏への侵害に抵抗する原住民と、山を資源、すなわち鉄、石炭などの採掘、および樟脳生産のため木材を伐採し、森林を破壊し、その運搬や治安確立のため、道路や軽便鉄道などを新設、開発する日本人とは真っ向から対立した。したがって、対日抵抗闘争はレジスタンスとしての色彩を濃厚に有していた。ただし原住民には国家観念はなく、狩猟場、農耕地など土地領有権問題であった。そのため討伐隊との戦いのみならず、部族間での矛盾、対立、闘争により、消耗し、かつ討伐隊はそれを利用し、原住民同士を対立させ、切り崩していった。その上、原住民の中には原住民の密告者がおり、討伐隊などから賞金を得るため、情報を提供していた。

第三に、「蕃匪事件」をどう考えるか。原住民の「蕃」の中に、敗北を続けた漢族の「匪」が入り込み、共に戦い、あるいは同時期「匪」独自で戦っている。討伐隊はそれを恐れた。確かに「匪」は原住民の抵抗に参加はしていた。だが、時期によって異なるが全般的に少人数であり、さほど力を発揮できなかったのではないか。だが、「匪」による指導とか連合抵抗という形態は新聞史料からは立証できない。ここで、むしろ興味深いのは原住民地域で結婚や「養子」になることによって居住する日本人の動向である。角板山社には二人の日本人がいた。渡邊の場合、日本側の通訳になり、原住民に親愛の情を示されながらも、討伐隊側に立つ言動が多い。それに対して佐藤の場合、むしろ原住民側に立って行動した可能性もある。

第四に、「匪」の場合は主に軍隊が討伐に向かったのに対し、原住民掃討は主に警察の討伐隊が担った。ただし警察募集を見れば分かる通り、軍隊経験者を最優先していたようである。したがって、銃も大砲も不自由なく使用できた。ただし、討伐隊を支援するはずの本島人を主体とする隘勇、隘丁は実戦能力は低かった。なお、警察の討伐隊だけでは鎮圧できない場合、軍隊の出動が準備されていた。あるいは、背後には軍隊が存在する場合もあった。それに対して、原住民側はゲリラ戦で抵抗した。使用武器は主に銃、火縄銃のように見える。火薬を自ら製造できたというから銃弾も製造した可能性が高い。インタビューなどで明らかになったが、蕃刀や槍（槍そのもの以外に、棒に小型蕃刀の柄に長い棒を差し込み、紐で巻き付けて槍としても使用）はもちろん、毒矢なども使用した。のみならず、討伐隊から奪った考えられる大砲を使用し、砲撃戦にもなっている。ただし、大砲の弾を生産するまでには至らず、奪った砲弾数に限界があり、持久的に砲撃戦をおこなうことは不可能であった。

台湾北部タイヤル族に対する討伐が一段落に近づくと、日本当局は台湾中部、南部の原住民討伐に力量を集中し始めた。明治四三（一九一〇）年「五ヵ年計画理蕃事業」により、台南地方で本格的な討伐が開始された。ライ社（パイワン族）約二〇〇戸は警察隊に鎮圧された。帰順式後も、日本人警官に反感をもった一部の原住民が帰順を認めた頭目を批判した。ライ社頭目は警察に「反乱計画がある」と、一一人を密告した。かくして、一一人は潮州府警察署に連行された。その後、警察から「全員自殺」と家族に伝えられたが、遺体も戻ってこず、誰も「自殺」とは信じなかったという。[105]総督佐久間左馬太は一九一〇年五月から大嵙崁上流に討伐隊を派遣し、戦闘は、一三年九月二日に終わったとされる。「五年理蕃計画」（一九一〇年開始）が一九一四年に予定の計画を遂行し、銃器計八一一二丁、銃身二四六二丁を押収して、その抵抗力を奪い、台湾の「蕃界尽く寧静に帰し」た。佐久間総督は威圧の時代は終わり、今後は「綏撫時代」に入ったとした。そこで、各方面の捜索隊は一五年一月二〇日若干の警備員だけを残して、すべて解散した。[106]なお、台湾北部タイヤル族が帰順後、日本当局との間で矛盾対立、抵抗があったのか否か不明である。

とはいえ、台湾での原住民による抵抗がすべて終わったわけではない。一九二〇年九月一八日、台中県梨山にあるサラマオ社のタイヤル族〈現在はセデック族〉六〇人が、台湾総督府の討伐軍に対して最後の抵抗を試みた。有名なサラマオ事件である。日本人が力で部族を支配することに我慢できず帰順しなかった。そして、駐在所を襲撃して警官とその家族を殺害した。台湾総督府は同じタイヤル族にサラマオ社討伐を命じた。討伐隊には、マホベ社の霧社事件で有名なモーナ・ルーダオも参加していた。換言すれば、当時は、モーナ・ルーダオは日本側の討伐隊に参加していたのである。サラマオ社の女子供を含めて八十数人が殺害され、討伐隊は二十数個の首を霧社に持ち帰った。生き残ったサマラオ社のワタン・リトクらは総督府に抵抗を続けたが、ついに二六年討伐隊に屈して帰順式がおこなわれた。帰順後、サマラオ社には五ヵ所もの駐在所が置かれ徹底的に監視された。[107] このように、台湾中部、南部での原住民討伐も熾烈を極めた。そして、三〇年霧社事件が勃発することになる。ただし、この時は、角板山タイヤル族は微動だにしなかった。

ここで、看過できないことは警察航空班は大正一〇（一九二一）年度より陸軍使用の「サムルソン」式を購入し、原住民地域への試験飛行を開始している。台湾全島での飛行実態を見ると以下の通り。①一九二二年屏東・台北間八〇里を無着陸飛行をおこない、および台東庁、高雄州の中央山脈横断の「蕃地飛行」などを実施した。②二三年台東、花蓮港を拠点として東部台湾の「蕃地飛行爆弾投下」、台北を拠点として「北部蕃地飛行爆弾投下」などを実施した。③二四年五月、一〇月、一二月の三回、台東、花蓮港、高雄各州の「蕃地飛行爆弾投下」を実施した。④二五年五月秩父宮「奉迎飛行」。花蓮港庁と台北州下の蕃地を六月、九月の二回、高雄州の蕃地を一回飛行し、「奥地ノ凶蕃」に対しては爆弾投下をした。⑤二六年一月高雄州、二月台中、新竹、九月台北、新竹各州の「蕃地飛行」を実施している。[108] このように、抵抗力を失った、もしくは現在抵抗していない原住民各地域へ試験的、もしくは威圧のため爆弾投下をしており、被害が出た可能性も否めず、こうした日本の行為は非人道的なものといえよう。

【註】

（1）「牡丹社事件」（日本では元来「征台の役」と称していたが、「征伐」は不適切とされ、現在では一般的に「台湾出兵」という）は以下の通り。一八七一年台風で琉球王国に属する宮古島漁民六六人が台湾（現在の屏東県）に漂着した。その後、彼らは原住民パイワン族の集落・牡丹社に誤って入り込んでしまった。その結果、パイワン族は五四人が殺害された。いわゆる牡丹社事件である。生き残った一二人は漢人の楊友旺らの援助を受け、福州を経て琉球国に帰国した。このように、海難事件に過ぎなかったが、日本はそれを口実に七二年に琉球藩領有を強引に既成事実化し、七四年三月西郷従道は兵士三六〇〇人を率いて長崎を出発、牡丹社、高士仏などの原住民部落を攻撃した。五月石門でパイワン族と戦闘になった。六月日本は兵士一〇〇〇人以上を動員し、牡丹社を砲撃、屈服させた。清朝は沈葆楨を台湾に派遣、日本と交渉、次いで李鴻章が大久保利通と外交交渉をおこない、日本の「蕃地討伐」の正当性を承認した上、賠償金を日本円で七八万円支払うとの交渉がまとまり、一二月日本軍は撤退した。この時、日本政府が使用した軍事費は七七一万日本円と多額であり、その約一割を回収できたに過ぎなかった。とはいえ、このことは日本が琉球を領有していることを間接的に認めたことになり、かつ後の台湾植民地化に繋がることとなる（呉密察監修、横沢泰夫訳『台湾史小辞典（増補改訂版）』中国書店、二〇一〇年、一一二頁、李筱峰、林呈蓉編著『台湾史』華立図書、二〇〇三年、一三一～一三五頁など参照）。

（2）霧社事件は重要事件なので、少し詳細に説明しておきたい。一九一四年太魯閣族（当時はタイヤル族の一部）の完全降伏後、総督府は武力討伐の「理蕃政策」に終止符を打ち、警察本署内に「理蕃課」を設置し、教化、就業協力などによる原住民管理に改めた。ところが、軌道に乗ったかに見えた原住民政策であったが、霧社事件（現在の南投県仁愛郷清流）の勃発で大打撃を受けた。なぜなら警察によって推進され、教育水準が高く、近代化された「理蕃政策」成功の模範的地区と見なされていたからである。だが、霧社地区の原住民は日頃から日本警察の傲慢な態度、道路工事や宿舎建設などへの強制労働、および原住民婦人を騙す行為に不満を持っていた。そこで、三〇年一〇月二七日タイヤル族の「蜂起蕃」が公学校運動会に集まった日本人の官民、老若男女を襲撃し、一三四人を殺害した。その上、警察局、公共機関、官舎なども襲撃、武器弾薬を奪った後、付近の深山に退いた。それに対して総督府は軍隊、武装警察隊、タイヤル族の「味方蕃」（日本討伐隊を支援した原住民。現在はタイヤル族からセデック族として分離）、さらに本島人（漢族）主体の「壮丁団」など計二七〇〇人を出動させた。トロック社タイヤル族は日本の軍隊、警察に協力、討伐隊を案内し、自ら鎮圧に参加した。禁止されてきた首狩りが認められた上、一首当たり一〇〇円の賞金が出た。現金収入がほとんどない「味方蕃」にとって魅力であった。いわば日本は「夷を以て夷を制す」方式を採り、タイヤル族（セデック族）討伐にタイヤル族（セデック族）を使用したのである。この時、総督府は飛行機まで用い、国際法上、禁止されていた毒ガスも撒布したとされる。五十数日後、やっと事件は終息した。首謀者モーナ・ルダオら多くはすでに死去した。また、主謀者と見なされた一〇余人が処刑され、投降を願わない二〇〇人が集団自殺した。なお、日本側も軍人二二人、警察六人など計四九人が死去した。なお、乙種巡査のダッキース・ヌービン（日本名は「花岡一郎」。なお、甲種巡査は日本人しかなれないなど差別があった）は師範学校卒、警手のダッキース・ナウィ（「花岡次郎」）は高等小学校卒で、警官となったエリートである。この血のつながりはない義兄弟が襲撃に参加していた（なお、蜂起を止めようとしたなど各説がある）ことは日本当局に衝撃を与えた。その後、三一年四月二四日いわゆる第二次霧社事件を引き起こされ、「味方蕃」が「蜂起蕃」の生き残りを襲い、二一六人を殺害した。それまでの経緯から見て警察当局が報復として仕組んだ可能性が高い。

霧社事件で生き残った二八九人を埔里から二十数キロ離れた川中島（現在の清流）に強制移住させ、駐在所警官三〇人の厳重な警備の下、隔離した。その後、霧社事件「蜂起蕃」の生き残りを捜すため、「和解式」（帰順式）を名目に全員呼び出し、一六歳以上の男をすべて殺害した。その結果、一六歳以上の男はいなくなり、家族は老人と女子供だけになってしまい、農繁期には困り果てた。その上、栄養失調の上、川中島はマラリアが有名で高熱を出して死去した。子供が次々に死んでいくと、母親は絶望的になり自殺する。連鎖反応を起こして毎日のように自殺が続いた。その結果、霧社事件のことは家庭で禁句となった。なお、霧社事件の指導者で自決したモーナ・ルーダオの遺体が台湾大学医学部の標本室で発見され、一九五一年霧社に記念碑を建てて埋葬、第二霧社事件で虐殺された「蜂起蕃」のタイヤル族遺骨も「無名戦士の墓」に埋葬した（①拙著『東アジア歴史教科書問題の構図』法律文化社、二〇一三年、②春山明哲『近代日本と台湾』藤原書店、二〇〇八年、③鄧相揚著、下村作次郎等訳『抗日霧社事件の歴史』日本機関紙出版、二〇〇〇年、④戴国煇『台湾』岩波新書、一九八五年、⑤『台湾原住民史―泰雅族史編―』国史舘台湾文献館、二〇〇二年、⑥林えいだい編著『証言　台湾高砂義勇隊』草風館、一九九八年など参照）。結局、霧社事件は平地、山地を包括して日本植民地時代の対日武装蜂起の頂点に位置する。これ以降、大規模な武装蜂起は発生せず、本島人による植民地体制内での議会開設や人権擁護を求める都市型改革運動に転換する（このことに関しては、若林正文『台湾抗日運動史研究〈増補版〉』研文出版、二〇〇一年が参考になる）。

なお、霧社事件当時からタイヤル族の戦い方、敗北の仕方への評価は一定程度以上あった。例えば、実際戦った台湾軍参謀の服部兵治郎（陸軍歩兵大佐）は、タダオ・ルーナ（モーナ・ルーダオの息子）は「死に対して恬淡、従容……我国戦国時代の面影を連想」させるとし、懐かしいマホベ社を仰ぎ見ながら歌を口ずさみ、二時間余も踊った後、静かに最後まで行動を共にした勇士と共に縊死した（服部兵治郎「霧社事件に就て」『偕行社記事』第六七九号、一九三一年四月）、と捕虜から聞いたと感銘を隠さない。

また、霧社事件をテーマとした台湾映画『セデック・バレ』（中国語『賽徳克・巴萊』）が二〇一一年に上演された。七億台湾元を費やした四時間半の超大作である。セデック語、中国語、日本語を駆使している。第四八回金馬賞で「最優秀作賞」、「最優秀助演男優賞」など五部門を独占した。このように、山中を自由自在に駆け回り、民族の誇りをかけて高圧的な日本と戦う姿に、台湾では極めて高い評価を受けた。同時に抗日映画であるが、極悪非道な日本人が登場しないのも特色である。この映画に関して中台間のネット上で熱い論争がまきおこった。中国では、日本人に対する「首狩り」を「虐殺」、「野蛮」として酷評したのに対し、逆に台湾では対日抵抗、自然、人間性などを高く評価し、「（中国人は）文化レベルが低いから理解できない」と反論したとされる（『毎日新聞』http://mainichi.jp/select/world/news/20110926dde007030002000c.html など参照）。このように、抗日映画で日本軍の残虐さを強調する中国で、対日抵抗をおこなう台湾原住民の抵抗に対して、その抵抗の仕方のみを強調して、むしろ全面否定しているように見えるのは興味深い。

（3）劉銘伝（一八三六年九月七日—一八九六年一月一二日）は清末の軍人で、洋務派官僚。一八六二年李鴻章の淮軍に参加、太平天国を鎮圧。その功で直隷提督。八四年清仏戦争の時、台湾防衛を命じられ、台湾からフランスを撃退。八五年福建省から分離され台湾省が新設されると、初代の台湾巡撫に就任。行政・税制の整備、鉄道・電信の敷設、鉱山開発（煤〈石炭〉務局など）、学校開設、および台湾防衛のため砲台構築を実施し、洋務派官僚として手腕を発揮し、台湾の近代化を推進した。だが、財政負担の激増、官僚による汚職腐敗などもあり、民衆の反発を誘発した（徳岡仁「劉銘伝」、山田辰雄編『近代中国人名辞典』霞山会、一九九五年、五一三〜五一四頁など参照）。このように、洋務派の劉銘伝は台湾の近代化・インフラ整備を推進し、それを基盤として日本植民地下での近代化が進められたと考えられる。本書のテーマではないが、双方の歴史的関連、継続と断絶、共通性と差異の解明は重要な研究課題となるであろう。

(4) 林維源(一八四〇年三月二一日—一九〇五年六月一六日)。富商・大地主・官僚。清末台湾の大地主一族である「林本源」の中心人物。劉銘伝が初代台湾巡撫に就任した時、五〇万両を献金し、内閣侍読などの官位を得た。洋務運動に協力。「開山撫番事業」(原住民地域における荒地開拓)で台湾全島の責任者となり、全台撫墾局を大嵙崁に設置。「林本源」の所有地を増大、かつ台湾の代表的な輸出品樟脳生産、莫大な利益を獲得した。また、対米輸出品としての茶生産にも着手、淡水に茶貿易会社を設立、台湾最大の茶商となった。その他、基隆港の建設、基隆から台北までの鉄道敷設を総弁・督弁として担当。日清戦争の勃発時、督弁全台湾国防大臣に任命され、防衛費として四〇万両を拠出(栗原純「林維源」、同前『近代中国人名辞典』四八二~四八三頁など参照)。「台湾民主国」の議院議長に就任した説と、それを拒絶したとの二説がある。ともあれ日本への台湾割譲後、厦門に逃れ、そこで死去。上記の林維源の略歴をタイヤル族側からアプローチし直すと、新たな視点が見えてくる。

(5) 菊池「林昭明氏に対するインタビュー」二〇〇九年三月二四日。瓦歴斯・尤幹(呉俊傑)『Losin. Wadan(楽信・瓦旦)—殖民、族人与個人—』一九九三年(?)、三~四頁。以下、著者名は呉俊傑として引用。

(6) 清朝時代、台湾原住民を人間とは認めず、驚くべき人権侵害が横行していたようである。①竹越与三郎によれば、清朝時代、台湾人(漢族)は蕃人の土地を得るために財物を贈り、一旦土地を獲得して仲間を集めると、毎年財物を贈るという約束を破り、蕃人を駆逐する。台湾人は蕃人が好きな豚肉と中国酒で饗応し、酔いに乗じてその一族を捕縛し、さらに妻子をも人質として樟樹(楠のこと)を伐採する。もちろん台湾人の中には蕃人と誠実に交渉する者もいるが、漢・蕃間で通訳する通事は、蕃人の無知に乗じて欺瞞する者が多い。その上、蕃人の肉を得ると、焼き肉やスープとし、余ったところは塩漬けにし、その肝臓、心臓、腎臓などを富豪や代官に売却し、さらに厦門に輸出する者すらいる。ある人が人間を食べるのは酷ではないかと咎めると、「人類にあらず、猿猴族」と答えたという〈竹越与三郎『台湾統治志』博文館、一九〇五年〈南天書局復刻版、一九九七年、三七一〜三七二頁〉〉。なお、厦門など大陸には珍味として移出された模様である。②胡傳『台湾日記与稟啓』台湾省文献委員会、一九五一年〈胡傳は一八九二年から九五年まで台湾に赴任、全台営務処総巡、台南塩務局提調などを歴任〉の「光緒一八（一八九二）年五月二四日」の記述によれば、民衆は蕃人を殺害し、「その肉、毎一両に二〇文の値を付ける」が、すぐに売り切れる。その骨を煎じて軟膏とするが、極めて高価である。当局は禁止しようとするが、民衆は従わない、と言及する。③烏来泰雅民族博物館のプレートにも、清朝時代に原住民の肉が市場にも出回り、家畜、動物の肉と共に売買された件について記述されている。換言すれば、原住民は清朝時代は漢人のみならず、漢族系台湾人にも圧迫を受け、あるいは騙され、日本植民地時代になると、やはり差別構造の中で武力で鎮圧されたことになる。

（7）なお、『台湾日日新報』は『台湾新報』（一八九六年創刊）と『台湾日報』（一八九七年創刊）が合併して一八九八年に創刊された。日本植民地時代、日本語面と中国語面を擁し、最も発行部数が多く、日本政府・台湾総督府の見解を代弁する。一九〇五年七月以降、中国語面を分離し、日本語版『台湾日日新報』に対して、中国語版の『漢文台湾日日新報』を発行した。日本当局の立場に立つとはいえ、その記事内容は政治〈国際面も含む〉、経済、社会、文化、風習、気候など多岐にわたり、台湾原住民問題を含む当時の状況を解明する重要史料の一つといえよう。いわば弾圧側の史料といえるが、弾圧側の論理のみならず、抵抗側の論理・実態を読みとりたい。なお、本書では、台湾の中央研究院台湾史研究所所蔵のマイクロフィルムを使用している。

（8）林茂成「我が父ロシン・ワタンの一生」一九九五年四月一七日、中村平編集『ロシン・ワタンをめぐる史料紹介』http://www.geocities.jp/husv83/LosinWatan.htm など。

（9）菊池「『和夫』さんと緑さんへのインタビュー」二〇〇六年八月一二日。「現地調査：台湾桃園県復興郷角板山のタイヤル族―「和夫」さんと日本人妻緑さん―」、愛知学院大学『文学部紀要』第三八号、二〇〇九年三月。

（10）菊池「林昭光氏へのインタビュー」二〇〇六年八月一三日、同前所収。

（11）菊池、前掲「『和夫』さんと緑さんへのインタビュー」二〇〇六年八月一二日、同前所収。

（12）実は、一八九七年ワタン・セツは日本政府主宰の第一回「全島蕃人（日本内地）観光」に参加しており、日本を訪問したことがある。横浜（横須賀？）で「まるで一つの部落のような巨大な軍艦」などを見た。これらは原住民に驚きと恐怖を与えた。彼は台湾に戻った後、日本に対して抵抗を続けたが、内心は抵抗か服属か複雑な心境に陥っていたとする（呉俊傑、前掲書、八～九頁）。

（13）桃園県忠烈祠は現在、「桃園神社」とも称され、日本統治時期の神社建築が日本の伝統建築として残され、保護されている。なお、天照大神は放逐され、一旦鄭成功廟となったが、台湾人の民族意識を鼓舞し、「台湾独立」に繋がるという理由で改変され、現在は日中戦争や国共内戦を戦った国民政府軍将兵の位牌が多数祀られている（拙文「『まつり』のあと―台湾植民地神社の歴史―」、愛知学院大学文学部歴史学科『歴史への飛翔』第八号、二〇一〇年七月）。

（14）林茂成、前掲「我が父ロシン・ワタンの一生」など。

（15）「第四章　本島治匪始末」（以下、「本島治匪始末」）、台湾史料保存会『日本統治下の民族運動―武力抵抗編―』上巻、風林書房、一九六九年、二六七頁。なお「本島治匪始末」は『台湾総督府警察沿革誌』（一九三九年七月）の第二編上巻で、当時、警察職員執務の際の参考資料として編纂され、「部外密」扱いであった。

（16）許世楷「解説」、同前『日本統治下の民族運動―武力抵抗編―』上巻所収。なお、本史料集は清朝の残兵、本島人の対日抵抗に重点を置き、原住民のそれに関する史料は皆無に近い。拙著『東アジア歴史教科書問題の構図』法律文化社、二〇一三年、一五四～一五五頁。王育徳『台湾』弘文堂、一九七〇年増補改訂版、一一一頁。

(17)「本島治匪始末」『日本統治下の民族運動―武力抵抗編―』上巻、三二一～三二二頁。

(18)「本島治匪始末」、同前上巻、三二四～三二六頁。

(19)「本島治匪始末」、同前上巻、三五八頁。

(20)「本島治匪始末」、同前上巻、二六八頁。

(21) 前掲拙著『東アジア歴史教科書問題の構図』一五四頁。なお、台湾領有当初、総督は、①樺山資紀（一八九五年五月～一八九六年六月）、②桂太郎（一八九六年六月～一八九六年一〇月）、③乃木希典（一八九六年一〇月～一八九八年二月）、④児玉源太郎（一八九八年二月～一九〇六年四月）、⑤佐久間左馬太（一九〇六年四月～一九一五年五月）と交替した。樺山は征服時期で、桂、乃木は抗日軍の武力鎮圧に終始した時期である。樺山、桂、乃木の任期が短く、植民地建設事業に見るべきものはほとんどなかったとされる。それに対して、児玉は鎮圧と招降を使い分け、抗日軍を消滅させた時期で、かつ初めて種々の計画が立案され、実施された（許世楷、前掲「解説」）。本章が研究対象とする山地「生蕃」討伐に乗り出したのは佐久間の統治時期に当たる。

(22) 警務局理蕃課「時局下の高砂族」、台湾総督府臨時情報部『部報』第八号、一九三七年一一月二一日。

(23) 殖産課「対蕃政策」（一八九八）年九月、台湾総督府警務局『理蕃誌稿』第一巻、一九一八年（【復刻版】南天書局〔台北〕、一九九五年）、一三一頁。以下、『理蕃誌稿』。

(24)「蕃地調査書」『現代史資料―台湾（二）―』(22)、みすず書房、一九七一年、三九五頁。

(25) 何度も本文に出てくる隘勇線について若干の説明を加えておきたい。清朝時期、台湾原住民を「化外の民」と見なし、漢族地域との境界線として土塁が築かれ、これを「土牛」と称した。日本は台湾植民地化後、「土牛」の代わりに高圧電流を流す鉄条網によって原住民を隔離し、対日抵抗を押さえ込もうとした。これを「隘勇線」と称する。これは角板山の事例ではなく、花蓮庁下の鯉漁尾方面の隘勇線新設の例であるが、一九一一年二月警部一人、警部補二人、巡査二一人、巡査補九人、隘勇五九人、および人夫一五〇人という多人数で三〇日以内に鉄条網（高さは約二メートル七〇センチ余）を隘勇線両側に設置することに着手した。鉄条網には高圧電流が流された。その結果、感電事故が頻発した。例えば、二一年だけでも、原住民の女子供、本島人の女のみならず、大渓郡駐屯守備隊二等兵（日本人）、警手などが死亡した。当然のことながら負傷者も多数出たものと考えられる。原住民の場合、隘勇線に沿う形で設置された鉄条網は耕作や生活道路が分断され、それゆえの事故も多かったといえよう。放牧していた水牛も感電死している（『理蕃誌稿』第二巻、一九二一年、七〇〇～七〇一頁。『理蕃誌稿』第四巻、一九三八年、一二一～一三四頁など参照）。隘勇線の鉄条網が撤廃されるのは、例えば、新竹州では、「蕃人ノ銃器引揚及各部族間ノ仇敵関係解消ノ結果、蕃情頗ル平静として、一九二六年八月以降、送電基地から鉄条網間の送電線を除き、すべて撤廃し、大渓、竹東などは一〇月一五日まで過半を撤収するとした（同前、一〇五七頁）。そして、高雄州屏東郡を皮切りに順次送電も止めていく計画であったようである。

(26) 村上台北県知事→総督「大嵙崁ニ於ケル蕃変ノ善後方策ニ就キ台北県知事ノ稟申」『理蕃誌稿』第一巻、一六二一～一六二三頁。

(27) 同前、一六六三～一六六四頁。

(28) 同前、一六六五頁。

(29) 呉俊傑、前掲書、五～六頁など。

(30) 前掲「蕃地調査書」三九七頁。

(31) 同前、三九七～三九八頁。
(32)「蕃人の動揺及討伐の概略」、前掲『現代史資料―台湾（二）―』(22)、五一六～五一七頁。
(33)「生蕃襲来の後報」など、『台湾日日新報』一八九八年五月九日。
(34)「砲撃後の生蕃衝突」『台湾日日新報』一八九八年五月九日。
(35)「蕃界巡査砲使用の練習」『台湾日日新報』一八九八年五月九日。
(36)「枕頭山砲塁建設着手」『台湾日日新報』一八九八年五月九日。
(37)「生蕃再び襲来す」『台湾日日新報』一八九八年五月九日。なお、樟脳は楠木の幹や根などを蒸留し、結晶化、精製する。無煙火薬、セルロイド、防虫剤、医薬品などの原料となる。
(38)「蕃人の不法強制」『台湾日日新報』一八九九年一月二二日。
(39)「大嵙崁蕃人砲撃の詳報」『台湾日日新報』一九〇〇年九月一八日。
(40)「大嵙崁蕃界の善後策」『台湾日日新報』一九〇〇年九月二二日。
(41)・(42)「大嵙崁砲撃の結果」『台湾日日新報』一九〇〇年九月二七日。
(43)「蕃人の銃殺」『台湾日日新報』一九〇三年六月二一日。
(44) 石橋庁長「蕃薯寮近情」『台湾日日新報』一九〇六年九月二九日。
(45)「三角湧隘線前進状況」『台湾日日新報』一九〇六年九月二九日。
(46)・(47)「大嵙崁隘線前進」『台湾日日新報』一九〇七年五月九日。
(48)「大嵙崁隘線前進」『台湾日日新報』一九〇七年五月一二日。
(49)「大嵙崁隘線前進」、「枕頭山高地全部占領」『台湾日日新報』一九〇七年六月一四日。
(50)「蕃界の戦況」『台湾日日新報』一九〇七年一〇月一六日。
(51)・(52)「挿天山隘線の蕃襲」『台湾日日新報』一九〇七年一〇月一七日。

(53) 大島警視総長「蕃地暴動の形勢」『台湾日日新報』一九〇七年一〇月一七日。
(54)「蕃勢衰ふ」『台湾日日新報』一九〇七年一〇月一七日。
(55)「蕃界の戦況」『台湾日日新報』一九〇七年一〇月一五日。
(56)「蕃界の戦況」『台湾日日新報』一九〇七年一〇月二〇日。
(57)「討伐隊の進撃」『台湾日日新報』一九〇七年一〇月二二日など。
(58)「討伐前進隊」『台湾日日新報』一九〇七年一〇月二三日。「右翼隊の対戦」『台湾日日新報』一九〇七年一〇月二四日。
(59)「製脳地の蕃害」『台湾日日新報』一九〇七年一〇月二五日。
(60)「自枕頭山至插天山隘勇線図」『台湾日日新報』一九〇七年一〇月二四日。
(61)「敵蕃敗北」『台湾日日新報』一九〇七年一〇月二七日。
(62)「生蕃の砲撃」『台湾日日新報』一九〇七年一〇月三一日。
(63)「隘線戦死者」『台湾日日新報』一九〇七年一一月一四日。
(64)「討蕃隊へ寄贈」『台湾日日新報』一九〇七年一〇月二五日、「婦人団体の討伐隊慰問」『台湾日日新報』一九〇七年一〇月一七日、「插天山方面蕃情」『台湾日日新報』一九〇七年一〇月二三日、および『台湾日日新報』一九〇七年一〇月二七日。
(65)「插天山隘線の蕃襲」『台湾日日新報』一九〇七年一〇月一七日。
(66)「付録第一　防隘制梗概」『理蕃誌稿』第一巻、二二八、二三二、二三六〜二三七頁。
(67) 同前、二三九〜二四〇頁。
(68) 同前、二四二頁。
(69) 岸不朽「討蕃隊所見」(1)、『台湾日日新報』一九〇七年一〇月二五日。

(70) 岸不朽「討蕃隊所見―二四日角板山―」(2)、『台湾日日新報』一九〇七年一〇月二七日。
(71) 岸不朽「討蕃隊所見―二六日薄野戦線―」(4)、『台湾日日新報』一九〇七年一〇月三〇日。
(72) 岸不朽「角板籠城記」(1)、『台湾日日新報』一九〇七年一一月六日。
(73)・(74) 岸不朽「角板籠城記」(2)、『台湾日日新報』一九〇七年一一月七日。「大嵙崁蕃人砲撃の詳報」『台湾日日新報』一九〇〇年九月一八日。
(75) 岸不朽、前掲「角板籠城記」(2)。
(76)・(77) 岸不朽「角板籠城記」(3)、『台湾日日新報』一九〇七年一一月八日。
(78) 岸不朽「討蕃隊所見―二六日薄野戦線―」(4)、『台湾日日新報』一九〇七年一〇月三〇日。
(79) 台湾総督府編『台湾統治概要』一九四五年、【復刻版】原書房、一九七三年、八六頁。
(80) 警務局理蕃課「時局下の高砂族」、台湾総督府臨時情報部『部報』第八号、一九三七年一一月二一日。
(81) 竹越与三郎『台湾統治志』博文館、一九〇五年、【復刻版】南天書局、一九九七年、三七三頁。
(82)「敵勢大に衰ふ」『台湾日日新報』一九〇七年一〇月二七日。
(83)「前山蕃の帰順」(1)、『台湾日日新報』一九〇七年三月三〇日。
(84)「前山蕃の帰順」(2)、『台湾日日新報』一九〇七年三月三一日など。
(85)「生蕃の帰順」『台湾日日新報』一九〇七年一二月一三日。
(86)「凶蕃の帰順」『台湾日日新報』一九〇八年五月二九日。
(87)「桃園帰順蕃現状」『台湾日日新報』一九〇九年六月四日。
(88)「総督一行々程」『台湾日日新報』一九一〇年二月一六日。
(89)「討蕃隊連絡完成」『台湾日日新報』一九一〇年九月二八日。
(90)「生蕃帰順」『台湾日日新報』一九一〇年三月九日。

(91)『台湾原住民史―泰雅族史編―』国史館台湾文献館、二〇〇二年、一五五~一五六頁。「討蕃隊情報―新竹方面―」『台湾日日新報』一九一〇年七月二七日。
(92)「角板山線軽鉄の敷設」『台湾日日新報』一九〇九年一一月二五日。
(93)「角板山の軽便鉄道」『台湾日日新報』一九〇九年一二月一一日。
(94)「蕃地測量」『台湾日日新報』一九一〇年九月二七日。
(95)「前進隊情報、宜蘭方面」『台湾日日新報』一九一〇年九月二七日。
(96)「大嵙崁水源調査」『台湾日日新報』一九一〇年九月二八日。
(97)「角板山軍隊撤去」『台湾日日新報』一九一〇年一二月二〇日。
(98)「蕃童教育所設置」『台湾日日新報』一九〇九年七月四日。
(99)「各蕃族の観光来府」『台湾日日新報』一九〇七年一〇月二五日。
(100)「帰順蕃観光」『台湾日日新報』一九一〇年九月二七日。
(101)「蕃界に於ける民政長官」『台湾日日新報』一九一〇年九月二七日。
(102)「ガオガン蕃人の出北」『台湾日日新報』一九一〇年九月二八日。
(103)「観光蕃人を侮辱する勿れ」『台湾日日新報』一九〇七年一〇月二六日。
(104)持地参事官→総督「蕃政問題ニ関スル意見」一九〇二年一二月、『理蕃誌稿』第一巻、二一六頁。
(105)林えいだい『証言　台湾高砂義勇隊』草風館、一九九八年、八九~九〇頁。
(106)呉俊傑、前掲書、一〇頁。杉山靖憲『台湾歴代総督之治績』一九二二年(復刻一九九九年、成文出版社)、一七四~一七五頁など。
(107)林えいだい、前掲書、二五九~二六〇頁。
(108)「概説」『理蕃誌稿』第四巻、一二一~一二三頁。

第三章

日本・台湾総督府の理蕃政策と角板山タイヤル族

はじめに

本章では、日本植民地時代、特に戦時期（一九三七―四五年）における台湾の理蕃政策、すなわち原住民政策（当時、原住民は「高砂族」、「蕃人」、または「生蕃」・「熟蕃」などと称されていた）に焦点を絞り、その実態、特色、および限界と意義を考察するものである。その際、さらに一歩進めて、理蕃政策に原住民がいかに反応したのかにも論を進める。そうすれば、原住民、いわば「高砂族」（以下、高砂族）から見た理蕃政策を浮かび上がらせることができる。このようにして日本側と高砂族側の二つの視点から立体的に考察を深めたい。また、時期的には、戦時期を中心とするが、一九二〇年代から三一年「満洲」事変を経て三七年盧溝橋事件に至る期間も視野に入れる。三〇年の霧社事件との関連などから研究が進んでいる台湾中部原住民に対し、不明点の多い台湾北部原住民も重視する。なぜなら、これを除外して近現代史における台湾原住民研究は完成できないと考えるからである。また、原住民からの銃回収問題は理蕃政策の重要な柱であるが、これについては第一、第二、第五各章で言及しているので、重複を避けるため、本章では割愛する。なお、原住民研究は繰り返し述べてきたように民族学、人類学などの視点からのアプローチやルポルタージュが多いが、本章ではこれらを意識しながらも、理蕃政策に対して歴史学的に実証的解明、分析を進めたい。

一　台湾原住民「高砂族」について

まず、一九三七年時期における台湾の地理的位置に触れておきたい。当時、台湾は内地本土（日本）から遠く、汽船で日本門司・台湾基隆間は二昼夜もかかった。ただ、定期航空便を利用すれば、台北から福岡までは六時間である。他方、当然のこととはいえ、台湾と中国大陸は近く、福建省福州から船で十数時間、飛行機ならば一時間弱である。台湾人口は約五四五万人中、いわゆる「本島人」（以下、本島人。現在の本省人）は約五〇〇万人（九一・七％）で、風俗、習慣、言語は対岸の福建、広東の住民と似ている。原住民である高砂族が一五万人（二・八％）、「内地人」（以下、内地人。日本人のこと）は三〇万人弱（五・五％）であった[1]。このように、本島人、日本人に比しても原住民は占める割合は少なく、僅か二・八％であった。

日本植民地時代には、台湾原住民はタイヤル、ブヌン、サイセット、ツオウ、パイワン、アミ、ヤミの七種族に分けられていた（前述した如く戦後は長期間、九種族とされてきたが、最近では、さらに一六種族に細分化されている。これには種族独立意識、および言語・習慣の若干の相違もあるが、その他、現在の各種族に対する公的支援金、あるいは被選挙権の問題が絡んでいるようである）。戦時期の四二年末には、原住民人口は一五万九五九四人で、その自然増加率は毎年約一五〇〇人とする。台東、花蓮港居住のアミ族五万三七〇〇人余などは平地の普通行政地域に居住し、「進化」（近代化）しているとされた。だが、その他の大部分は台湾総面積の四四％強を占める中央山脈地帯の特別行政地域の「蕃地」（原住民居住地域。以下、蕃地）内に居住し、現代文明から隔絶されていた。[2]

では、台湾総督府は各種族の特徴をどのように認識していたのか。

（1）「北蕃」‥台北、新竹、台中各州下、および花蓮港庁に分布する。その中でタイヤル族は高砂族中、最も自負心が強く慓悍で一九三〇年の霧社事件、三一年のピスタン事件を起こした。ただし撫育教化の徹底により「進化」は著しい。だが、「安住ノ適地ヲ得ズ、生活困難」者も少なくなく、「概ネ普通行政地ニ近接スル適地ニ移住セシメツツアリ」、とする。

（2）「南蕃」‥台中州、埔里以南の中央山脈に沿い、台東庁、花蓮港庁、および高雄州下の奥地に居住する。ブヌン族の「進化ノ程度最モ低ク、タイヤル族ニ次グ兇暴性ヲ有シ」、三二年の大関山事件、三三年の逢坂事件を起こした。したがって、理蕃上、力を注ぐ必要があった。また、高雄州、台東庁の南部山地居住のパイワン族はやや「進化」し、平穏であるが、七種族中、人口は第二位で、頭目専制下に団結心が強く、「指導上相当注意ヲ要スルモノ」とする。

その他、サイセット、アミ、ツオウなど四種族は概して温順で、特にアミ族は東部普通行政地、サイセット族は新竹州下の山岳地帯の麓に居住し、早くから文化風潮に浴し、すでに租税、公課の負担を担い、一部は一般行政下にあるなど、本島人とさほど差異がない[3]、とする。

理蕃政策を最前線で実施するのが警察である。すなわち、現地の警察課分室（台北州バヌン、南澳）下に警察官吏駐在所四六四ヵ所を設置した。いわば治安を主目的に警察中心に構成されていたのである。これに加えて原住民撫育機関として教育所、公医診療所、療養所、産業指導所などを設けた。かくして、警部、警部補、巡査、警手、嘱託、雇員、技手、公医などの多数の職員が配置され、指導、教化、および蕃地の取締りに当たった。まだ原住民を一般人と比較すると文化程度は甚だしい差があり、経済観念も極めて低く、急に蕃地を開放すると、一般人との間に紛争が生じる虞もあった。したがって、原住民に適切な保護を加え、蕃地の占有使用、蕃地の出入り、および物品授受を取り締まった。だが、蕃地も開発され始め、一般人が往来が頻繁となり、かつ原住民の「進化」した地方では事情の許す限り取締解除などの措置を取りつつある、とされる。(4)

理蕃政策を進める上で、看過できないのが日本人の原住民に対する蔑視、差別感である。それは些細な言動にも示された。例えば、大渓郡のある駐在所で職員数人が筆を走らせている時、タイヤル族の老人が訪れた。その時、一人の職員が「蕃コロ臭いなあ、外に出ろよ」とうっかり口にした。確かに不潔さと生煙草の「悪臭」はする。だが、こうした暴言は理蕃の大敵であり、多年にわたって築きあげてきたものが、この一言によって破壊される、という。(5)こうしたことは、日常生活の中で頻繁におこっていたのであろう。

では、ここで原住民の犯罪とその特質に論を進めたい。原住民には日本人の道徳感と根本的に異なるものもある。だが、その社会にも単純とはいえ、やはり道徳があり、その遵守には厳格であったという事実である。これが犯罪件数が寡少なる要因である。ただし国家体制がなかったため、国法の遵守、納税、および兵役の義務観念などの国民道徳は欠如していた[6]。当時、原住民はいかなる「犯罪」を犯し、処罰されたのか。その特質から原住民のおかれていた環境、日本人との道徳観・犯罪意識の相違、および日本の政策との齟齬などが浮かび上がる。明治三三（一九〇〇）年内訓第一号「生蕃人ノ犯罪事件ニ関スル件」によって検察官長が起訴する時には、台湾総督の指揮を受けるとされた。さらに行政区域内に居住する原住民の犯罪については、犯罪処理法、犯罪即決に関する内訓などにより刑事法令を適用することが明示された。次いで明治三九（一九〇六）年には、民政長官から蕃地関係各庁長に対し、「蕃人ノ犯罪事件取扱ノ件」が通牒された。これにより原住民の民事、刑事の一切を行政的に処理にするとした[7]。

他方、原住民の伝統的慣習は「報復主義」であり、殺傷には殺傷をもって酬い、財産侵害には財産侵害で償うとされてきた。これを被害者の権利とし、祖先に対する義務とする。だが、復讐は加害者本人のみならず、その親族、血族、宗族に及ぶこともあり、ついには仇敵関係が生じた。そこで、報復を制限し、財物により罪を贖い、また頭目や有力者などが介入、和解手段を採るようになった。蕃社に対する利益の侵犯、すなわち、慣例違反、禁忌の侵犯などの行為に対しては、古来の慣例により族衆相謀って殴打、繋縛、放逐、障害、処刑などの懲罰を加えてきた。これも後に個人の不祥行為が社会を害するのは祖霊の怒りに触れ、公共的災厄を来すとの観念に変わり、豚を屠殺して祖霊を祭り、豚や代替財物提供を以て懲罰に代えるようになった。原住民は、殺人を「故殺」と「誤殺」に区別し、復讐による殺傷は当然の権利として罪悪視しない。また、殺人で罪悪とはされないものに「出草」（首狩り）がある。これは単に首級を得るのが目的で、相手の勢力を挫いたり、敵を滅ぼそうとする行動ではない。とはいえ、「出草」も大正より昭和と漸減し、昭和九（一九三四）年に至っては一件のみで、これが最後となったという。傷害もその軽重によって責任を問い、単純な殴打は犯罪視しない(8)。

総督府当局にとって安心材料は、原住民には天皇制や国家に対する観念がなかったことから、刑法規定の「皇室に対する罪及国家又は公共的犯罪」は皆無に近かったことであり、大部分が個人的利益の侵害である。原住民が日本の法令を奇異に感じ、衝撃を受けたことも否定できない事実である。例えば、毒物捕魚、林産物盗伐、林野焼却、無断旅行などに至っては、それがなぜ犯罪になるのか、全く納得できなかったであろう。したがって、日本が彼らを統治するためには、その独自の民族文化に配慮し、「妄に之を排斥、破壊する事は一応の考慮」を要したのである。そのため、理蕃当局は深く原住民の独自な慣習などを究め、「彼等の心性を陶冶し、漸次新文化の恵沢に浴させようとしてゐる」とする。なお、犯罪件数は一年間で三〇〇件、六〇〇人であるから、本島人、内台人（日本人？）の犯罪件数三五万八六七〇件と比較すると極めて少ないとする(9)。

四四年頃、台湾総督府から出された「高砂族ニ対スル親族相続並ニ戸籍ニ関スル措置」によれば、原住民が文化的法規の対象となるのは近年であることから、「慣習調査等立法資料トシテ殆ド見ルベキモノナシ」。しかも七種族が存在し、これら種族はさらに多くの部族に分かれている。したがって、個々にあげて立法することは難しく、かつ実効があがらない。とはいえ、「皇民化ノ指導理念ニ反スルモノナルヲ以テ政策的ニモ民法ヲ全面的ニ適用シ、只其ノ運用ヲ当分ノ間、実情ニ即シテ適切ナラシムルヲ最モ可トスル」とし、この方針の下に立法準備をするとした。[10]

ところで、三八年六月、竹田宮恒久王妃昌子が傷病兵慰問、銃後の状況視察のため二週間にわたり台湾を訪問している。台湾神社、新竹神社などを参拝、台湾総督府、台湾軍司令部、各陸軍病院を慰問、愛国婦人会台湾本部、日本赤十字社台湾支部、さらに台北日新公学校、台北第一高等女学校、糖業試験場、製糖工場などを視察した。この間、大渓郡角板山教育所補習科のワタン・パヤスらも新竹に行き、迎えた。この時、昌子は「一層勉強して早く良い日本人にお成りなさい」と声をかけたが、ワタン・パヤスは感動し、「寸時も早く良き日本人に成る為め努力しなければならぬ」と深く感じたという。[11] このように、「日本人になること」の価値が種々の場面で意識的、無意識的に教え込まれた。

ここで触れておかなくてはならないのが、皇民化や理蕃を論じる際、看過できない神社信仰導入の問題である。元来の原住民の信仰は、「ウツトフ」（祖霊）があるが、未だ神道との関係がはっきりせず、原住民にとって半信半疑の状態であった。そのため、依然として蕃社内においては祖霊関係に基づく諸行事がおこなわれる。「高砂族の伝統的な祖霊観念をいかに神道に同化させるかが問題」とする。[12]「灰面坊」（警察関係の日本人のペンネームであろう）によれば、蕃社内宣伝や頭目会議で「神仏を信仰せよ」といっても無駄である。そこで、「蕃地に神社を建立せよ」といい、十何間四方の拝殿も、廻廊も、赤銅の大鳥居も不要である。質素な、恰度あの主基殿式の建物にして、丸木の鳥居でもあればよい。そして社前に広場を設け、毎月の〔蕃〕社内宣伝、頭目会議その他紛争の解決、誓ひなどをなす場合、神に先ず誓つて実行を約させれば、「迷信深い蕃人の事である。その効果は期して疑ふべきもない」[13]、と強調する。

こうした状況下で、原住民の方でも積極的な動きも見られた。原住民は困惑しながらも、さほど抵抗しているようには見えない。例えば、阿里山のツワツクヤ社（一二戸六〇人）の頭目ノアサチ・アナモオ（四三歳）は三二年九月に「日蕃合祀の神祠」を設け、ここで播種、収穫、酒造りなどの祭りもおこなった。背後にある大木が神木である「赤榕」（熱帯樹）に、梧桐の皮を紅く染め、幣帛のようにしている。祠内の神器はサビキ駐在所巡査が寄贈した[14]。また、台南州の皇民化は山の蕃社にまで浸透し、阿里山蕃社で二組のカップルが神前結婚式を挙げ、模範を示した[15]。このように、神前結婚が普及したとするが、形態としての憧れに留まっている可能性もあり、どこまで国家神道を理解したのか、ダイレクトに結びつけてよいのか疑問である。ただし国家神道普及に抵抗しているようには見えない。

二　理蕃政策の実態と特質

では、理蕃政策とその方針はどのようなものであったか。①蕃人を教化し、その生活安定を図り、「一視同仁の聖徳に浴せしむる」ことを目的とする。②「蕃人に対する正確な理解と蕃人の実際生活を基礎」として方策を決定する。③「蕃人に対しては信を以て懇切に之れを導くべし」。④「蕃人の教化は彼等の弊習を矯正し、善良なる習慣を養ひ」、日常生活に即した簡単なる知識を授ける。⑤経済生活は、将来一層の集約的な定地耕を奨励、あるいは集団移住をおこない、生活改善を計ると共に経済的な自主独立を営ませる。⑥理蕃関係者、殊に現地の警察官には「沈著（着）重厚なる精神的人物を用ひ」、「漫りに其の任地を変更」しない。⑦「道路を修築して交通の利便を図り、撫育教化の普及徹底を期す」。⑧「医薬救療の方法を講じ、蕃人生活の苦患を軽減すると共に依て以て理蕃の実を挙ぐるの一助」とする、という。[16]

（一）「授産」

「授産」とは失業者・貧窮者に仕事を与えることである。原住民の食料も辛うじて自給自足している状態にあった。したがって、原住民をいわば失業者、貧窮者と同列に見なして教化と併行して、その生活安定、向上を図るなど「授産」に努めた。「高砂族授産指導要目」が、一九三九年四月一三日警務局長名で理蕃課から各州庁に発せられた。①目標は経済生活の安定向上を計り、健全な「皇国民」としての育成にある、②農業面では、原住民を自作農とし、地主・小作関係になることを極力防止する、③従来の輪作を止め、集約的な定地耕を奨励普及する。殊に水田化を奨励、施肥観念を徹底させる、④作物は適地適作、多角主義により、主食糧の自給自足を主眼に、次いで換金作物を奨励、さらに国策作物の栽培を促進する、⑤自家用果樹、蔬菜栽培の奨励、⑥各戸に一定数以上の牛、馬、豚、鶏の家畜飼養計画を立てる、⑦保留地や路傍に植林の奨励、⑧養蚕、手工芸、農作物加工、林産物採取など副業の奨励、⑨生産品は販売期間・方法などを検討、交易所使用は低額にし、運搬には共同出荷、道路補修につとめる。以上、共同経営方法の利用と共に規律的な勤労習慣を養い、農事改良思想普及のため青年団などを動員、篤農家は選奨する。これらの具体化は各駐在所毎に受持部落に対して数ヵ年の継続事業とする[17]。いわば原住民を狩猟民から完全に脱却、もしくは否定し、農業従事者に大転換させるものであった。このように、原住民の皇民化、輪耕作から定地耕へ、物々交換から貨幣経済への飛躍、さらに日常生活において住居、食物、日用品などすべてにわたって非常な勢いで内地化(日本化)した。日本植民地下で原住民の生活は大転換を見せていたが、とりわけ盧溝橋事件後、日中全面戦争下で彼らの「皇民意識」、日本国民意識が一挙に進み、主体的、積極的に国民精神総動員に参加するようになった。一九四一年度より新たに山地農業奨励事業を開始した。各種授産施設、並びに農畜産の積極的奨励をおこなっている。

(1) 水田・輪耕農法より定地耕に大転換させるものであるが、彼らもその利点を自覚し、漸次熱望し始め、水田も拡張する趨勢にあるという。昭和一七（一九四二）年度における全島の理蕃所管の水田面積は二七九三甲歩に達し、作付面積も四〇九五甲歩で、玄米三万三八六四石の収穫となった[18]。

表3―1によれば、水田作付面積と収穫高（玄米）は、それぞれ一九二二年に五六一甲（一甲は〇・九七ヘクタール）、三九二七石であったものが、二六年一〇三八甲、九二六二石、二八年には一四四二甲、一万三七一六石に増大している。すなわち作付面積は、二八年は二二年の二・六倍、収穫高は実に三・五倍に増大している。

表3－1　水田作付面積と収穫高（1921－28）

年	作付面積（甲）	収穫高・玄米（石）
1922	561	3,927
1923	742	5,097
1924	790	6,211
1925	886	7,618
1926	1,038	9,262
1927	1,128	10,370
1028	1,442	13,716

出典：「蕃地調査書」1931年（？），『現代史資料―台湾（2）―』(22)，みすず書房，1971年，456頁。

（2）畑作・山地水田の発達は顕著であるが、原住民の食糧の一端を補えるに過ぎない。特に台湾南部は水田適地に乏しく、重点は依然として畑作にある。だが、畑地も大部分が傾斜地にあり、表土流出により地力は年々低下し、農作物収量が減退している。したがって、改良に務め、昭和一六（一九四一）年度より積極的に段々畑の造成を奨励し、堆肥、緑肥など自給肥料の製造、使用を指導し、かつ集約的な農耕を導入した。そして、水稲に準じ、陸稲、粟、甘藷、里芋、玉蜀黍など主要畑作物の増産目標を決定した。昭和一七年度末における現耕畑は三万二〇三四甲で、休耕畑は一四八二甲である[19]。

表3－2　重要畑作物と収穫高（1942年末）

種別	作付面積（甲）	収穫高（石・斤）
陸稲	3,549	15,936石
粟	6,778	29,406石
甘藷	9,101	62,789,000斤
落花生	1,629	14,834石
豆類	1,355	18,420石
里芋	2,738	16,379,000斤
穀物	2,597	9,460斤

出典：台湾総督府編『台湾統治概要』1945年（復刻：原書房，1973年），101頁。

表3—2は重要畑作物で、水稲の収穫増に伴い陸稲の位置は低下していくとも考えられるが、原住民の主食となっていた可能性も否めない。ただし、原住民は甘藷や里芋を食し、一日二食であった。

（3）換金作物・・原住民の大部分は農業従事者で、現金収入も農業に基づき取得させる。したがって、多角的な農法を指導して、換金作物として甘蔗（一九四二年末段階？　二〇七一万一〇九六斤、七万八〇六〇円）、苧麻（一四万一七一二円）、蓪草（一万三〇七六斤、九二一九円）、落花生（一万四八三四石、一七万八八五三円）などを奨励している。また、薬用作物としては、蕃地に自生する玉咲ツヅラ（含有するアルカロイドが結核の特効薬）の生産増を図ることは、換金作物となるばかりか、医療面でも意義がある。そこで、一九三七年一二月以降、調査、試作し、かつ四〇年度から各適地に官設苗圃を設け、栽培法を研究し、かつ原住民に配布、増産させている。なお、試作地は一九三九年一八一ヵ所（試作面積一〇甲七三）、四〇年三二〇ヵ所（二〇甲〇二）、四一年一〇九ヵ所（二一甲五〇）である。[20]

（4）畜産・・原住民は元来、小家畜を飼養していたが、大部分は狩猟による獣肉で自給してきた。そのため「殺伐ナル気風ヲ醸成シ、教化上改善ヲ要スル」と見なした。そこで、一二一年より畜牛を配布し、定地農耕への指導とともに、かつ豚の改良に努めた。山地は気候的にも、草量的にも家畜飼養に好適で、飼育頭数が増大した。特に養豚の成績は良好で、自家消費のみならず、市場にも出し、現金収入となっている。なお、四二年末、水牛は八二一〇頭、黄牛四二四三頭、豚二万六二六二頭、山羊一六三四頭、それに鶏七万一七六二羽である。[21]

その他、(5)養蚕があり、短期間に収益を得る副業で、奨励している。山地の至るところに野生の桑樹が繁茂し、気候的にも養蚕に適し、かつ「殺伐の気風を醇化」する効果も少なくないとする。とはいえ、当局が養蚕を奨励した当初、害虫が増加し、耕作物が減収となり、食糧を得ることができなくなった。その結果、原住民は養蚕に消極的となった。その後、熱心な指導により収繭量も逐年増加した。例えば、一九二二年収繭量は一一八石、収益金額四六二四円、二五年四七四石、一万八五三七円、二八年九五八石、三万一三三三円と増大している。こうして、桑園を設け、各地で蚕飼育に競争している状態となった。彼らの副業として頗る有望である。[22]

原住民の出稼ぎが全般的に少ないのは、農閑期が出猟期と重なるためである。例えば、角板山の場合、出稼ぎは物資運搬七人、林業四四人である。また、先進蕃社は副業面で好成績をあげている。例えば、新竹州新竹郡の馬武督社と新竹州大渓郡ケイフイ社は養豚、大渓郡エヘン社は川魚漁、台北州羅東郡ルモアン社は養蚕、台中州東勢郡ロープゴー社は竹材等々である。[23]

上述のことを成功させるには、農業支援機関・機構が必要である。それには以下のものがある。

(1)農業講習所・原住民は依然として「厚ク国家ノ保護」を受ける現状ではあるが、「農民道場的」な教育を施している。すなわち、独立自営農民を養成し、合理的な農業経営をさせるため、一九三一年以降、地方庁に各一ヵ所ずつ設置した。そして、蕃社の優良青年を選抜、各所で二〇名前後を収容し、一年間教育する。その目的は自立自営農業者の養成とともに、将来は蕃社の指導的人物の養成にあった。これまで卒業生は一一三四人、現在の収容生徒は一九七人である[24]。

(2) 産業指導所：一九三〇年各州庁に一ヵ所ずつ設置し、作物、家畜などの改良、増産に関する試作、模範施設の設置、および農林業調査をおこなう。いわば農事試験場のような機能を有し、蕃社の中枢機関となりつつある[25]。

(3) 指導農園：原住民の粗放単純農業を多角的集約的農業経営に転換するための第一線の実地指導機関である。一九三二年度に台湾全島の枢要な四〇ヵ所に設置し、それぞれ数（蕃）社を指導単位とする。その面積は約三甲歩で、警察官、警手が管理し、産業指導所と連絡し、各地方に適する農作物の優良品種の試作、並びに育苗配布するなど農業進歩、栽培技術の実地指導にあたった[26]。

(4) 山地農業奨励事業：一九三〇年以降、一〇年間の調査に基づき、四一年度より原住民山地農業指導、水田の開拓、耕地保護、段々畑の奨励など農耕地の利用開発とともに、畜産奨励により家畜増産を図り、自給肥料の使用を指導奨励し、原住民農業の画期的な発達を図る基本的施策として毎年実施し、官民協力しておおむね計画事業の完遂している[27]。

ところで、「台湾の山を開放せよ」、「国策産業に山を開放せよ」との要望の高まりに押されて、総督府内務局地理課では来年（四一年）七月から五ヵ年計画で官有地を調査し、同時に民間利用にも開放することになった。日本の有力資本家が熱帯有用作物の栽培企業を計画しており、官有地の利用願いが殺到している。官有地の大半は営林署の林野、総督府理蕃課の原住民所有地、および各帝国大学の演習林などであり、面積一三〇万甲歩（一甲歩は約一ヘクタール）に及ぶ。その内、利用可能地二〇万甲歩を摘出するという。これらの土地には「規那」（その乾燥樹皮がマラリア特効薬）、黍、苧麻、珈琲、ナタールバーク（南米原産で揉皮に使用）、茶、香料作物など熱帯性重要作物の栽培可能地である[28]。ただし、二〇万甲歩の内訳を見ると、水田一万四〇〇〇甲歩、畑二万甲歩、混農林一一万五〇〇〇甲歩、牧場五万甲歩とあり[29]、稲作などを含み、熱帯性重要作物に特化していないことが判明する。

そうしたことも影響して、蕃社の集団的な強制移住が実施された。蕃社は地勢急峻で農耕地に恵まれず、生活安定を策し難い。したがって、国土保安、理蕃行政集約の見地から比較的に利用価値ある適地に集団移住させた。移住は明治三六（一九〇三）年以来、毎年実施している。四一年末までに、台北州（七八九戸、三九二一人）、新竹州（七一二戸、三三八一人）、台中州（一三七六戸、九〇八九人）、台南州（三九戸、一六二人）、高雄州（一五七九人、八七〇〇戸）、台東州（七九八戸、五三七八人）、花蓮港庁（一八九四戸、一万七七二人）で、計七一八七戸、四万一五〇三人を移住させた。さらに将来一七三六戸、九六七九人を移住させる[30]、とする。ただし、これも試行錯誤であった。

戦争の推移に伴い、原住民の中には率先して移住を希望する者も出てきた。例えば、台中州能高郡の霧社近くのラク社（四〇〇人）は耕地で粟や芋の輪作していた。日米開戦以降、毎日駐在所のラジオで「皇軍戦勝」、「勇士奮闘」を聴き、「増産へ銃後の総進軍」に呼応し、増産報国挺身隊に全社四〇〇〇人が参加することにした。その結果、一社をあげての低地移住を当局に願い出て認められた。そこで、総督府特政課の中村警視を迎え、移住宣誓式を開催した。すぐに、その日から水田や灌漑の整備を始め、食糧を増産し、かつ蓖麻、苧麻などの軍用作物増産を続ける。[31]

従来、原住民に対して「無知蒙昧」とか蔑視したので、反感を買った。だが、後述する如く一九三九年に自助会が成立、蕃地治安の一部を自らおこなえるようになった。こうして、「蕃情」が安定した結果、各種産業が山地に進出、原住民を労働者として雇用するところも出てきた。また、自作農化を奨励し、原住民の占有地約五三万甲歩中、二五万甲歩を原住民の所要地とし、残りの二八万甲歩を一般国有地として国策産業の使用などに充てることとした。二五万甲歩の所要地は各蕃社毎に実地調査をおこない、水田、畑、山林などに区画整理し、各戸への公正な分配を実施しており、将来は一定の所有権も賦与し、同時に租税公課を負担させる。このため、奥地の農耕不適地域にいた原住民を適地に集団移住させ、その数は四万人余に上る。だが、その農法は極めて幼稚な段階にあるため、四〇年には水田の開墾拡張、段々畑による定地耕の増大、水利工事などによる地力増進をおこなう。同時に農業講習所、産業指導所など指導機関を増設、指導員を増大させ、単に蕃地の食糧確保だけでなく、平地農業にも貢献させようとしている。[32]

（二）交易・交通と山地資源開発

清朝康熙六一（一七二二）年、台湾知県周鍾瑄は漢人・原住民両地域を分離して紛争を断とうとし、その境界に土塁を築いた。これを前述の如く「土牛」と称す。当時の政策は「生蕃」を以て「化外の民」とし、「治めざるを以て之を治む」とした。「生蕃」の領域は二一一万六〇町歩もあり、全島の六〇％を占めていた。そこは深山で巨木、樟樹（楠木）が多く、また金、鉄、石油（石炭？）もあった。[33] 清朝時代、原住民との交易は通事の手によっておこなわれていた。

官の許可を得た商人以外は隘勇線を越えて交易できない。商人は生蕃に武器・弾薬の供給が禁止された。そのことは、狩猟民として銃を生活の一部としてきた生蕃にとって耐え難い苦痛であり、一、二人の密輸商人を頼るしかなかった。総督府官吏を見ると、「抗敵（日）」しないから（銃を返してほしい）と哀願している。こうした状況下で隘勇線に近く密移入した武器弾薬や塩は転売され、深山居住の原住民がさらにそれを高価で購入する。[34]

総督府は蕃地調査委員会を置き、従来から蕃地開発に関心を持っていた。そこで、タイヤル族の如き「黥種」（入れ墨をする種族）には圧迫、他種族には撫開方法をとる治蕃主義であった。一八九六年総督府令第三〇号で「府庁の許可を得て営業する者の外、蕃地に入る者は撫懇署長の許可を受くべし」とし、それに違反すると、罰金、体刑の制裁が伴った。また、総督は一九〇〇年二月、律令第七号で、総督府の許可を得た者以外、「蕃人にあらざる者は何等の名義を以てするに拘わらず、蕃地を占有し使用し、其他権利を目的とすることを得ず」とし、一〇〇円以上の罰金、六ヵ月以下の重禁錮を課すとした。[35] このように蕃界は隔絶されていた。

日本植民地後も当初は清朝のやり方を踏襲し、通事を通しておこなわれた。明治四三（一九一〇）年になって大部分の交易を愛国婦人会台湾支部の経営とし、一九一五年には官営とし、一九一七年総督府令により蕃地居住の原住民と金銭・物品授受に関する規程を公布し、原住民との交易は許可制として密交換を厳しく取り締まった。一九二一年より交易は官営から警察協会の管理経営に移した。元来、原住民の取引は物々交換の域を出なかった。そこで、彼らの生活開発・指導上、交易事業は極めて重要な撫育機関となった。すなわち、交易を通じて彼らの生活向上、生産奨励、さらにその経済意識の発展を促そうとしたのである。ところで、生産品はかなり高価に、狩猟品は「殺伐の風」を助長することから廉価とする方針をとった。かつ「数理的観念」（貨幣感覚）を有した者には漸次各商店より自由に物品を購入させた。一九二九年末、警察協会経営の交易所は九一ヵ所、他に民営の交易所もある。一九二九年末段階、交易所取引で、原住民からの販売物は農産物六万二四四二円、林産物二〇万四〇四〇円、製作物（織物など？）六一一八円、獣皮など七万九〇五七円、「通貨」一一万三七四七円で計四六万五四〇六円であった。原住民の購入品は衣類・装飾品など六万一九五二円、家具・農具・日用品三万四九〇一円、酒・食塩・マッチ四万三七九四円、食糧品三万六三一〇円、家畜・苗類一万二〇九八円、医薬品三二七円、その他は一万五七五二円、「通貨」二六万〇二六八円で計四六万五四〇六円であった。[36]「通貨」という項目が双方にあるのは奇異に感じるが、通貨で売買したことを意味するのであろう。したがって、それ以外は物々交換ということになる。

当初、原住民は価格に無関心であった。だが、原住民の購買力が高まるに伴い交易所の売買だけでは満足しなくなった。同時に品質や価格にも関心を持ち始め、交易所での売買が不利な時は、官憲による利益収奪ではないかとの疑惑を抱く。だが、原住民の経済知識は劣っており、自由放任すると奸商に乗ぜられ、半面彼らにも不純な考えが生まれる虞があり、後日に紛争を惹起する可能性もある。そこで、当分の間、原則として制限交易とし、他方で特殊地域、特殊物資のみ自由交易を認める。その「進化」の程度を見て、逐次自由交易に移し、必要な場合には購買組合の組織化を指導した(37)。

ところで、繰り返すが、原住民の大部分が中央山脈に沿った険峻な地域に居住し、一般社会との交渉が少ないことが「進化」阻害の一因とされた。よって産業上、交通の便を図ることは肝要であった。そこで、一九一七年以降、道路開鑿計画を立てた。とりわけ道路は原住民の居住地域に存在する資源開発と密接な関係を有していた。それは国策として推進されたのである。特にタツキリ、および霧社の砂金ラッシュに原住民をどの程度動員できるかが重要課題の一つとなった。だが、理蕃課では原住民擁護の見地から労働力問題を含む指導方針を立てた。タツキリ、霧社の第一段階調査はすでに終わり、工事は太魯閣峡谷に進んだ。だが、この上、産金道路が中央山脈を横断すると、平地文化が流れ込む。その結果、一般行政区域から隔絶された「蕃界」に対して、無益な刺激と激烈な生存競争から原住民を護り、同時に一歩一歩その文化社会・経済の進展を指導してきた理蕃政策にかなりの打撃を与える。すなわち一本の産金道路が文化向上と共に、反面、理蕃当局の過去四

○年の労苦が水泡に帰す点も少なくない。特に霧社奥地に位置するトロック、タウツアなどの蕃社は「砂金段丘」上に存在し、蕃社全体の取り壊しも考えられる。こうした状況に対して、霧社事件から僅か一〇年にすぎないことから理蕃当局は慎重であった。理蕃課の方針としては、国策である砂金採掘には理蕃当局、原住民も協力するが、従来からの平地移住も奨励し、徐々に農耕生活へと導き、急激に貨幣経済に入ることは避け、原則として蕃社毎の自給経済達成を目指してきた。したがって、産金には農耕の余剰労力を振り向ける。また、移住平地がない地域は大部分の労力を産金に動員するが、その賃金使途は十分指導する必要がある[38]、とする。

かくして、種々意見があったが、タツキリ渓の砂金採集事業のため渓谷口から砂金段丘トヨンまでの採金道路掘鑿工事に原住民青年が「労働奉仕」として動員された。工事の一部は完成し、自動車通行も可能になった。最も難工事とされる渓畔からバタガイまでの約一〇キロにわたる道路開設は、花蓮港庁下の原住民壮丁が組織する青年勤行（勤労）報国隊が一ヵ月間の奉仕作業をおこなうこととなった[39]。かくして、青年勤労報国隊約四〇〇人による大工事となった。広谷庁長や村田警務課長なども現地に視察督励に来たが、彼らは強健で、誤れば谷底転落をものともせず、岩をうち砕き、土砂を運び、ダイナマイトで爆破し、バタガンまでの約一〇キロを日に日に立派な道路にしていく。毎朝六時起床、まず国旗掲揚式、朝礼、午前七時から午後六時まで作業する。広谷庁長らも「時局下における諸君の働きこそ立派な日本国民である」と賞揚した[40]。

桃園県復興郷三光村在住のタイヤル族ロシン・タナの回想によれば、台湾北部の山岳地帯を縫うように走る北部横断道路は日本植民地時代につくった。北部横断道路の完成以前、牛車の道だった。日本時代、大渓まで二日間も歩いていった。牛車で塩や米を運んだ。でも、それは警察が食べ、僕たちは芋を食べていた。後に舗装して自動車も走れるようになった[41]、という。

(三) 租税

一九三七年盧溝橋事件以来、多額の国費をもって特殊行政下にある原住民を保護撫育している。その結果、全く課税されない土地があり、それは全島総面積の四五%を占める、いわゆる「蕃界」である。①危険であること、②山奥に徴税に行く費用の方が税金より高くつく。この二つの理由から未課税であった。だが、水力電気、各種鉱物、熱帯有用植物などの新興産業進出の結果、「蕃界」に他所からの日本人、本島人の居住者が増大し、彼らは納税を嫌がってはいない。そこで、総督府財務局は山地開発に合わせて「蕃界」で各種産業の進出地域には課税を準備している[42]。また、原住民、例えば、台湾東部のアミ族、パイワン族の一部、新竹州のサイセット族、タイヤル族の一部、および高雄州のパイワン族の中には、ほとんど本島人と差異がないまでに「進化」し、内地人、本島人と同様、租税や公課を負担している者もいる。とはいえ、大部分は未だ経済力も貧弱で、食糧すら充足しておらず、一般的には課税不可能とされた。そこで、将来授産、教化の進展に伴い、漸次相応に納税させることとした[43]。

(四) 医療・衛生

駐在所に医療機関を主に併置し、衛生観念の普及と医療に当たらせた。これにより、漸次啓発し、多くの迷信を打破し、その効果は顕著であった。原住民側も医療機関を信頼し、受診、投薬を願う者が年々増加し、綏撫上でも、裨益するところ甚大とした。だが、診療所は設備が極めて不完全な上、また医療経験に乏しい警察職員を充てている。したがって、逐次、これを公医診療所に改め、医療の充実と原住民の衛生観念を涵養しつつある。原住民地域の開発に伴い、各種企業が設立され、内地人、本島人の出入りも多くなり、それに伴い伝染病侵入の可能性があり、その防止には経験者の配置が必要である。他方、原住民側も素人医療に納得しない者も増大した。そこで、原住民に医療費の自治的負担の必要性を次第に認識させ、かつ衛生組合などの組織化も指導している。原住民の主な疾病はマラリア、感冒、寄生虫、外傷フランベチアなどである。特にマラリアは原住民が高地より平地移住のため冒される者が多く、時に悲惨な状況に陥る。そこで、こうした蕃社に対してはマラリア防止法を実施し、強制服薬、地物整理などの励行はもちろん、蚊撲滅に努めた。だが、彼らのマラリアに対する知識欠如のため、予定の目的を未だ達成できていない(44)。

ところで、一九四二年一〇月末、総督府発表の乙種医師国家試験合格者三一人に初めて原住民一人が入った。台中州の「中山清」(二九歳)で、父は霧社事件で「凶徒」(「蜂起蕃」)として討伐された。彼はトロック社に逃れ、奇跡的に生き延びた後、川中島に移された。当時、一七歳であった彼は「自分たち家族には何の咎め」もなかったことに感激、この恩返し、および日本人に対して「反抗者」として死んだ「父の汚名」を拭おうと考えたという。当時、川中島の衛生状態は悪く、移住者の六、七割がマラリア患者で、満足な治療を受けることができなかった。そこで、彼は「山の病気は山の者が治すべきだ」と決意し、医師試験突破を目指して血の滲むような努力を始めた。その後、警丁となり、治安に当たりながら、余暇には数里の山道を通って武界診療所の川内田良平にマラリア療法を学び、三八年には台中州主催のマラリア療法講習を受け、翌三九年には警務局の特別医療講習を受けた。そして、三〇〇人中、合格者一割という難関を突破したという[45]。このように、ロシン・ワタン（第五章）などとは異なる形で原住民医師が誕生している。

一九四四、五年、原住民の人口増加率は一％である。台湾の内地人が一・七％、本島人が二・四％に比して一番低い。平地に近いアミ族、タイヤル族は増加傾向にあるが、山奥のブヌン族、パイワン族は減少傾向にある。特にブヌン族は飲酒癖がひどく、かつ早婚も人口減少の一因になっている可能性がある[46]。なぜなら、原住民の出生率は高いが、乳幼児死亡率が非常に高く、死亡総数の五〇％を下らない。原因は出産時の衛生観念に乏しく、陋習にとらわれ、産前産後の処置がよくないこと、栄養不足、さらに助産婦不在も一因となっている。各州庁は原住民出身の助産婦養成に乗りだし、成果をあげ始めた[47]。この方面に対してもロシン・ワタンら原住民医師が尽力している。

三　日本植民地統治と原住民の「自治制度」

日本は多くの原住民組織を設立するよう指導した。それは日本が人員的にもまた予算的にもすべてを直接統治できるわけではなく、まずは原住民に組織させ、それに対して間接的に統治権を行使する方が反感が持たれず、管理統制しやすく、効率的であった側面も否めない。

表3－3は、一九二九年末のものであるが、すでにこの段階から多くの原住民が構成する自助組織があったことが理解できよう。元来の伝統社会を利用したものに頭目勢力者会、家長会がある。家長会は組織数一八〇、会員数九七一九人で、基層組織としての意味が考えられる。蕃社同士の連絡・融和を図る組織として蕃社会議があった。また、この時期からすでに「自治会」が存在していることも押さえておく必要があろう。男のみならず、女を重視する観点からと考えられるが、婦女会、処女会が存在し、既婚、未婚で分かれていたようである。婦女会も九二あり、六一六二人で、一定の発言

表3－3　原住民数と自助組織数

（1929年末）

種　　別	組織数	会員数
頭目勢力者会	94	907
家長会	180	9,719
自治会	28	1,195
婦女会	92	6,162
処女会	6	159
青年会	148	7,799
壮年会	5	240
同窓会	63	4,892
父兄会	12	401
国語講習会	81	2,811
共激励会	4	951
蕃社会議	27	484
夜学会	69	3,652
学友会	2	70
掃除組合	1	26
計	812	39,469

出典：「蕃地調査書」1931年（？），『現代史資料―台湾（2）―』(22)，みすず書房，1971年，453頁。

権、影響力を有していた可能性が強い。いわば原住民社会の各階層は何らかの形で組織されていたことになる。特に「国語講習会」は日本語普及の意味もあったと見なせるが、組織数八一、会員数二八一一人で、当時は、思ったほどの組織率ではない。その他、夜学会があり、原住民は変貌する新環境に適応するためにも、学習には熱心であった。

一九三七年盧溝橋事件後、長期戦を余儀なくされた日本は、銃後の護りをさらに堅固にするため、花蓮港庁では理蕃所管の原住民全員約一万四〇〇〇人を一丸とした「高砂族皇民会」を組織した。そして、皇民訓練を強調、皇国精神を一段と振作せしめ、かつ各種の銃後奉公事業を統制強化することにした。高砂族皇民会は本部を同庁内に置き、各郡警察課内に支部を、蕃社の受持駐在所に班を置く。活動は皇民化訓練の徹底、時局に対する認識と生活の徹底、国策作物の積極栽培などをはじめとし、出征軍人・戦没者家族への慰問援助に当たる。会の維持上、会員は毎月一〇銭を醵出する[48]。

こうした動きを普遍化、徹底するために、「高砂族自治会（仮称）会則」が総務長官名で台湾全島各州庁に通達された。これにより全島原住民が自治訓練を受ける。①自治会は公民訓練を加え、国家生活に目覚めさせ、公共団体生活に慣熟させて、普通行政下に編入する素地を作る。総督府理蕃課では、最近原住民が官費のみに依存せず、先進的な地方では自治的団体が自然発生している実情に即し、一定の方向を示す必要があった。②事変（一九三七年盧溝橋事件）以降、国民的意識が高まり、国防献金などを出す者が多く、これを「善導」して組織的なものとし、公課負担の訓練をする時期に到達している[49]。つまり、この施策は総督府が原住民に対する財政支出を削減し、原住民を経済的に自活・自立させ、むしろ国防献金などを名目に原住民から資金を吸い上げるものであった。

ただし、名称には異論があり、「自治会」、もしくは花蓮港庁などで名称を使用している「皇民会」のいずれにするか、なかなか決着がつかなかった。駐在所毎に各部落の家長をもって組織する。「自治会」は隣保相助、部落内共同利益の増進、住民の安寧、福祉の増進、官庁事務の補助執行を目的とする。教育教化をはじめ、産業改善、保健衛生、交通施設の改善、罹災者・貧困者救助などの事業をおこなう。その他、自警規約などを制定し、連座旧慣に基づき罰則も規定する。要するに「自治会」制度は本来、勅令で規定されるが、高砂族に対して法的規定がないので、長官通達という形で制定された。この「最後の目的が達するときこそ理蕃課が消滅するときであり、理蕃政策最後の段階」と位置づける。[50]だが、結局、「自治」を与えるとしながらも原住民を各地域毎にまとめあげ、それを総督府が上意下達という形態で管理統制したと見なせる。

名称に関しては、ある意味で皇民化政策と矛盾する「自治会」という名称を嫌ったようで、結局のところ「高砂族自助会」と命名し、一九三九年五月三〇日各州庁に総務長官名をもってその設立を求める通牒を発した。会組織は郡守指名により部落で名望、識見のある会長、副会長各一人と組長若干名で、駐在所管内の家長によって組織され、教育教化、産業振興、保健衛生施設、交通施設、罹災者・貧困者救助、災害警防、伝染病防遏、安寧秩序保持など多面的な事業をおこなう。注目すべきは、各自助会毎に「自助会部落改善規約」、「自助会自警規約」を定めて遵守を求めたことにあろう。警務局指示の両規約によると、原住民を一般法人格まで高め、全面的な生活改善を慫慂している。①「部落改善規約」では日本精神の涵養、「国語」(日本語)の常用、産業振興、生活改善、社会奉仕の五綱領を示した。例えば、日本精神の涵養では大祭日の神社参拝、国旗掲揚などである。生活改善では共同墓地の設置、家屋の改造、清潔化、符呪祈禱による療病法を改め、医薬利用、結婚に伴う弊習改善、入浴、理髪の励行など生活全般にわたる。②「自治会自警規約」では、官の指導監督下に部落内の安寧秩序保持を規定したもので、会長、組長の職務を定め、家長の義務を定める。すなわち家長は犯罪人、伝染病の疑いがある者、来泊者、変死者、出産、死亡など直ちに組長に知らせなくてはならない。戸など標札を掲げること、未成年者の喫煙・飲酒禁止、および旅行の際、蕃刀帯用禁止など雑多な事項の遵守を規定している。[51] このように、皇民化を目的に多岐にわたり細部にわたって規定された。

総督府理蕃課では高砂族自助会結成をはじめ、授産要項、社会教育要項など最高指導方針を順次確定して原住民社会の「一大変革期」とする。理蕃課では、原住民青年の指導訓育経費として七〇〇〇円余を計上したが、これにより全島各州庁別に各部落中堅青年層に新指導精神を植えつける。横尾総督府視学、平沢総督府技師、各州警務部長、理蕃課課長も講師として指導する。この顔ぶれを見ても力の入れ方がわかる。その段取りは、各府庁で管下における原住民各部落の中堅青年四〇〜五〇人を一ヵ所に集め、青年幹部指導講習会を二週間開催する。すでに台東庁では紅葉谷教育所においては完了しており、目下新竹州竹東郡の控渓教育所で開催中、次いで七月には台北州が羅東郡ショウラ教育所で開催、次いで台中、高雄、花蓮港で順次開催する。[52]

なお、高砂族自助会は、四〇年七月の調査によると、台北州二六、新竹州七〇、台中州三六、台南州五、台東庁三七の計一七四である。一〇月段階で全島約五〇〇の蕃地警察官派出所の約半数に相当する二百数十ヵ所で設立された。これは蕃社原住民の皇民的生活訓練はもちろん、蕃社社会生活の錬成や産業実践隊の役割も果たし、さらには公租公課の準備となる。今後、高雄州、花蓮港庁でも自助会が結成されると、総計三〇〇に近い数になる[53]。

こうして、青年団中心に次第に「自治能力」を拡大しつつあると称した。例えば、警察官、医者、大工、鍛冶職人、左官、裁縫、産婆、雑貨屋など、日常生活に必要な職業を同種族中から出している。治安、産業、教化、衛生など同種族の力の向上を図っているが、自助会をうまく運用できれば、これを中心に「街庄」制度、保甲制度、皇民化運動などを兼ねた政治的訓練を急速に具備し、「理蕃なき理蕃の実現」に貢献するとの狙いが明確化された[54]。

パワン・タイモ（日本名「佐戸利明」、中国名「廖信義」、南投県埔里、タイヤル族）の回想によれば、長兄は霧社の農業講習所を卒業すると、警察霧社分室の警丁になった。その四、五年後に巡査に昇格した。なお、霧社事件でホーゴー社の花岡一郎、二郎の事件への関与を疑われ、それ以降、タイヤル族からの警官採用は中止されてきたのである。ところが、「支那事変」（盧溝橋事件）により警官（日本人？）が軍隊に召集されたことで、補充の意味もあり、再びタイヤル族から採用せざるを得なくなった。そこで長兄ら三人が採用された。私は農業講習所で勉強したかったが、父は「金がかかる」と反対し、「頭目の勉強と狩猟の腕を磨け」といった。確かに昔の頭目は権力は強力であったが、駐在所ができ、日本人警官が来ると、すべてを取り仕切り、頭目は部落の取りまとめ役に過ぎなくなった。私は兄のつてで追分駐在所（ムカタータ社）の警丁になれた[55]。このように、タイヤル族にも当地の警官に再び採用される道が開かれた。

皇民奉公運動に即応して花蓮港庁下の蕃社一帯では、四一年九月一日の興亜奉公日を機にそれぞれ初の部落常会を開き、台湾島内でトップを切った。その中でも模範蕃社の花蓮郡ブスリン社常会には、郡警察課から三村主任も出席した。蕃社常会は一般行政区とは異なり、昨年（四〇年）一〇月以来、「戦時下の新体制」として結成された自助会制度を活用する。一つの蕃社を単位に部落連合常会、その下に「奉公班」に相当する組常会、その中間には各組の連絡を担当する組長常会を置いている。この時は、指導役を務める組長常会開催に伴いブスリン社でも自治会長中心に各組長、女子青年団幹部が集まって和やかな初の常会となった。自助会長の「山本一新」が音頭をとり、三枝主任（日本人）の説明後、協議に入った。今後の具体的な議題の提起を求めたところ、蕃社の「新知識」人だけあって、結婚制度改善から志願兵制度の手続き、「蕃社百年の大計」である「山地大開発事業」まで議論百出となった。いずれも達者な「国語」（日本語）で議論が続いたという[56]。

ここで、共同墓地に触れておきたい。総督府が、一九二七年以来、原住民の共同墓地を設定していたが、墓参をせず、茅原の中に（遺体を）放置し、依然として諸祭事には住家付近で招霊した。三〇年九月共同墓地の中央に招霊碑を立て、清浄な地域として石で囲い墓標をたて毎月祭祀をおこなった。近頃は祖霊崇拝の念も生じ、頭目ユーミンアタイが発起し、三三年九月各所に散在する旧墓地の二五六基を発掘して、共同墓地の招霊碑の下に合同埋葬し、九月二三日の秋季皇霊祭に盛大な例祭を実施した。この後、蕃社一帯に広がった墓地による「不気味さ」が一掃され、毎月一日に墓参・掃除をし、やっと老若男女が集合する場所となったとする。[57]

以上のように、盧溝橋事件以来、皇民化啓蒙運動は急速に促進され、原住民の「進化」は隔世の感を呈したという。ただし、今村孤舟のように自助会は原住民自らが運営しているものが幾つあろうか、[58]と疑問を呈する者もいた。

ところで、台東・花蓮港両庁下の街庄協議会員第二回総選挙もおこなわれている。一九四一年一一月二二日一斉におこなわれ、台東庁下では投票率が九八・四%であった。ことに高砂族協議会員の進出が目ざましかった。花蓮港庁下では原住民が民選五人、官選三人の計八人、台東庁下では民選一人、官選九人の計一〇人が出馬している。新現象として、花蓮港庁の新社では内地人官選二人、民選ゼロ、本島人官選一人、民選二人に対して原住民官選一人、民選二人で、原住民が本島人と同数となった。花蓮港庁下の一街六庄の協議会員総選挙は二二日に投票、開票をおこなったが、投票率も九八・三%に上り、未曾有の激戦であった。この時、初めて原住民候補者は四人すべてが当選した。結局、当選者は内地人一一人、本島人二四人、高砂族五人となった。[59]原住民の意見吸い上げ、不満解消なども目的に、こうした選挙も実施されていたのである。

四　原住民教育とその特質

明治三三（一九〇〇）年、総督府は全島各県、および庁の殖産主務者を召集して協議会を開いた。「蕃人教育施設に関する方法」では各自の意見が一致しなかった。ただし教育の目的は必ずしも「高尚ナル人物ヲ養成スルヲ要セズ。其ノ日常ノ生活ニ余裕アラシムベキ実業的教育ニ重キヲ置キ、学枝（技能を学ぶ）即チ授産場ナル如キノ実績ヲ挙グルヲ得ルヲ以テ足レリ」で大体一致した。教育実行の上で、まず区域を二大別する。すなわち、埔里社を中心に分ける。北部原住民は進展が極めて遅く、殺人、馘首を道徳の標準とする陋習が存在し、教育を施すには多くの考慮を必要とする。南部原住民は比較的進化の度が高く、教育を希望する傾向にあると聞く。設置する学校は普通学校では不可で、校舎建設工事は原住民に担当させ、愛着を持たせる。「蕃人教育」は「蕃社教育」とする必要があり、その設備は半官半民とする、とした。(60)

各地方に原住民の教育所を増設し、一九二八年一月には「教育所ニ於ケル教育水準」を制定し、児童教育の根本方針を定めた。三二年には視学制度を創設して各州庁に視学を置き、改善指導に努めた結果、蕃地一帯に教育振興の気運が漲り、児童教育、「国語」普及、男女青年の指導、および一般社会教育に着々と実績をあげつつある。四五年蕃地の高砂族は教育所、公学校、または小学校の卒業者は二万六八三九人（死亡者を除く）となった。なかには、医学校、その他の各種中学校を出て

公医、その他の官公職に就く者も少なくないとされる。(61)

では、具体的にその実態を見ておきたい。

（一）児童教育

児童教育は警務局所管の教育所で、警察職員一八〇人に担当させ、児童数一万三五五人で、他に補習生一三三二人がいる（一九四二年四月末段階）。なお、高雄州蕃地に文教局所管の国民学校が四ヵ所あり、児童四五八人を収容している。教育所は普通初等教育機関であるが、平地の国民学校教育と異なり、山地農民養成を目的として国民精神の涵養、「国語」の習熟、および「農民的指導」（農業指導?）に重きを置く。原住民の多くの親が児童を就学させようとした結果、一九四一年度末、蕃地における原住民児童の平均就学率は八六・三五％に達した。サイセット族の九四・二六％を最高とし、タイヤル、プヌン、パイワン、ツオウ各族がこれに次ぎ、東部の孤島・紅島嶼（現在の蘭与島）に住むヤミ族（雅美族。現在は「達悟族」と称される）ですら六七・一％である。確かに、原住民就学率は修業年限四年間の教育所を基準としており、内地人、本島人と同一には論じられないが、「進歩特ニ著シク」、国民錬成の基礎知識の充実を図るため、四三年から六学年制度を実施した。(62)なお、理蕃課の中村によれば、教育所は修業年限四ヵ年、就学率は八〇％を超え、平地の国民学校よりもよいが、卒業者の学力は劣っている。これは教育機関の不備による。いわば原住民が学力水準が低いのは能力の問題ではなく、教育環境の問題とするのである。四二年には修業期間を六ヵ年にして学科も国史、地理、理科を加え、将来優秀な志願兵を次々出せる初等教育の充実を期すとした、(63)

表3－4　教育所職員と児童数（1930年）

州庁名	教育所数	学級数	教育担当者							在籍児童			
			巡査部長	甲種巡査	乙種巡査	警手	嘱託	雇員	計	男	女	計	※
台北	18	38	3	7	9	4	0	4	27	383	431	814	0
新竹	31	50	7	23	12	24	18	0	84	984	957	1,941	144
台中	30	62	0	8	25	26	10	3	73	782	828	1,611	0
台南	5	6	0	5	1	0	5	0	11	143	107	250	11
高雄	50	63	0	22	28	13	0	8	71	1,504	1,400	2,904	114
台東	25	39	0	24	5	10	1	0	40	617	658	1,275	37
花蓮港	21	43	3	9	18	10	7	4	51	770	790	1,560	0
計	280	301	13	98	98	87	41	19	356	5,184	5,171	10,355	306

出典：台湾総督府編『台湾統治概要』1945年（復刻：原書房，1973年），91頁から作成。教育所長は「地方外勤監督」を担う警部，警部補の兼任である。なお，※は在籍児童の内，寄宿している者の数で，合計が「406」となっていたが，実際に算出した数にしたがった。他はすべて通学である。

という。

表3－4によれば、各教育所には一、二学級が設置されていた。いわば複式学級であった。教育所数から見れば、高雄が最も進んでいるように見える。押さえておきたいのは、教育担当者がほぼ警察関係であったことである。師範学校卒の正規の教師人材不足を補う側面もあったが、積極的に児童を通じて原住民社会に入り込み、監督・管理すると同時に融和し、抗日的側面の除去を含めて原住民社会を安定させる。いわば治安と教育の双方を担っていたと見なせる。在籍児童数を見ると、男女差がほとんどなく、女子児童が多い州庁もある。原住民人口の就学年齢も考慮に入れなくてはならないが、このことは総督府の方針、および原住民両親の意識により男女児童に対する初等教育を平等に扱っていたことを示唆する。なお、寄宿児童は思ったほど多くはない。ただ新竹州が一四四人と相対的に多数なのは、自宅が山岳地帯に分散し、通学できなかったことを意味するのであろう。

表3－5　上級学校在学生（1930年）

上級学校種別	性別	人数
農業補習学校	男	143
農林学校	男	7
中学校	男	2
台北工業学校	男	2
高等女学校	女	5
師範学校	男	11
京都平安中学校	男	4
鹿児島農学校	男	1
台北私立中等学校	男	3
早稲田大学予科	男	1
計		179

出典：「蕃地調査書」1931年（？），『現代史資料―台湾（2）―』(22)，みすず書房，1971年，452～453頁。なお，この内，官費生は男9人，女1人である。

表3－5は、上級学校進学者・在籍者統計であるが、官費生は男九人、女一人であった。上級学校在籍者は計一七九人で、頭目の子弟で、かつ学力優秀など、特定の人々しか進学できなかった、いわば原住民エリートである。また、一四三人（全体の約八割）が農業補習学校に通った。実学指向で農業技術獲得のためで、狩猟民から農業従事者への大転換に適応するためである。なお、初等教育では男女均等な教育を受けていたが、上級学校進学はほぼ男となり、女は高等女学校五人だけである

（二）社会教育

社会教育では以下の諸点に重点が置かれた。

（1）社会教育機関：一般原住民に対して、まず「社会的自覚ヲ促シ、人類相互的ノ社会観念ヲ啓発スル目的」があり、自助会、青年団、女子青年団、婦人会、国語講習所など社会教育団体を組織し、特に「国民精神ノ涵養、国語ノ普及、勤労精神ノ普及、生活ノ改善等」に努める[64]。

（2）「国語」（日本語）普及：主として警察官が夜間業務の余暇に奉仕的におこなってきた。だが、

一九三三年に「国語普及奨励規定」の制定以来、漸次活発となり、四二年末には台湾全島の「国語」講習所は二六七ヵ所で、一万八五〇一人が学び、成績は良好である。「国語普及歩合ハ簡単ナル日常用務ヲ弁ジ得ル程度」が、理蕃所管の高砂族総人口の四八・二％に達し、「近年其ノ進歩特ニ著シキモノアリ」[65]、とする。

台湾でも一九四三年度から義務教育制がしかれることになった。そこで、原住民地域もそれに後れないように、総督府理蕃課では六年制の公学校制を実施したいとする。これまで本島人の公学校と同程度の六年制の蕃人公学校が高雄州下に二、三校あるのみで、他はすべて四年制の教育所のみである。教育所数は三九年四月段階で、一八一校、在学児童は九四〇〇人余で、就学率は八〇・六％に上っている。これは、義務教育を実施しようとする本島人子弟の就学率よりもはるかに高率である。この四年制教育所が六年制公学校に昇格するには、まず教育所施設の改善が必要である。また、警察官ではなく、正規の教師を置き、教育内容も改善し、実用教育を重視する。大がかりなものになるので、理蕃課では四三年度から一斉に実施せず、徐々に公学校に改めていく方針で予算も計上するという。また、理蕃課としては一七歳からの就学を認めている一年制の農業実習所も拡充し、二年制にする案ももっていた[66]。このように原住民も熱心であり、制度、教師、および施設を含めて教育全体の質を高めようとしていた。

ところで、「紀元二千六百年奉祝台北州高砂族大会」（蕃社二五社参加）が一九四〇年一二月下旬の二日間、南澳教育所での開催が決定した。これには自助会長（前酋長会の人々）、男女青年団、教育所児童、および一般原住民約一五〇〇人が参列し、第一日目は奉祝式典の後、「国語」演習会、相撲大会、学芸会、二日目には青年大会をはじめ競技会、修養会などを開催する。なお、式典日には自助会長、青年団員、教育所児童に対して知事による表彰がある(67)。

表3―6は一九二九年末の統計だが、七種族中、アミ族が最も日本語能力が高く、五八・七二％に上っている。ただ全種族平均は半数にも満たない約四一％に過ぎない。それに日本人と同様に会話できる者は、五万七五六一人中、六一九七人で、一〇・八％にとどまる。その他は日常会話ができる者がよい方で、五六・七％は二、三〇の日常用語を知っているだけである。このように、二、三〇の日常用語を知っている者も含めており、まだこの時期は原住民の中での日本語普及率は意外なほど進展していない。

表3－6　各種族の日本語普及水準（A）（1929年末）

種　族	種族別人口(a)	普及人数と日本語水準				(b)／(a)
		上	中	下	計(b)	%
タイヤル	33,710	1,437	4,189	6,935	12,561	37.26
サイセット	1,282	105	160	131	396	30.89
プヌン	17,785	497	1,336	2,319	4,182	23.51
ツオウ	2,103	173	245	326	744	35.38
パイワン	41,235	1,338	5,503	7,889	14,730	35.72
アミ	42,435	2,647	7,267	15,003	24,917	58.72
ヤミ	1,609	0	10	21	31	1.93
計	140,169	6,197	18,740	32,625	57,561	41.07

出典：「蕃地調査書」1931年（？），『現代史資料―台湾（2）―』(22)，みすず書房，1971年，453～454頁から作成。「上」は日本人と同じに会話できる者，「中」は簡単な日常会話ができる者，「下」は日常用語20～30を知っている者。なお表末尾の％は筆者が算出した。

表3―7は一九三四年の統計であるが、教育所就学率と日本語普及率の相関関係を見ることができる。タイヤル族は就学率が七九・七％であるが、日本語普及率は四四・八％、サイセット族は七

二・三％で、普及率は四六・七％である。ヤミ族に至っては就学率は二六・八％、普及率は六％に過ぎない。いわば他種族に比して普及率は相対的に高いが、表3－6の全体普及率の約四一％より低い三五・三％にとどまっている。遺憾ながら表3－7には最も普及率が高かったアミ族に関する統計数字がない。だが、これを加えたとしても、足踏み状態が続いていたと考えられる。当然のことながら教育所では日本語でおこなっており、原住民児童の日本語能力向上が親などの世代、さらに祖父母の世代の向上に結びついていなかった可能性が強い。ただし、盧溝橋事件以降、日本語普及率も一挙に高まった。

表3－7　各種族就学率と日本語普及率（B）
（1934年）

種　族	就学率（％）	日本語普及率（％）
タイヤル	79.73	44.78
サイセット	72.33	46.72
プヌン	58.98	28.46
ツオウ	53.02	39.80
パイワン	53.68	30.05
ヤミ	26.84	6.00
計	64.12	35.34

出典：『理蕃の友』第3年9月号，1934年9月1日，3頁。なお，本表はアミ族，および行政区域内のパイワン族を除く。また，「日本語普及率」は単語20～30以上を知る者。なお，日本語普及のため「国語家庭」を表彰，配給を増やすなどの特権を与えている。

四一年二月には、「高砂族青年代表大会」が島都台北市で盛大に挙行される。盧溝橋事件以来、原住民青年の視野も遠く「南支南洋」にまで拡められ、「戦時下日本青年の一員として生産拡充に労力□□（奉仕？）に、皇民化運動に意気軒昂たる活躍を展開してゐる」が、さらに「時局認識を深め、蕃地刷新の推進力たらしめ」るのが大会の狙いとする。そこで、「全島各州庁生え抜きの優秀」な二〇〇人が参集、一八日から三日間挙行される。第一日目は台湾神社を参拝、ついで警察会館で総督府理蕃課長の訓示と軍事講演がおこなわれる。

二日目は同会館で代表者大会を開催し、青年団の活動状況、国語普及状況や皇民化の実情などについて日本語で体験を発表する。三日目は皇軍慰問演芸会を開催する。なお、警務局としては蕃地実情の紹介のため台北市内の主な官民を招待するという[68]。

原住民青年のスポーツ面での活躍が目立った。いわば身体能力が優れていることが彼らの劣等感を払拭し、自信となったであろう。第一回「青年団強歩（競歩）大会」では昨年に続き高雄州青年団（全選手が原住民）が連続優勝した。この点について総督府理蕃課の斎藤警部によれば、「元来高砂族青年は昔から厳格な訓練を受け、殊にパイワン族大南社では今でも一五歳以上の者は厳格な試験の結果、合宿所に収容、ここで各頭目がみつちり訓練する。……この訓練で成績の悪い者はいいお嫁さんを貰えないし、また一般に評判が悪くなって社会生活上何かにつけて苦汁を嘗めなければならぬ。……今度の強歩大会でも彼等のこの伝統の底力が遺憾なく現れたのだ」とする[69]。

また、原住民青年の体位向上を目指して、花蓮庁下で相撲の練習講習会も始まった。これは全庁の各蕃社毎に順次一週間ずつおこなう。講師は元東京力士指導者の千年川一夫である。すでに北部ブゼカン、タツキリなどで猛練習をおこなっている。千年川は「高砂青年の満々たる闘志と腕力の強さは確かに相撲取りとして有望である」と語る[70]。

こうしたことは身体測定の結果からも傍証できる。四二年の第一回国民体力検査の結果に対して、総督府衛生課の曽田衛生課長の概評によると、「概して不良」であるが、改善見込みのある「不良」とする。体格については、（男の）身長が内地人、本島人、原住民とも平均一メートル六三センチで大差はない。体重は（重い順に？）原住民、内地人（日本人）、本島人であるが、本島人は特に胸囲がかなり劣っている。内地人の特徴は胴長で手足が短い。本島人は手足が長くて胴が細い。一番均整がとれているのが高砂族で、身長に対する胸囲、体重など理想的である。走ることも原住民が一番、次いで内地人、本島人の順。さらに物を担いで走ると原住民の独壇場でバターン半島での奮闘を数字的にも裏付ける。(71) 繰り返すが、原住民は一般的に高い身体能力を有しており、そのことは戦時期という状況下で特に高い評価を受けることになる。

戦時下の資源開発を目指して原住民地域の開発、産業資本による新興産業案が理蕃課で熱心に討論された。民間資本も日本拓殖農林の茶栽培、繊維工業の苧麻、油桐、製糖会社の甘蔗などの近代工業が進出している。問題は原住民労働力の確保と老蕃たちが抱く「縄張り」意識である。この矛盾解消のために、台北州では高砂族青年を訓練して平地労働を習熟させ、比較的賃金の高い本島人の人夫の代用として生産コストを引き下げると同時に、かつ賃金労働により生活を安定させる。そして、老蕃たちが抱く日本人による「蕃界侵掠」の不安解消にあり、皇民精神を錬成して原住民地域の治安悪化を防止する一石二鳥の名案とする。まず手始めとして七月羅東郡ショウラ社に青年道場を開設し、第一回高砂族中堅分子を訓練した。文山、羅東、蘇澳三郡下の原住民地域の百十方里を開放し、蕃社は三一で、一三五九戸、七〇四九人であったが、これらに高度国防国家建設の一翼を担わせた。(72)

台北州の高砂青年道場がある羅東郡ショウラ社は宜蘭濁水渓を俯瞰する高台にある。タイヤル族ガオガン蕃（戸数六九戸、三五五人）が農耕生活を営んでいる。本来、渓頭蕃が占有していたが、一九二三年に土地の肥沃さに注目したガオガン蕃が新竹州境を越え続々と移住、渓頭蕃と可耕地一甲歩につき豚一頭か金一八円で交換した。その後、現地警察官の指導で、二五年水田作りに着手し、二六年第一回目の水稲作付をした。蕃社の中心はショウラ区警察官駐在所で、河内警部補以下、巡査、警手計一〇人がおり、蕃社の授産、教育、衛生、社会教化を指導した。原住民は現地警察官を絶対的に信頼し、吉凶禍福一切を駐在所に持ち込む。また、警察官の妻も動員され、育児、裁縫を教える。駐在所の直下に蕃童教育所があり、警官二人が本科生（一〜四年生）四二人、農業科生（五、六年生）一八人を教えている。こうして、警察は当地に溶けこんだのである。教育所の運動場には神社、国旗掲揚柱がある。衛生施設としてはショウラ区診療所があり、羅東から週一回公医が来た結果、マラリア、甲状腺肥大の悪病も少なくなり、出生率も高まった(73)。

なお、台北州の高砂青年道場では四一年七月に道路補修、担送、および除草、清掃など一〇日間の訓練をおこなった。目的は原住民青年に平地での勤労生活に適応させ、作業を通して「皇国精神の錬成」することにある。まずは六月中旬に豪雨で決壊した道場の裏からギュウトウ蕃社に通じる道路補修であった。青年五〇人が五班に分かれ、一、二、三班は宜蘭濁水渓から天秤棒で石塊を運搬した。四、五班は整地、石垣組みを分担した(74)。

四三年三月二日には、各州庁から選抜された全島高砂族青年時局懇談会が台北の警察会館で開催された。代表青年二二人の外、学芸会、相撲大会などに出場する原住民青年数十人も出席し、宮尾理蕃課長ら全島理蕃関係職員の列席の下、荒木警務局長などの訓示後、懇談会に入った。まず台北州南澳青年団長の「上野正義」（二二歳）が緊急動議を提出、原住民青年を代表して陸海軍に感謝電報を出すことを提案し、満場一致の賛同を得た。その後、新竹州竹東郡ジヘン青年団長の「福田稔」（二四歳）などが「大東亜戦争」下に志願兵応募、「国語」の普及、貯蓄運動、増産戦線に蕃社の先頭を切って活躍する状況を報告した(75)。

強制移住させられたワリスピホ（日本名「米川信夫」、中国名「高成佳」。タイヤル族〈現在、セデック族〉・マホボ社で、現在の南投県仁愛郷。第二次霧社事件の時は子供であった）によれば、川中島にも蕃童教育所が建てられ、警官が教師として皇民化教育をおこなった。一年通学しただけである。働かないと、家族が飢えるからだ。川中島神社を建て、朝夕参拝した。川中島にも青年団が結成され、勤労奉仕などをおこなった。日本語勉強会も始まり、「山の言葉」は一切禁止された。「国語常用運動」が開始され、日本精神を警官からたたき込まれた。日本語ばかり使っていると、日本人になった気分になる。盧溝橋事件を契機に青年団は天皇崇拝中心の教育となった。一九四〇年各地の青年団代表が選抜されて勤労報国隊として三ヵ月間合宿した。主に霧社管内の青年で「日の丸」の鉢巻きをして六〇人が農作業の手伝いをした。その頃には、霧社事件や（日本によって）父が殺害されたことも忘れて「国」（日本）に役立つことしか考えなくなった。鍬を両手で握りしめ突撃の訓練もした。教育勅語と軍人勅諭を完全に覚えるまで練習させせられた(76)、という。

五　観光・映画と「啓蒙」

観光・活動写真（映画）は、原住民の因習、迷信など「習性を改め」ることに役立つと見なされ、重視された。そこで、「開化せる社会」を参観させることが必要とし、しばしば日本の都市、工場、船舶、および観光を実施してきた。だが、観光には人数に限りがあり、帰宅後、その見聞を披露したところで他の者は間接的にしかわからず、その効果は十分ではないとされた。そこで、一九二二年警務局理蕃課に活動写真班を設け、各州庁に映写機を配備して映画による教化を開始した。多くの映画を作成、あるいは日本内地のフィルムを購入後、各州庁に配付して巡回観覧させた。そして、観光と共に啓蒙に資することを目指した。特に映画は老幼別なく見ることができるので広く啓蒙できる[77]、とする。

表3―8は台湾原住民の日本内地観光表である。これを見ると、一八九七年からすでに内地観光が開始されている。一九一〇年のロンドン開催の日英博覧会を別にすれば、以下の特徴が読みとれる。最初は船で長崎に入港していたが、その後はほとんどが神戸入港であることがわかる。そして、種族はタイヤル族を主要にブヌン、ツオウ、パイワンなどの各種族が参加し、一九一八年には参加人数は実に六〇人となっていた。タイヤル族などは反抗精神が旺盛なことから、それを緩和させる意味もあって主要な人員とされたものと見なせる。観光する訪問先は関西、関東を主に次第に軍関

表3－8　台湾原住民の日本内地など観光（1897－1929）

年 月	管轄庁など	種　族	人数	観光・訪問先
1897.8	大嵙崁	タイヤル・ブヌン・ツオウ	13	長崎・大阪・東京・横須賀
1910.2	阿緱庁	パイワン	24	ロンドン（日英博覧会参加）
1911.3	桃園庁	タイヤル・ツオウ パイワン・アミ	10	神戸・京都・姫路・大阪・小倉など
1911.9	桃園庁	タイヤルなど7種族	43	神戸・大阪・京都・名古屋・東京・横須賀・広島・八幡など
1912.4	台北庁	タイヤル・ブヌン	53	東京・神戸・横須賀など
1912.10	台北庁	タイヤル	50	近衛・伏見・名古屋・大阪・広島・小倉の各師団など
1918.4	各庁	タイヤル・ブヌン ツオウ・パイワン	60	大阪など
1925.7	花蓮港庁	アミ	15	神戸など（原住民自費）
1928.4	花蓮港庁	アミ	46	神戸など（原住民自費）
1929.4	新竹庁	タイヤル	23	神戸など（原住民自費）

「蕃地調査書」1931年（？），『現代史資料―台湾（2）―』(22)，みすず書房，1971年，454～455頁から作成。日数は不明である。1911年3月の観光団は「角板山ほか6蕃社」と明記されている。なお，台湾島内の原住民観光旅行は毎年数回実施されていた。その他，教育所児童などに対して台湾島内の修学旅行も実施された。

係、例えば師団なども訪問させている。この時期は、横須賀の場合、軍港を遠望させていたものと考えられる。一九二五年からは経費節約のためか参加原住民の自費となった。この後、一九三六年までは史料的に空白であるが、おそらく観光は継続させていた。なお、台湾島内観光も年に数回実施され、その他、教育所児童の修学旅行も実施されている。

一九三六年には、台中州高砂族青年団員（タイヤル族、ブヌン族）四二名が「母国」（日本）の都市、農村視察のため、台湾総督府係官引率の下、日本各地を視察した。台湾総督府には、日本海軍の「偉容」を認識させたいとの希望があった。そこで、四月一五日に横須賀軍港見学を日程に組み込んだ(78)。「台中州高砂族観光団」名簿によれば、タイヤル族一八名、プヌン族三四名の計四二名（五二名？）で、引率者は台湾総督府視学官の横尾広輔、台中州警部補鈴木章、同巡査二名など計八人である。団の構成は団長が「白井三郎」（東勢郡南勢社、三一歳）、副団長「村野一夫」（新高郡パラサゴン社、三三歳）で、四班（第一班のみが一三人で、他三班は各九人）に分かれる。年齢は、二〇代から三〇歳前後が主だが、最高齢は五二歳で、最低年齢は一七歳であった。四月一四日から二〇日までの日程で、滞在旅館は上野駅南口前の末広館である。ここを中心に宮城や明治神宮参拝、靖国神社・遊就館・国防館、横須賀軍港、農業試験場、渋谷で映画、上野公園、内、四月一八、一九両日は日光と地方農村視察とある。

この台中州高砂族観光団の横須賀軍港見学は、「帰台後多大ノ好果ヲ収メ」たとされ、翌年、再度実施されることになった。台北州高砂族青年団員（すべてタイヤル族）三〇人が日本の都市・農村状況視察のため、台湾総督府係官の引率の下、各地を視察しているが、三七年四月一二日横須賀軍港を見学させた。引率者はやはり台湾総督府、治安関係者であり、台湾総督府警務局理蕃課の桝屋慶助、台北州警務部理蕃課視学、同巡査ら六人で、原住民三〇人を加えると、計三六人である。「日程表」を見ると、四月二日基隆で乗船、四日門司着。神戸、大阪、奈良、名古屋などを観光、神社参拝をおこない、八日東京到着、宮城参拝、拓務省などに挨拶、観光（その間、一二日が横須賀軍港参観）し、さらに京都観光、桃山御陵参拝をおこなった後、神戸で乗船、別府、大分、熊本、および八幡製鉄所を見学した。その後、二〇日に門司を出港し、二三日基隆到着という二二日間であった。

台湾総督府による「台北州高砂族内地観光団員名簿」によると、実際は引率者四人、原住民は二八人の計三二人になったもようである。団長は「志良三郎」（女山タンピア社青年団指導員、三〇歳）、副団長は「岸本巌」（羅東郡ピヤナン社、三八歳）で、八、九人ずつ三班に分けられた。大渓社からはバット・ハヨン（二七歳）ら二人が参加している。この時は最高年齢は三八歳、最低年齢は一七歳で、平均年齢は二五歳とする、[79]とする。このように、一回目より日数も延び、広範囲となり、観光も重視された。換言すれば、観光を楽しませながら日本の「偉容」で圧倒し、抵抗心を失わせる効果があったと思われる。

ところで、視察・観光とともに原住民啓蒙のために重視されたのが、前述したように映画である。「南方進出基地」として重要性を増した台湾で、特に目をひくのは「戦ふ高砂族の群像」であり、高砂義勇隊などに示された「勇壮な姿は世界人士の脳裏に熱くやきつけられた」とする。台湾映画協会に設置された「台湾文化映画製作所」で『栄光の記録』が「文化映画」として撮影されることとなった。一一月一九日には、『広東興亡史』や『前線の子供』撮影で有名な木村次郎が招聘され、台北の教育会館に事務所を置き、撮影準備にとりかかった。この時の映画は高砂義勇隊を中心に前線、および銃後の原住民を描くことで、「高砂族についての怪しげな通念にたいし一矢むくいることも[80]」、目的の一つとする。

「大東亜戦争に武勇の花を咲かせている高砂族」取材の映画撮影が活発化するにつれ、産金道路として有名な台中州能高郡霧社から桜（地名）を経て富士に至る路線一帯の風光明媚な山地が最高のロケ地となった。マキノのカメラマンが文化映画「高砂族」撮影を桜中心に終えた。その後、正月早々には松竹大船の清水宏監督が満映との共同作品の映画『サヨンの鐘』を撮るため、女優李香蘭（山口淑子）はじめ、総勢五、六〇人が入山し、約一ヵ月間、桜社中心に予算七十余万円で大がかりな撮影をすることになった。すでに一行の宿泊所にあてる桜社駐在所宿舎、霧社警察倶楽部は改築をおこない、他方サヨンの衣装は警察署の斡旋で調製し、高砂習俗に造詣の深い台展審査員の塩月画伯が特に彩管をふるうなど準備を進めた[81]。

その他、文化映画『皇民高砂族』撮影のため約一ヵ月台湾に滞在していた春秋映画会社員の国木田三郎、日本映画科学研究所員の世羅昌一は現地撮影を終え、一二月二二日神戸に戻った。彼らは、「比島バタアン半島で皇軍の協力戦士として頑張つた高砂族は日常生活でも全く素朴なものだ。理蕃課から積極的な後援を得たので撮影も順調に進み、全く皇民化してゐる彼らの日常はもとより、勇壮な土俗□（一字不明）など余すところなく撮つて来た」と語った[82]。

このように、原住民にとって娯楽とも感じられる先進地域への観光と映画は効果が大きく、原住民の啓蒙教化の二本柱となった。観光に関していえば、毎年、日本、および台湾各地の観光を奨励している。希望者も増大し、自ら多額の費用を支出している。映画の効果は観光に及ばないとしながらも、教化上、「相当ノ実績アルコトヲ認メ」、台湾警察協会の事業として実施している。映画の内容は「教化上適当ナルモノヲ購入」、または制作し、各州庁を巡回放映させた[83]。当然のことながら映画は観光に行くことができない老若男女にも広範に影響を及ぼした。

おわりに

以上のことから以下のようにいえよう。

第一に、一九三七年七月の盧溝橋事件が一つの画期となり、それ以降、台湾原住民に対する皇民化政策は一挙に進み始めた。当然原住民には部族意識はあるが、国家意識はなかった。そうした原住民に対して国家意識をつけさせるのは至難の業であった。とはいえ、当時の日本にとって幸いしたのは、むしろ原住民には反天皇制、反国家意識もなく、必然的にこれに関連した「犯罪」も発生しなかったことであろう（林昭明によれば、「帰順」後、原住民は次第に天皇を反抗できない「神」と見なすようになったという）。部族間、本島人や日本人との関係などで土地、領域に関するものであった。その上、日本人との考え方、習慣の相違もあり、法令で罰せられても、彼らにとって理解できないものも少なくなかった。神道・神社信仰に関していえば、同じアニミズムとしての共通性を有していた。したがって、神道に対して本島人ほどの違和感や抵抗感はなかった。それ故、理蕃当局の強い指導の如何に関わりなく、原住民自らが率先して創る簡素な神社も出現した。

第二に、最大の転換は自給自足的な狩猟民から農牧民への強制的転換といえよう。原住民にとってコペルニクス的な転換ともいえるものであった。銃の取り上げ、差し押さえは銃を神聖、かつ生活の重要な一部と考えていた原住民にとって大きな苦痛以外の何ものでもなかった。もちろん総督府にとっては対日抵抗力を失わせるという意味で大きな核となる政策であった。これによって「出草」などの蛮行をなくすことに一定程度以上、成功した。だが、それと同時に日本による原住民文化の完全否定を伴うものであった。それを日本は「進化」（近代化）と称した。のみならず、一部に原住民自ら移住希望者・部落もあったが、多くは平地への強制移住といえるものであった。日本は、この移住も「進化」を促したと称讃したが、管理統制強化のみならず、実は同時に移住後、国策としての山地資源の開発、収奪を遂行する目的があったことは否めない。その上、その開発には交通、特に道路を必要とし、その工事にも主に原住民青年が動員されている。こうして物資流通、開発、人的交流が進むに連れ、貨幣経済が不可避的に浸透していき、原住民の伝統生活は変貌を余儀なくされた。

第三に、医療面では、原住民には、元来、迷信的な祈禱があった。祈禱と医療が結びついていたのである。その他、伝統的な薬草もあったが、本島人との接触で漢方・薬草などの知識も徐々に蓄積していったようである。日本植民地後、警察が市販薬などであろうが、それを与えた。だが、原住民の医療に対する認識が深まるにつれ、それだけでは満足しなくなり、日本人公医が定期的に原住民地域に巡回して来るようになった。のみならず、「原住民には原住民の医者」との考えも生まれ、実際に原住民青年の中には医者を志す者も出現し、公医として活動することになる。次いで衛生面であるが、例えば、マラリアなどをなくすために、蚊の撲滅などを指導している。これは、日本統治の功績面にも見えるが、そう簡単な問題ではなく、蚊のいない山地から平地への強制移動によりマラリアにかかる原住民が激増したという事情もあった。

第四に、教育は蕃童教育所が主要であるが、教育熱は高まっていった。ただし四年制であり、本島人との学力差を埋められず、義務教育制への移行に伴い、理蕃当局からも六年制への意向が強まった。元来、教師役は当地の日本人警察で、いわば治安と、教育を通じて人間関係の構築を目指したといえよう。だが、警察は教育面では素人である。六年制への移行に伴い、師範学校卒の正規の教師が不可欠との認識であった。また、上級学校への進学者も出てきた。こうして日本に意の沿う原住民の育成が図られていたわけであるが、当然のことながら現地に立脚した農業中心に各種の人材育成という面で意義がなかったわけではない。日本語普及には皇民化の一環として全力が尽くされており、教育所のみならず、青年団、家庭でも使用させ、表彰もされた。このように日本語普及は多面的に展開されたのである。このことは、台湾原住民を一まとめにして日本の国策に従わせる効果もあった。こうして、日本語普及が大きく前進したかにも見えるが、実際は日本語の単語二〇〜三〇語程度でも「会話ができる」とするなど甘い評価基準であった。この政策は上述の如く限界が多いが、唯一意義をあげるとしたら、各言語を使用していた台湾各種族間でのコミュニケーションが可能となったことであろう。不要な軋轢を解消し、台湾各原住民同士が一堂に会し、融和を図れるようになったといえるのである[84]。

その他、いわゆる娯楽と結びつけた形で、いわば楽しませながら皇民化する形態としては、台湾内外の観光や映画があげられる。観光・視察で重要なものとしては、例えば、横須賀軍港視察があげられよう。また、例えば、国策映画『サヨンの鐘』の主演女優は李香蘭とはいえ、当地の多くの原住民も出演し、その意味で原住民にとって映画は驚きであったとともに、ある意味で嬉しく、かつ楽しいものであったに相違ない。こうして、原住民は知らず知らずに日本の国策に飲み込まれていくことになる。

【註】

(1) 森岡二朗(台湾総督府総務長官)「時局下の台湾」、台湾警察協会『台湾警察時報』第二六三号、一九三七年一〇月号。なお、外務省外交史料館 B-A-5-0-010(アジア歴史資料センター C05110699900)、台湾総督府「台湾在住民ノ政治処遇調査ニ関スル資料」一九四四年(?)、一二八頁によれば、台湾在住「内地人」(日本人)数(一九四〇年一〇月一日段階)は、男が一六万一九三四人、女が一五万〇五五二人で計三一万二三八六人とある。

(2) 台湾総督府編『台湾統治概要』一九四五年、【復刻版】原書房、一九七三年、八六頁。

(3)『台湾統治概要』八七~八八頁。

(4)『台湾統治概要』八八~八九頁。

(5) 英彦山(新竹)「浅慮の一失」『理蕃の友』第三年五月号、一九三四年五月一日。

(6)・(7)・(8)・(9) 宮尾五郎(警務局理蕃課長)「高砂族の犯罪と防犯」、台湾警察協会『台湾警察時報』第二六九号、一九三八年四月号。なお、例えば、新竹州大渓郡のキヤコバイ蕃社で殺傷事件があった。ローシン・ヤルツ(二九歳)ら三人はポート・ノカン(三七歳)方の籾窃盗被疑者として角板山警察官駐在所で取り調べを受けた。その後、一旦帰宅が許されたが、駐在所からの帰り道、両名はローシン・ヤルツ方に立ち寄り、そこで口論となり、ローシンが伐採鎌でポートに斬りつけ殺害し、ヤルツ自身も自殺を図り、危篤である（「蕃人相打つ、一方は絶命一方は瀕死」『大阪朝日新聞―台湾版―』一九三八年一二月一七日）。こうした事件があった。

(10) 外務省外交史料館 B-A-5-0-010（アジア歴史資料センター C05110699900）、台湾総督府「台湾在住民ノ政治処遇調査ニ関スル資料」一九四四年（？）、一三五頁。

(11)「竹田宮大妃殿下を迎へ奉りて」、台湾総督府臨時情報部『部報』第三一号、一九三八年七月一一日、三、四六～四七頁。

(12) 今村孤舟（新竹州）「高砂族進化の現段階と志願兵制度」『台湾警察時報』三一五号、一九四二年二月号。

(13)「誌友論壇」に掲載された灰面坊（屏東）「蕃地に神社を建てよ」『台湾警察協会雑誌』第一四八号、一九三九年一〇月号。

(14)「蕃人の創意に成る日蕃合祀の神祠」『理蕃の友』第二年四月号、一九三三年四月一日。

(15)「阿里山蕃社で美しい神前結婚」『大阪朝日新聞―台湾版―』一九四〇年七月二三日。

(16) 林進発『台湾統治史』民衆公論社、一九三五年、三一六頁。

(17)「高砂族を一人前の生産人として指導、平地に移住、経済生活へ―理蕃政策―」『大阪朝日新聞―台湾版―』一九三九年四月一八日。

(18)『台湾統治概要』一〇〇頁。

(19)『台湾統治概要』一〇一頁。

(20)『台湾統治概要』一〇一～一〇二頁。

(21)『台湾統治概要』一〇二～一〇三頁。

(22)「蕃地調査書」一九三一年(?)、『現代史資料―台湾(2)―』みすず書房、一九七一年、四五八頁。
(23)『理蕃の友』第三年一一月号、一九三四年一一月一日、三～四頁。
(24)『台湾統治概要』一〇四頁。
(25)『台湾統治概要』一〇四頁。
(26)『台湾統治概要』一〇四～一〇五頁。
(27)『台湾統治概要』一〇五頁。
(28)・(29)「台湾の山開放、来年からまず基礎調査」『朝日新聞―台湾版―』一九四〇年一〇月二七日。
(30)『台湾統治概要』一〇五～一〇六頁。なお、平澤(警務局)は原住民移住に関して建設ばかり強調し、肝心の農業生産を疎かにして食糧不足に陥っている、と強く批判する。すなわち、ハブン移住蕃社は一九三三年も降雨と害虫との被害が烈しく、農耕適否が論議されるようになり、全島的に奥蕃移住の大計画が問題にされているが、他方で一部に於ては(移住が)着々との実行に着手されている。その際、「蕃人を移住せしむるに其の本質を忘れて理想に捉らはれ、徒らに施設の美観を誇らむとするが如きは厳に戒しむべきことである。ハブンの移住は此の弊に陥つた代表的なもの」とする。「リモガンから三里の道を開鑿し、立派な駐在所職員宿舎、教育所、蕃屋が建築され、……蕃人は千余名出役し、之れに依つて得たる賃銀は悉く米や缶詰代となつて浪費し、農耕を等閑にした結果は当然食糧に窮するに至つた」(平澤生(警務局)「北部蕃人の授産を視て」(五)、『理蕃の友』第二年六月号、一九三三年六月一日)、と手厳しい。また、中村(警務局)は元来、高砂族の大部分は集団的な部落構成を避けて山頂、または山腹の高地に散在していたことを指摘する。これはマラリアを免れるのに合理的であった。彼(蚊)の飛翔力、あるいは一社から離れた他社への伝播は困難であった。したがって、一定の地域への集団的移住は授産上、あるいは指導教化する上で便利で、理蕃の効果をあげられるが、集団的移住地の選定はマラリアを防止する上からの注意が必要である（中村生〔警務局〕「移住集団地の標高」『理蕃の友』第五年五月号、一九三六年五月、八頁）、と強調する。

(31)「一社をあげて増産陣に、台中州下の高砂族が感謝の秋」『朝日新聞―台湾版―』一九四一年一〇月二日。

(32)「理蕃なき理蕃へ―理蕃課中村氏に訊く―」『朝日新聞―台湾版―』一九四一年二月二七日。

(33)竹越与三郎『台湾統治志』博文館、一九〇五年（南天書局復刻版、一九九七年）三五〇～三五一頁。

(34)竹越与三郎、同前、三五五～三五六頁。

(35)竹越与三郎、同前、三四八～三五〇頁。

(36)前掲「蕃地調査書」四六三～四六五頁。

(37)『台湾統治概要』一〇七頁。

(38)「『産金』の刺激から高砂族を擁護す、労力動員に頗る慎重」『大阪朝日新聞―台湾版―』一九四〇年六月四日。

(39)「高砂族青年も協力、タロコ峡の産金道路開鑿に」『朝日新聞―台湾版―』一九四一年三月二七日。

(40)「タッキリ渓を拓く、高砂族青年四百の決死的奉仕」『朝日新聞―台湾版―』一九四一年四月一三日。『理蕃の友』第二年二月号（一九三三年二月一日、二頁）によれば、「平地蕃人」はよく官命を遵守して働くようになったが之れ一朝一夕に斯うなったのではない。「平地蕃人」は「精神的にも物質的にも内地人や本島人とは到底同等に考へる訳にはいかぬ」。警察から指示された労力供出も「心からは之れを喜ばないものも少くない」と指摘する。警察が関与しているので「公定賃銀の当否とか労力歩合と賃銀の比例とか」、一般的な経済理論から「不当不合理」などと批判する向きもあるが、理蕃と地方特殊事情を理解してほしい。東台湾開発も昭和八（一九三三）年を迎へ、花蓮港築港、鉄道改修、各所道路改修、卑南渓架橋、卑南大圳、大武道路開鑿、理蕃諸施設等々、蕃人労力の供出は多く必要とし、「大方各位の諒解の下に最善を尽したい」、と。このように、警察による原住民動員、低賃金であるが、建設に不可欠と強調する。
(41) 石橋孝『旧植民地の落し子・台湾「高砂義勇隊」は今』創思社、一九九二年、二四六頁。
(42)「蕃界からも徴税、総督府準備に着手」『朝日新聞―台湾版―』一九四一年六月一三日。
(43)『台湾統治概要』一〇七～一〇八頁。
(44)『台湾統治概要』一〇八～一〇九頁。
(45)「高砂青年の奮起、登場した初のお医者」『朝日新聞―台湾版―』一九四二年一一月三日。
(46)「生活が生む特異性―飛ぶ鳥も落すほどの石投げ―」『朝日新聞―台湾版―』一九四一年八月五日。
(47)『台湾統治概要』一〇八～一〇九頁。なお、地名も日本人に分かり易く変更されている。高雄州は一〇三蕃社で、台湾全島原住民人口の三分の一を占める三万三〇〇〇人がいる。ところで、高雄州理蕃課は全蕃社の改名を終了し、総督府当局に送付した。例えば、①呼称に漢字を当てはめたもの：一九三三年春、ラホアル頭目以下、「太陽東より出づる間は官命を奉ず」と高砂族最後の帰順をした旗山郡タマホ社が「玉穂村」、潮州郡ライ社が「雷社村」、恒春のボタン社が「牡丹村」に改められた。②伝説や地形から名づけたもの：男岩・女岩から生まれたと信じるアデル社は「石生村」、温泉で有名なトナ社は「温泉村」、日の出が拝めるマクス社は「朝日村」に改名されている（「呼び易い日本名で、高雄州下の百三蕃社を改称」『朝日新聞―台湾版―』一九四一年九月二七日）。
(48)「『高砂族皇民会』花蓮庁下を一丸として近く盛大な発会式」『大阪朝日新聞―台湾版―』一九三八年一〇月二二日。
(49)・(50)「理蕃に最後的前進、自治制度を規定、高砂族自治会（仮称）会則成る」『大阪朝日新聞―台湾版―』一九三九年五月一四日。
(51)「高砂族の自助会設立方を通牒」『大阪朝日新聞―台湾版―』一九三九年六月三日。

(52)「高砂族の変革期、理蕃課で指導方針を決め青年の訓育にあたる」『大阪朝日新聞―台湾版―』一九三九年六月一六日。
(53)「蕃社に生活刷新運動、既に三百近い自助会結成」『朝日新聞―台湾版―』一九四〇年一〇月二七日。
(54)前掲「理蕃なき理蕃へ―理蕃課中村氏に訊く―」。
(55)林えいだい『証言高砂義勇隊』草風館、一九九八年、一七三～一七四頁。
(56)「蕃社で開いた初の常会、達者な国語で盛んに下意上達」『朝日新聞―台湾版―』一九四一年九月七日。
(57)泉軍蔵(大渓郡ウライ)「タイヤル、祖霊に額づく」『理蕃の友』第三年五月号、一九三四年五月一日。
(58)今村孤舟、前掲論文。
(59)「高砂族の進出著し、東部両庁街庄協議会員選挙」『朝日新聞―台湾版―』一九四一年一一月二六日。
(60)桂生(警務局)「創始期に於ける蕃人教育」(二)、『理蕃の友』第四年九月号、一九三五年九月、四～五頁。なお、「警察職員の蕃人教育」に関しては参考までにあげておくと、以下の通り。すなわち、明治三七(一九〇四)年九月、警察官吏派出所で蕃務官吏である警察職員が箇仔露蕃の児童に国語を教え、農耕、牧畜、および金銭運用の知識を開発しようとしたのが始まりである。明治四〇(一九〇七)年六月、嘉義庁下達邦警察官吏派出所で付近の蕃童を収容して教育を開始した。当時、嘉義庁が設定した「蕃童教育方法」は以下の通り(読みやすくするため句読点の一部は筆者が補った)。①目的:蕃人ノ智能ヲ啓発シ、狩猟ヲ変シテ農業ノ民タラシメ、成長ノ後、幾分ナリトモ彼等生活ノ上ニ利便ヲ与フルニ在リ、②方法:庁下各蕃社ヨリ将来見込アル蕃童ヲ選抜シ、成績優良ナル者ニハ食費ノ補助ヲ為シ、派出所構内ノ宿舎ニ起臥セシメ、派出所員監督ノ下ニ躾方ヲ励行スルニ在リ。而シテ主トシテ学科ヨリモ実科(農業ノ初歩)ニ重キヲ置キ、恰モ徒弟学校ノ組織ニ類似セシムルノ方針ナリ、③科目:作法、国語会話、算術、習字、体操、農業ノ初歩トス、④生徒定員:二〇名トス。年齢ニ拘ラズ、成績佳良ナル者ヲ甲組トシ、然ラザル者ヲ乙組トス、⑤教師：達邦警察官吏派出所員。初めのうちは教科書を用いず、臨時教案を作って簡易な国語を口授し、またカタカナの書き方を教えた。レベルアップするに伴い尋常小学校読本を用い、修身並びに算術、唱歌を教えた。さらに、公学校用の国民読本によるようになった（同前、六頁）。

(61)『台湾統治概要』八七、八九〜九〇頁。

(62)『台湾統治概要』九〇頁。

(63)前掲「理蕃なき理蕃へ―理蕃課中村氏に訊く―」。

(64)『台湾統治概要』九七頁。

(65)『台湾統治概要』九七〜九八頁。

(66)「高砂族の子弟に六年制の公学校―蕃地の教育を刷新―」『大阪朝日新聞―台湾版―』一九四〇年七月一九日。

(67)「高砂族の奉祝大会」『朝日新聞―台湾版―』一九四〇年一一月一四日。

(68)「高砂族青年の大会――島都・台北に集って国語で体験発表」『朝日新聞―台湾版―』一九四一年二月一四日。

(69)「高砂族青年の持つ敢闘の精神」『朝日新聞―台湾版―』一九四一年九月二六日。

(70)「蕃社の相撲熱心、指導者の千年川氏感激」『朝日新聞―台湾版―』一九四一年一一月二六日。

(71)「断然高砂族が一位、全在島民も漸向上の見込」『朝日新聞―台湾版―』一九四二年一二月一五日。

(72)・(73)「蕃地も増産陣営に、台北州高砂青年道場で訓練」『朝日新聞―台湾版―』一九四一年七月一四日。

(74)「山の勇士も面食ふ」『朝日新聞―台湾版―』一九四一年七月一四日。

(75)「山の青年大会開く、代表互に感激の交驩」『朝日新聞―台湾版―』一九四二年三月六日。

(76)林えいだい『証言高砂義勇隊』草風館、一九九八年、一一一〜一一二、一二七〜一二八頁。

(77)前掲「蕃地調査書」四五四頁。観光、映画とともに、看過できないものに博覧会がある。例えば、戦時期ではないが、『理蕃の友』第四年九月号(一九三五年九月、六頁)によれば、「我が領台四十年の事績を飾り、躍進日本の文化を一大絵巻物として紹介する台湾大博覧会も剰す所僅かに月余の後に迫った」とし、要約すると、以下の通り。観覧者方面は各官公衙、各学校、銀行会社、保甲団体等々、各々其の団体客を取纏め中である。他方、「高砂族も文化を吸収して飛躍的進展をなさんと各地共に之が観光準備に繁忙を極めて居る様である。近年観光の価値を自覚し、社会人としての一歩を踏み出した高砂族の諸君、自費を以て欣然之に参加申込を為した者頗る多く」、多数の申込がある。僅かに十余年前、莫大な官費と恵与品とを以てさへ容易に動かなかった高砂族の「進化振り」は、隔世の感がある。なお、博覧会観覧(の原住民)申込数は台北州、新竹州、台中州、台南州、高雄州、台東庁、花蓮港庁で、教育所児童一四五三人、農業講習所一一二人、青年団員四〇四三人、一般成人一八五四人の総計六四六二人であるが、新竹州はそれぞれ四四八人、二〇人、九三八人、六四六人の計二〇五二人とする。

(78)防衛省防衛研究所所蔵 S11-73-5055(アジア歴史資料センター C05034869500)拓務省管理局警務課長赤木親之→海軍省松永副官「高砂族ノ横須賀軍港見学希望ニ関スル件」一九三六年四月九日、海軍省「観覧許可控　高砂族の横須賀軍港見学希望に関する件」一九三六年四月。

(79)防衛省防衛研究所所蔵 S12-65-5230(アジア歴史資料センター C05110801200)拓務省管理局警務課長→海軍省副官「高砂族ノ横須賀軍港見学希望ニ関スル件」一九三七年四月七日。なお、「途中案内ノ為、軍事普及部ヨリ下士官一名同行」(横須賀鎮守府副官→横須賀警備戦隊参謀等「高砂族見学順序ノ件通知」一九三七年四月一〇日、(アジア歴史資料センター C05110699900)、とある。

(80)「戦ふ高砂族の群像、台湾から初の文化映画」『朝日新聞―台湾版―』一九四二年一一月五日。

(81)「銀幕に咲く『サヨンの鐘』、来春現地で高砂族を映画化」『朝日新聞―台湾版―』一九四二年一二月二四日。

(82)「『皇民高砂族』を撮る、国木田、世羅両氏帰神して語る」『朝日新聞―台湾版―』一九四二年一二月二四日。

(83)『台湾統治概要』九九頁。

(84)本書の最終校正中、松田吉郎『台湾原住民の日本語教育』晃洋書房、二〇〇四年、同『台湾原住民の社会的教化事業』同、二〇一一年が出版されていることを知った。遺憾ながら今回は参照できなかった。

第四章

高砂義勇隊の実態と南洋戦場

台湾原住民から見るアジア・太平洋戦争、そして国共内戦

はじめに

対日抵抗運動である一九三〇年の霧社事件の解明が進んでいるが、歴史学的にも高砂義勇隊は決して放置できない。なぜならアジア・太平洋戦争期における台湾原住民の動態と構造、台湾内での原住民の位置、差別問題、日本軍、南洋戦場、および戦後補償問題などと密接な関係を有する重要テーマといえるからである。そして、これらを通じて戦争それ自体を多角的視点から考察する手がかりを与えてくれる。

にもかかわらず高砂義勇隊研究は空白のまま残されている。門脇朝秀によれば、戦犯として追及され、後日、原住民出身者に累が及ぶおそれから、台湾と南方各地域で関係各書類が焼却され、そのため台湾内外で高砂義勇隊を含む実態資料は「皆無に近い」という。[1] このように、高砂義勇隊に関する当時の直接的な史料が少ないことにも起因するのであろう。とはいえ、幸いなことに高砂義勇隊についても聞き取りをベースに執筆された関連ルポルタージュは少なくない。したがって、本章ではこれらルポルタージュに当時の新聞記事や史料、および筆者自身が実施したインタビューなどを組み合わせ、歴史開拓的に高砂義勇隊の実態、構造、本質にアプローチしたい。すなわち、まず第一に、高砂義勇隊成立の背景、第二に、盧溝橋事件と高砂義勇隊の関係、第三に、「戦場イメージ」と銃後の活動積極化、第四に、南洋戦場の実相と高砂義勇隊を特攻、飢餓、病魔、第五に、日本敗戦の際、日本兵士と義勇隊員の対応の相違、そして最後に国民党政権下となった台湾での旧高砂義勇隊員の置かれた状況、および国民党によって国共内戦に強制的に駆り出された実態などについて順次明らかにしていく。

一　高砂義勇隊の成立と背景　志願兵制度、徴兵制と関連させて

第一に、高砂義勇隊

高砂義勇隊の起源と成立の背景はいかなるものであったか。石橋孝によれば、明治二九（一八九六）年、陸軍中尉長野義虎は早くもタイヤル族の勇猛さに着目し、台湾総督府軍務局に「義勇隊」編成を上申した。また、霧社事件の際、討伐隊参謀長の服部兵次郎（台湾軍参謀・陸軍歩兵大佐）もマヘボなどでの戦闘を見て「高砂族」（以下、高砂族）を軍隊に徴集する方法はないかと考えた一人であった。例えば、服部は「彼等の兇暴は誠に憎む可き」だが、「純真にして武士的態度の観取」ができ、「薫化善導の実を挙げ、将来緩急に際し、我軍の威令の下に軍の一部として第一線で活動させて見たい」という観念が自然に湧いて来る、[2]と述べている。それに対して、中村ふじゑは、バター

ン半島攻略の苦戦を打開するために、台湾軍司令部の本間雅晴中将がその起用を提起した可能性を指摘する。[3]

それが具体化に向けて推進されるのは、一九三七年七月盧溝橋事件以降と考えられる。その背景には、「殊に今次支那事変（盧溝橋事件）が起るや……同族先人の過去の罪状を悔い恥づると共に、……今や全島各地に『吾も日本人なり』」とする者を輩出したという。[4] 四〇年間の日本統治下で「今や蕃山到る処、旧態を脱し、君が代を歌い、国語（日本語）を話し、真に皇（民）化」するに至った。[5] 特にタイヤル族は台北州、新竹州、および台中州北部、花蓮港庁北部に住むが、各族の中で「最も進化（日本化）している」とする。このように、対日抵抗時期における「最も野蛮」とする評価は一変している。例えば、新竹州は一万二四九〇人で、①「我々高砂族が今日のような生活が出来るのは、天皇陛下のお蔭であるから、国防献金は何時でもする覚悟です」（竹南郡）。②「昔支那の隘勇線のあつた頃、吾々と和睦するといつて騙されて殺された事がある。支那人は……悪者です」（大湖郡北勢蕃頭目パイショ・ポーヘル）。③「吾々タイヤル青年も選抜して是非出征させて頂きたい」[6]、と述べたという。

すなわち、盧溝橋事件後、皇民化政策の推進もあって台湾原住民に「日本人」意識が高まり、アジア・太平洋戦争に原住民側も積極的に呼応する姿勢を見せた。かくして、日本に敵対する可能性が低くなり、戦争に彼らを活用することに問題はない、と軍部は考え始めた。直接的要因は、日本軍がルソン島に上陸後、物資輸送が大きな困難であった。そこで、道路や橋の補修、軍需品輸送への高砂族に対する期待が一挙に高まったのである。大丸常夫（第三回高砂義勇隊指揮官・小隊長）によれば、高砂義勇隊はあくまでも非戦闘員で、武器を一切所持せず、日常生活のため蕃刀を帯びるだけであった。その作業内容は武器・弾薬、糧秣などの積載運搬はもちろん、特に飛行機やガソリンの掩体、道路開設などの作業をおこなった。爆弾、炎天灼熱の下、「くる日もくる日も不平不満の一言半句すら訴えることなく、黙々として敢然任務に邁進」した。[7]ここで押さえておくべきことは、原則的に高砂義勇隊は兵士ではなく、当初、あくまでも軍属で「非戦闘員」・軍夫であったということである。

このことは、陸軍省副官に出された「台湾人軍夫ノ身分取扱ニ関スル件、陸軍一般へ通牒」（一九四三年七月三一日）からも明白である。それには、「左記団体（高砂義勇隊・台湾特設労務奉公団・台湾特設勤労団・台湾特設農業団、および右に準ずる奉公団）ニ所属セル台湾人軍夫ノ身分取扱ニ関シ疑義ノ向（キ）アルモ其ノ身分ハ傭人ナルヲ以テ一般ニ軍属トシテ取扱ハレ度依命通牒ス」[8]、とある。高砂義勇隊など「台湾人軍夫」身分に「疑義」があるとするのは、当初から兵士としての使用を強く主張する勢力が存在したことを示唆する。武器を返還、もしくは与えても日本に敵対する可能性は低いと考えてのことであろう。いわば高砂義勇隊は「志願」であるが、当初、軍夫としての役割が期待された。だが、戦争の推移により実質的に兵士として使用する必要性が一挙に高まることになる。

高砂義勇隊員の選抜方法は以下の通り。家庭環境、平素の健康状態、素行などを勘案して受持警官が割当人員を決定した。そして、引率警官も希望者を州（庁）警察部理蕃課で募り、適任者を選抜した[9]。つまり筆記による学力試験は課せられないことが志願兵制度と異なる点である。

高砂義勇隊の志願状況は異常な盛り上がりを示した。『大阪朝日新聞―台湾版―』（一九三八年一〇月二二日）によれば、台東庁下高砂族は「南支戦線」の進展に伴い、その願いはますます高まり、五〇〇人余もが各郡役所に殺到した。志願者たちは「国家のため」に忠誠を誓い、一族、蕃社の名誉にかけて座り込んでいる[10]、とする。ただし内実は複雑であった。まず世代、立場、経験の相違から日本、もしくは日本人に対する印象に大きな相違があったからである。

例えば、①ワリス・ピホ（日本名「米川信夫」。タイヤル族〈セデッカ族〉、川中島）の場合は次の通り。ある日、警官が兄に「第二回（第一回の間違いと思われる）高砂義勇隊に志願しろ」といった。当時の警官には逆らえなかった。母は悲しみ、「日本人は恐ろしい人間だから行くな」（第二次霧社事件後の「帰順式」での夫殺害?）と反対した。兄は「日本人である以上、天皇陛下のため国のため死ぬ」といって聞かなかった。四二年六月、第二回高砂義勇隊の募集が始まると、川中島駐在所の巡査部長が家に来て、私にも「志願しろ」と命令した。そこで、志願の血書を出した。霧社事件での「国賊の汚名というか、心の中で名誉挽回をしようと思う気持ちがあった」とする[11]。このように強制的であるが、形式的には「志願」という形を採っていた。

②桃園県復興郷三光村・ロシン・タナの場合、死んだ父の代わりだった兄が第三回高砂義勇隊に志願したから、母は泣いて止めた。つまり彼の兄は家族の生活を守る大黒柱だったからである。

備　　考
1941年12月に編成（大隊長は台湾総督府警部，中隊長は中屋敷警部補，小隊長は枝元源市郡警察課員）。1942年３月23日高雄港出発，比島ルソン島に上陸，バターン半島総攻撃に参加，コレヒドール要塞に進軍，多数の死傷者を出す。その後，高砂族義勇隊に台湾への引き揚げ命令が出たが，その内，高雄州出身者100人は南海支隊に加わり，ニューギニアに行くため，1942年７月，マニラを出発し，ミンダナオ島ダバオに到着，横山与助大佐指揮下の独立工兵第15連隊に配属。
1942年６月第二回高砂義勇隊の募集。1942年７月高雄から出港，ニューブリテン島のラバウル海軍基地を経てニューギニア東海岸のブナに上陸。南海支隊のポートモスレビー攻撃が開始されており，それを支援。
隊長は伊藤金一郎。1942年10月（11月？）～44年。高雄港出発。ソロモン群島で戦いニューギニアで搬送任務などをおこなう。だが，帰還中にホーランジャ沖で彼らを乗せた輸送船が爆撃を受けてほとんど全員が死亡（414人中，404人死去）。そこで，「幻の高砂義勇隊」とも称され，最も悲惨な運命を辿った。
1943年３月15日（高雄？　基隆？）出発。第四回高砂義勇隊・海軍特別陸戦隊200人は巡洋艦に乗船。大隊長は台北州警務部理蕃課の馬場警部，小隊長が石丸巡査部長，小隊長付けが野水で彼らは海軍嘱託であり，階級はない。２個小隊に分かれ，その下の分隊は各10人であった。パラオ島に到着すると，約20日間の厳しい海軍式訓練が実施された。その後，ニューギニアのウエワク，カイリル島などに移動。さらにボウキョウ島では，1945年になると連合軍が艦砲射撃を加えてきた。８月20日ムシュ島の収容所，日本人とは別の収容所に入れられた。結局，第四回高砂義勇隊は130人が戦死，生存者は70人だけであった。巡洋艦で基隆港に帰還。
隊長の鹿毛警部は理蕃課で山地行政に従事した経験を有す。副官の中村数内も台中州の山地駐在所教育担当。引率者16人，高砂義勇隊員500人。1943年４月18日高雄港に集結して編成。第27野戦貨物廠の指揮下に入り，同日，日祥丸に乗船，高雄を出港，フィリピンのマニラ港に軍票交換のため寄港後，パラオに上陸（日時不祥）。同島アイライ村に約３ヵ月駐留し，貨物船に乗船，７月25日ニューギニアのハンサに上陸。マダン野戦貨物廠配属。その中から遊撃隊の斎藤俊次特別義勇隊が編成。陸軍中野学校出身の小俣洋三，中森茂樹両中尉から遊撃隊の訓練を受ける。
1943年３月高砂義勇隊隊員800人は，海軍特別陸戦隊として台中の堀内部隊に入隊。飛行場で約３ヵ月間訓練。海軍下士官の指導下で落下傘部隊の訓練，遊撃戦訓練は夜間に実施された。また，教育勅語と戦陣訓の暗唱。４月（６月？）高雄から輸送船で出発。この時，日本からの兵士800人がすでに乗船しており，総勢1600人となった。マニラ，パラオ島など経て，南方戦線の日本軍基地のあるラバウル基地に到着。ここで高砂義勇隊員はラバウル待機，ニューギニア行きとガダルカナル島の近隣のブーゲンビル島行きに分かれた。第六回高砂義勇隊員の半数が死去。1946年春，基隆に帰還。
1944年７月高雄出発，ニューギニア，ウエワクに。第六回，第七回になると，高砂族青年は少なくなり，前回不採用者も「志願」により行けるようになった。結局，第七回は百数十人しか生還できなかった。

表４－１　高砂族義勇隊表

	出発年月	隊員数	生還数
高砂挺身報国隊（第一回高砂義勇隊）	1942年３月	500	?
第二回高砂義勇隊	1942年７月	1,000	?
第三回高砂義勇隊	1942年10月	414	10
第四回高砂義勇隊	1943年３月	200	70
第五回高砂義勇隊	1943年４月	500	?
第六回高砂義勇隊	1943年６月 ?	800	400
第七回高砂義勇隊	1944年４月	429	百数十人
計		3,843	

出典：①土橋和典『忠烈抜群・台湾高砂義勇兵の奮戦』星雲社，1994年，63～64，297～299頁，②門脇朝秀編『台湾　高砂義勇隊―その心には今なお日本が―』あけぼの会，1994年，148～149，156～157頁，③林えいだい編著『証言　台湾高砂義勇隊』草風館，1998年，68，129～131，145・146，171～177，180，191，256・257，262，270，277頁などから作成。各書籍間，もしくは同一書籍でもそれぞれ書いていることにずれがあり，何回も義勇隊に参加している者や，戦死者などが多くなると，現地で合併したものもあるようで複雑である。第一回が第二回と書かれたり，それぞれが錯綜している。その上，志願兵，徴兵制による原住民もおり，さらに複雑となる。なお，③で第七回高砂義勇隊としているものは高雄出発日や実態（例えば，堀内部隊所属，戦地，その状況など）が重複しており，第六回高砂義勇隊の誤りではないか。また，1945年の高砂義勇隊600人は結局，海上補給路は断たれ，南洋に派遣できず，訓練中の義勇隊員は台湾防衛に当たることになった。したがって，回数に入れない場合が多いが，いわば幻の「第八回高砂義勇隊」といえようか。

「兵隊に行ったら畑仕事をする者がいなくなり、家の者は芋も食べられなくなる」、と。それに対して兄は「青年団の皆が志願して行くのに、自分だけが残れない」という。駐在所から兄の「戦死」の連絡があった時、母は毎日毎晩、泣いてばかりいた。警察の人は「兄さんは立派な戦死だ。ザルツ社の誇りだ。兄さんは本当の日本国民だ」といったが、その後、母は自殺未遂を起こした[12]。これらの事例から浮かび上がることは、母は「反対」、息子は志願に「熱心」という構図である。

その他、③イリシガイ（日本名「平山勇」、パイワン族・第五回高砂義勇隊）の場合、「高砂義勇隊は軍属だが、月給が三七円だと聞くと、すべてを投げ捨てて志願する気になった」。低収入にあえぐ高砂族にとって破格の賃金であり[13]、現金収入が乏しい原住民にとって魅力であった。

これらに関して、二〇〇六年八月一三日に筆者が角板山タイヤル族の林昭光（ポート・タンガ）にインタビューした際、彼は、志願が強制ではなく、部族として自ら積極的、かつ主体的に決定したと強調した。例えば、タイヤル族では、頭目が「太陽あって水あれば」と言い出した時、すべてが決定されたという。すなわち、「太陽」と「水」とは「人間の生命」を意味し、紛争解決の手段として部族が一つに団結した。高砂義勇隊を結成した時もそうであった。あの時もタイヤル族の頭目が「太陽あって水あれば」と言った。したがって、タイヤル族は一致団結して高砂義勇隊に志願したのだ。日本によって強制されたものでは決してない。自ら志願したのだ。中国大陸の連中や外省人は「強制された」と言っているが、それは間違いだ[14]、と力説する。前述したことと矛盾するようにも感じられるが、頭目の役割は大きく、原住民を円滑に一つにまとめあげたのは頭目だといっているのである。これら双方の事例から考察するに、警察による「志願」を名目とする強制ではあるが、それを円滑に進めるには各頭目の同意と協力が不可欠だったということであろう。

また、林昭明は、戦地で「勇敢さを示すことで少数民族（原住民）の地位を向上できると考えたからである。これは、とりも直さず子孫のためでもあった」と述べている。[15] 高砂義勇隊志願の時も同様な心情も働いたものと考えられる。

四一年一二月二〇日、高砂挺身報国隊はフィリピン戦線に参加した。その直接の成立背景には、戦前、朝鮮と台湾の陸軍部隊には輸送と補給を担当する輜重隊がなかったことにある。バシー海峡を渡ってルソン島に上陸後、物資輸送に大きな困難を感じた。そこで、道路や橋の補修、軍需品輸送への高砂族に対する期待が高まった。フィリピンのルソン島に渡った五〇〇人の高砂挺身報国隊は、四二年四月バターン半島の攻撃の日本軍に協力、その一部はコレヒドール要塞の攻撃に参加した。この時、本間軍司令官の発意で、挺身報国隊は「台湾高砂義勇隊」（第一回）と改称された。いわば、これが高砂義勇隊の原点である。[16]

ここで表4―1により高砂義勇隊の全体像と各回高砂義勇隊の特色を明らかにしておきたい。大隊長始め軍人ではなく、総督府警部など警察関係者に率いられた。一九四二年三月から四四年四月まで、第一～第七高砂義勇隊まで計七回派遣されている（四五年第八回高砂義勇隊六〇〇人も組織されたが、海上補給路が断絶したため、南洋に派遣できず、そのまま台湾防衛に入ったため、数に入れられていない）。その人数は大体四〇〇～五〇〇人であるが、人数はまちまちで、第四回は二〇〇人、第二回が一〇〇〇人、第六回は八〇〇人と多数で、合計三八四三人に上る。第一回高砂義勇隊（高砂挺身報国隊）は五〇〇人中、全員が同時に帰国できたわけではなく、内一〇〇人は南海支隊に加わり残留し、その後、ミンダナオ島で独立工兵第一五連隊所属となり、戦い続けることになる。生還数が「不明」の高砂義勇隊も第一回、第二回、第五回と少なくないが、死亡率が高く、とりわけ第三回高砂義勇隊は乗船した輸送船が爆撃を受け、四一四人中、生き残ったのは僅かに一〇人であった。それ以外でも分かっている範囲でいえば、第六回高砂義勇隊で、八〇〇人中、半数が生還できたのはよい方であった。四三年四月の第五回高砂義勇隊が遊撃戦を実施するため、陸軍中野学校出身の軍人から指導・訓練を受けることになる。

第二に、特別志願兵制度

高砂義勇隊と共に看過できないのが特別志願兵制度である。これには、陸軍、海軍の二つがあった。

(一) 陸軍特別志願兵制度

台湾本島人に対する志願兵制度の実施については、一九三三、三四年から要望が出ていたが、結局実現せず、三八年一月植民地朝鮮で志願兵制度の実施発表後、台湾でも実施要求が高まった。兵力不足を補うため、陸軍、そして海軍の志願兵制度が発足するに至った。同じ志願ではあるが、軍夫目的で次第に兵士としても使用される高砂義勇隊に対して、志願兵制度の場合、最初から兵士としての使用を目的とする。かくして、台湾原住民から見れば、高砂義勇隊、次いで志願兵制の施行により双方が併行しておこなわれたことを意味する。

陸軍特別志願兵制度の「募集要綱」（四二年）の概要は以下の通り。

（一）入所者の資格‥本島人、高砂族の別なく年齢満一七歳以上の者。身長は一五二センチ以上で、陸軍身体検査規則の甲種または第一乙種に相当する者。学力は国民学校初等科の修了者と、これと同等以上の学力を有する者。思想堅固で行状方正な者。

（二）志願手続‥志願者は入所願書、履歴書、体格検査表を添えて本籍地の郡守に提出する。願書受付期間は、昭和一七（一九四二）年二月一日から三月一〇日まで。

（三）郡守が願書などを（第一次）審査の上、州知事、または庁長に進達、州知事、庁長が志願者に（第二次）審査をし、適当と認めた者に試験を実施する。試験は身体検査、口頭試問、学科試験の三つである。身体検査は訓練所長は州知事、庁長の推薦者に対して陸軍身体検査規則に準じる（台湾軍司令官の指定する軍医に委嘱）。口頭試問は人物考査を重視。学科試験は国民学校初等科修了程度で、国語（日本語）、国史（日本史）、算術の三科目である。最後の詮衡の上で台湾総督の認可を受けて初めて入所を決定する。

（四）給与‥入所中の学資および糧食を給与し、衣服を貸与する。

（五）その他‥六ヵ月の訓練修了者は入営資格ができる。入営後の取り扱いは一般軍人と少しも差別を受けない。幹部候補生や下士官志願も許される[17]。

このように、高砂義勇隊の志願と異なり、本島人と同様、資格審査が相対的に厳しい上、学科試験なども課せられた。すなわち、徴兵制度では、各種検査と共に学力が求められた。

志願兵制度の実施決定とともに、本島人（閩南系、客家系台湾人）の青年と平地在住の高砂族青年には体力調査が九月から実施されることとなった。同時に未着手な山地の高砂族青少年の体位も科学的調査する。まず蕃童教育所の児童から身体検査をおこなう。総督府理蕃課は七月「教育所児童身体検査規程」を発令、四二年四月から実施する。①対象は全島約二〇〇の教育所児童約一万人、②身体検査は蕃地在住の公医約五〇人が毎年一回、四月に実施、③教育所長は検査結果を「身体検査統計表」にまとめ、所轄郡守に報告、④本規程は二五歳以下の高砂族青年団にも準用する[18]、としている。

また、高砂族の兵士としての能力、特質として長所、欠点に着目している。石で飛ぶ鳥を落とすほどである。だが、物を担ぐ力は弱く、平地で歩く時は歩幅が狭く、走らせると、足を高く挙げるばかりで遅く、踵から先につける癖がある。ただし、歩く時には内地人と異なり、横に並ばず、縦になって歩くので交通上は模範的だ[19]。ここでは、「物を担ぐ力は弱い」とされているが、実際は強いことが後に南洋戦場などで立証されることになる。また、走るのが速いとの異なる証言もある。

なお、一九四二年六月から台北に総督府陸軍兵志願者訓練所の設置にとりかかるとした。構成員は大佐の所長以下、職員五〇余人である。広大な敷地と営舎、講堂、本館など堂々たる設備にする計画であり、予算一二〇余万円を計上している[20]。

こうした状況下で、志願兵募集を円滑にする意味で警察（教師を兼ねている場合が多い）のみならず、校長が大きな役割を果たした。例えば、高雄州屏東郡の番子寮国民学校長の瀬尾重武は適格青年の奮起を促すとともに、まず各部落四〇〇戸に呼びかけ、各部落常会で懇談し、志願兵熱が燃え上がった[21]。いわば原住民部落において信頼の厚い校長などが募集に利用され、校長自身もそれを使命と考え、積極的に説得活動を展開した。

「模範蕃社」の高雄州屏東郡サンティモン社では青年たちの志願熱があり、頭目や父兄からの深い理解がある。タリヤ・ランイデス（二〇歳）は、「大東亜戦争」の話を先生から聞き、志願兵になりたくてたまらなくなった。「血書志願をしたのは一二月一六日」で、正式受付が決まった。「以前は軍夫にでもなれたらどんなに嬉しいかと思つてゐたが、日本人として一番名誉の兵隊さんに僕たちもなれるといふのは夢のやうな喜びです[22]」

このように、志願兵制度実施は、従来差別を痛切に感じている原住民にとって本島人と平等に扱われるという意味で大きな喜びであった。正規の戸口規則さえ適用されていない高砂族青年たちは、本島人青年と差別なく志願の途が開かれたことに感激している。また、理蕃関係者も歓喜しているが、ただ問題は、学科試験で国語、算術、国史の三科目が課せられたこととする。なぜなら「蕃界」は行政区域外で国民学校制は布かれず、四年制の教育所があるだけで、国史、地理は教えていない[23]。つまり学力的に、また教育システム上、なかなか合格できない。土光理蕃課長によれば、「山の青年たちの感激は物凄い」という。ただ高砂族は早婚で気がかりだったが、妻帯者でも資格がある。現在、勤行報国青年隊の台北訓練所に高砂族青年五三人が入所しているが、ことに高砂族は腰が強い点が本島人青年より優れているとしながらも、学科試験の国史がちょっと痛い[24]、と述べている。なお、理蕃課は日本名に改姓名して志願するように指導した。

上述の点については、『朝日新聞―台湾版―』(一九四二年五月二四日)からも傍証できる。高砂族青年の志願熱は高く、四〇〇〇人を超えているが、学力面で本島人青年より劣るため、最後まで残る者は極めて少ない。総督府理蕃課としては、バターン半島の実例からも強くて純真な高砂族青年を一人でも多く第一線に送り出すことが使命と考えた。そこで、理蕃課は来年度から四年制の教育所を二年延長して六年制に改め、歴史、地理、理科はもちろん、教練をおこなうことにした。この改革のため、現在全島一七九ヵ所の教育所に少なくとも教師一人ずつ増員する[25]、と。いわば原住民青年の志願熱は高く、他方理蕃課としても戦力として送り出そうと考えていた。そこで、学力不足を解消し、試験に合格させるために、その方策として教育所の年数を四年制から六年制とする教育システム改革に着手することになった。なお、「帝国軍人」を志願するにあたり、入れ墨があっては不合格になるとの噂があり、それを顔から消す治療が盛んになった。それは、ある面で率先して自らの伝統を否定していくことをも意味した。

こうして、高砂義勇隊への志願、さらに志願兵制度は一九三〇年に激しい対日抵抗を繰り広げた霧社をも巻き込んでいった。否、矛盾を孕みながらも、他地域に比して霧社でむしろ受容されていったともいえそうだ。

（1）一九三〇年の霧社事件で殉職した霧社分室の佐塚警部と、タイヤル族白狗蕃頭目の娘ヤワイ・タイモとの間に誕生した佐塚昌男（二一歳）は、東勢の国民農林学校を卒業後、霧社農業講習所の助手となったが、三七年一月宇都宮歩兵第五九連隊に入営した。なお、姉は歌手の佐塚佐和子である。[26] 入営に際して蕃社では社衆あげての祝宴が催された。母のヤワイ・タイモは「高砂族である自分の子供が御国の為に出征するなぞ、こんな嬉しいことはない」と涙を流して喜んでいる。[27] なお、その背景には、総督府が「蕃地融和策」の一環として頭目などの有力者の娘との結婚を奨励をしていたことがあげられよう。その結果、日本人警察官の妻になった原住民頭目の娘は少なくない。その子供が出征することになるのである。日本人の妻となった原住民の娘は、ある意味で日本人以上に「軍国の母」という役割を演じなければならなかった。

（2）下山宏（二一歳）は、サラマヲ駐在所に勤務の下山治平（元台中州警部補）とタイヤル族マレッパ蕃有力者の娘ピッコ・タウレの次男で、嘉義農林学校を卒業、警手奉職中、父の本籍地である静岡の歩兵第三四連隊に入隊することになった。[28]

（3）「中山清」はタイヤル族霧社蕃であったが、霧社事件で「味方蕃」に逃げ込み、警察の保護を受け、後に霧社事件で有名な故花岡二郎の妻と結婚、川中島で警手をしていた。青年会幹事を兼ね、皇民化運動に精進している。警察課からの四人の出征を見送りながら「只御国の為なら自分の身位何でもない[29]」、とした。

（4）チアイ・ノーミン（「吉川正義」）は霧社の「タイヤル族」トレック出身で、巡回映画や『少年倶楽部』の影響から戦争とか歴史が大好きだった。「大東亜戦争」が始まった時、一六歳で「兵隊さんになろう」と決めた。兵隊志願の勉強をした。試験には口頭試問もあった。「御国のために、天皇陛下のために働きます。命も捧げますと言えば合格する」と思った。「志願する」と言ったら、母は悲しみ、必ず反対する。父は「立派な日本の兵隊になれ」と激励してくれた。四三年六月吉川は台北州の訓練所で六ヵ月訓練を受け、四四年二月通知が来て高雄州鳳山の部隊に入隊。故郷では毎晩「賑やかな歓送会」が続いた[30]。

このように、志願兵制度も喜びをもって迎えられたとする。「最高度国防国家体制確立に邁進する時、高砂族も国防戦線に馳せ参ぜんとの決意を固めつつあ」り、「母国敬慕の念に燃え、或は軍夫志願に、或は志願兵に、血書して其の赤心を披瀝し」ている。「元来彼等は兵隊になることを最大の憧れとし、誉れとしている。……今、高砂族に志願兵たり得る道が拓かれたのであるから、教化上に及ぼす影響は大であることはもちろん、高砂族にとっても喜び[31]」、とするのである。ここには、高砂義勇隊志願の時のような「反対」や矛盾は見えない。

このあたりの事情を、今度は軍レベルから明らかにしておきたい。日本陸軍兵備課「台湾島民供出ニ関スル件」（一九四二年九月）によれば、副官より台湾軍参謀長宛に「第一七軍兵站要員」の供出を要求してきた。すなわち、①人員は高砂族、本島人各一〇〇〇名で計二〇〇〇名、②募集、並びに第一七軍へ派遣などは台湾軍の担任とするとあった。それに対して、台湾軍参謀長は「軍夫供出の件」について、九月三〇日高雄に集結できるように準備中と返答した。ただし高砂族は「諸般ノ関係ヨリ六〇〇名トシ、本島人一五〇〇名」との変更を求めた。さらに一〇月一九日台湾軍参謀長より「船舶ノ都合ニ依リ高砂族六〇〇、本島人六〇〇、計一二〇〇名」は一八日高雄より乗船したが、その他の本島人九〇〇名は二四日乗船予定とした[32]。

表4－2　総督府陸軍兵志願者訓練所の志願者状況
（1942年1月12日段階）

地　　区	本島人	「高砂族」	%	計
台北州	520	75	12.6	595
新竹州	11,188	440	3.9	11,628
台中州	963	4	0.4	967
台南州	3,438	41	1.2	3479
高雄州	2,162	7	0.3	2169
花蓮港庁	370	230	38.3	600
台本庁（台東？）	33	98	74.8	131
澎湖庁	59	0	0.0	59
計	1,733	895	4.6	19,628

出典：「大東亜戦争下逞まし，志願兵２万を突破」『朝日新聞―台湾版―』1942年１月16日から作成。なお，志願兵不合格者が台湾全島で20余万人おり，その対策が議論された（『朝日新聞―台湾版―』1942年３月10日）。

このように、一見すると、追加分の人数を含めると、本島人の負担が大きいように感じる。だが、台湾で占める人口比を考慮すると、むしろ原住民にかなりの負担が強いられたといってよいだろう。また、**表4－2**は陸軍志願兵訓練所の志願者であるが、台湾で人口比率が圧倒的に高い本島人の人数が多い（九五・四％）のは当然である。ただし原住民地域の花蓮港庁や「台本（台東）庁」はそれぞれ三八・三％、七四・八％に上り、かつ新竹からは四四〇人が志願しているのが注目される。

（二）海軍特別志願兵制度

海軍は必要人数が少ない上、かつ狭い艦内でのトラブルも予想され、陸軍より慎重さを必要とした。海軍特別志願兵は朝鮮が先行し、連動した形で台湾で進められた。

陸軍大臣東条英機、拓務大臣秋田清は、内閣総理大臣近衛文麿に対して「台湾ニ志願兵制ヲ施行ノ件」（一九四一年六月一六日）で、「台湾ニ昭和一七（一九四二）年度ヨリ志願兵制ヲ施行スル如ク準備ヲ進ムル事ト致度」とし、その「理由書」では「最近熾烈トナレル台湾島民ノ兵役義務負担ノ輿望熱意ニ応ヘ以テ台湾統治ノ完遂ヲ図リ併セテ軍要員取得ノ為、志願兵制施行ノ準備ニ着手スルノ要アルニ由ル」として「裁可」を仰いだ[33]。いわば「台湾統治ノ完遂」と「軍事要員取得」を目的としていた。

四三年三月一〇日には、海軍大臣、内務大臣「朝鮮人及台湾人ニ海軍特別志願兵制新設準備ニ関スル内閣総理大臣内奏案」が閣議決定され、朝鮮人と台湾本島人（この場合、高砂族を含む）に対する海軍特別志願兵制を新設し、予備訓練は「昭和一八年度中に開始」する準備をするとした。その「説明」によれば、①「大東亜戦争」の進展に伴い、陸海軍所要の兵力の漸増が予想され、先般朝鮮で徴兵制を施行したが、海軍では兵力も比較的少なく、また艦船勤務は特殊事情があり、朝鮮人の海軍兵採用を差し控えてきた。今日、朝鮮人の皇国臣民の自覚が大いに昂揚したが、直ちに海軍兵徴集は不適切と考える。最初の段階として速やかに海軍特別志願兵制を新設したい。②台湾本島人についてもほぼ同様の趣旨で、海軍特別志願兵制の新設は適当かつ必要である。③朝鮮人、台湾本島人をして陸に海に国防の一端を分任せしめ、「殉国ノ精神ヲ涵養シ以テ皇国臣民トシテノ資質ノ錬成ニ資ス」ことは朝鮮、台湾統治の見地からも適切である、(34)とした。このように、植民地朝鮮に連動させ、台湾本島人にも「国防の一端」を分担させることは統治の上からも有効とする。ただし、あくまでも「海軍兵」ではなく、「海軍特別志願兵」としてであった。

第三に、徴兵制

では、台湾における徴兵制はどうか。これと台湾原住民はどのような関係にあるのか。

陸軍大臣、海軍大臣の「台湾本島人（高砂族ヲ含ム）ニ対シ徴兵制施行準備ノ件、右閣議ニ供ス」（一九四三年九月六日）によれば、「台湾本島人（高砂族ヲ含ム）ニ対シ徴兵制ヲ施行シ昭和二十年度ヨリ之ヲ徴集シ得ル如ク準備」したいとする。その「理由書」では、「帝国ノ□□ヲ決スル戦局ノ要請ニ基キ名実共ニ挙国国防ニ□ル兵制ヲ拡充強化シテ必要ナル兵員ヲ充足スルト共ニ台湾本島人（高砂族含ム）兵役義務負担ノ輿望、就中大東亜戦下軍ニ寄与セル献身殉国ノ熱情ニ応ヘ以テ決戦下台湾統治ノ完成ヲ図ル為」、徴兵制施行の準備に着手したい、とした。

一九四三年九月二三日陸軍大臣の閣議での説明を要約すると、以下の通り。昭和一七（一九四二）年、朝鮮人は昭和一九年度より徴兵制施行の決定をみたが、台湾では昭和一七年度に初めて特別志願兵制度が実施されたばかりで、とりあえず朝鮮人にのみ施行された。だが、戦局の進展に基づき国防上の要請、並びに特別志願兵の成績、過去一年半の「大東亜戦争」に粉骨挺身した台湾本島人の熱情などを察すると、この際、徴兵制施行が必要かつ適切と判断できる。

（1）戦局観

様相は有史以来未曾有のみならず、皇国の興亡がここ一両年に決される。殊に南方基地・連絡路の中枢となった台湾の国防価値を考えると、敵の反攻目標となる可能性もある。いまこそ台湾人を「真ニ国防ノ第一線」に立たせるべきと考える。広大な南方諸地域での兵力増強が必要であり、帝国臣民にして唯一残された台湾本島人に対して徴兵制施行を必要とする所以である。

（2）（台湾島民の）過去一年半南方各戦場に於いて直接軍に寄与した事績は目覚ましいものがある。すなわち、志願者四〇万より選定採用した第一回志願兵中、五〇〇名は本年四月より入隊し、すでに戦場にあり、残り五〇〇名は七月入隊し、それぞれ軍務に精励している。また第二回特別志願兵の志願者は実に六〇万に達した。「大東亜戦争」開始以来、奉公隊、義勇隊、通訳などとして特に戦局苛烈な比島（フィリピン）、および南東方面戦場で直接作戦に献身寄与し、熱誠、功績は顕著である。従軍者は五月末までに約一万五〇〇〇名に上り、その一部は帰還して従軍記念会を結成し、銃後活動の中核として奮闘している。こうして、本年度は約五万名派遣の予定の下で逐次出発させつつある。これら要員中五月末までに戦没した者は五〇五名（本島人二五四名、高砂族二五一名）となったが、敵愾心旺盛で、さらに軍の要求に応じようとの熱意熾烈である。

以上、勘案すれば、明年（四四年）度は現志願兵制度を活用することとし、この間、関係諸法令を改定し、あるいは朝鮮での徴兵制実施の状況などを参考として準備し、昭和二〇年度より徴集準備を進めるのが適当、[35]と結論づけた。このように、台湾の地理的位置、国防上の重要性、および南

表4－3　台湾における志願兵制度，徴兵制度

制度名	施行年月日	
陸軍特別志願兵制度	1942年4月1日	志願兵編入者は総督府立陸軍兵志願者訓練所に入所し，課程修了を条件に陸軍特別志願兵志願者とする。昭和17（1942）年度は多数の志願者より年齢，身体，学歴などを考慮し，厳選の結果，1000余名を採用。その半数を前期生として訓練所に入所させ，修了者は現役兵とし，残り半数は後期生として入所させ，修了者は第1補充兵として兵籍に編入。また，昭和18年度には1000余名，昭和19年度は2200余名を採用し，それぞれ同様に前・後期生に分けた。その他，高砂族のみの陸軍特別志願兵を昭和18（1943）年度に500余名，昭和19年度に800余名を採用し，本制度実施後，（本島人・高砂族双方の）陸軍特別志願兵総数は約5000余名であった。年齢は最低17歳，最高30歳であるが，19歳より23歳までが多数であった。職業的には農業，官公衙，各種団体の雇員，事務員，および街庄職員・職工などの順である。学歴は，国民学校初等科修了者を首位に，次いで同高等科修了，さらに中等学校卒以上の学歴を有する者も若干あり。なお，本制度は本島徴兵制施行に伴い，志願者訓練所も1945年3月をもって廃止。
海軍特別志願兵制度	1943年8月1日	総督府立海軍特別志願者訓練所の課程修了者を海軍兵籍に編入し，海兵団に入団させる。年齢16歳から24歳未満の者を適格者とする以外は概ね「陸軍特別志願兵制度」と同じ。昭和18（1943）年10月第1期生1000名，昭和19年度4月第2期生2000名を訓練所に入所させた。その後，海軍特別志願兵令が改正され，訓練所を経ずに徴募採用された者は直接海兵団に入団することとなった（海軍兵志願者訓練所も1944年7月廃止）。本制度の実施以来，海軍兵籍に編入された者は約1万1000余名に及ぶ。
徴兵制度	1945年1月	「大東亜戦争」の進展に伴い，昭和20（1945）年度より台湾に本籍を有する者にも兵役服務制が設けるため，昭和19（1944）年度より準備を進め，昭和20年1月全島一斉に徴兵検査を実施。その結果，受検者総数4万5726人中，甲種4647人，乙種1万8033人で計2万2680人で，その大部分が現役兵として入営。

出典：台湾総督府編『台湾統治概要』1945年（【復刻版】原書房，1973年），71～73頁から作成。

方戦場での兵力増強などを目的に徴兵制を実施しようとしたのである。すでに彼らは各部門、各方面で奮闘しているとの実績もあるとした。戦没者は「本島人二五四名、高砂族二五一名」とほぼ同数であるが、やはり台湾での人口比から高砂族の戦死者の比率が大きかったと見なせる。

表4―3によれば、一九四二年四月には陸軍特別志願兵制度が始まり、台湾原住民の場合、四三年度には五〇〇人余、四四年度八〇〇人余が採用された。また、四三年八月には海軍特別志願兵制度が開始され、原住民も含まれ、四三年一〇〇〇人、四四年二〇〇〇人を訓練所に入所させたとするが、その内、原住民数は不詳である。そして、四五年一月徴兵制が実施され、台湾で甲種、乙種の合計二万二六八〇人であるが、これもまた、その内、原住民数が不明なことは遺憾である。ともあれ原住民は高砂義勇隊員のみならず、陸海軍特別志願兵、さらに徴兵制という形で入り乱れて南洋戦場で戦うことになる。

二　銃後の台湾原住民

では、ここで盧溝橋事件後の台湾原住民の動態に論を進めたい。

盧溝橋事件後、『理蕃の友』（一九三七年一〇月）によれば、東部の普通行政地域に住むアミ族を除けば、理蕃所管六種族中、時局に比較的敏感なのは、往時中国人との関係も深かった北中部のタイヤル族と南部のパイワン族である。中部のツオウ族及北部のサイセット族がこれに次ぐ。中央山脈地帯のブナン族は大部分が無関心で、紅頭嶼（現在の蘭与島で台東県所属）のヤミ族（「雅美族」。フィリピン系原住民とされ、共通言語も多いとされる）に至っては時代離れした「武陵桃源」の夢の中にいるとする。このように、各族によって意識に温度差があった。理蕃職員は家長会、青年会などで、またはラジオ、談話、時事写真などにより常に時局に対する指導をしている。その結果、「我が国の公正なる態度」と「支那側」への不信、その「暴戻行為」について「殆ど正しき認識」を持ち、「先覚の青年層」は出征を希望する者すらある。各地方とも積極的に勧説しなくとも、戦勝祈願、防空監視、国防献金、慰問金の醵出、応召兵の見送り、千人針の作製をおこなっている。時に疑念を懐く者もいるが、常に適切な指導をしている。勿論彼等は往時「支那人」に欺瞞虐待されたる反感と、「牡丹社討伐」（同事件に関しては第二章の註（1）を参照されたい）時代より「領台」（一八九五年の日本への台湾割譲）当時までの「支那兵」を知るのみで、その認識は稚気に富む。この点、指導教化を等閑し得ず、今日こそ彼等教化の絶好の機会[36]、とする。

台湾原住民は盧溝橋事件を契機に、皇民化政策が強化されたこともあるが、繰り返すが、それまで以上に日本人意識を強め、「戦勝祈願」をおこなった。銃後の彼らの具体的な動向を見ると、（1）戦勝祈願・蕃地には、佐久間神社をはじめ社祠、遙拝所などが六五ヵ所あるが、教育所児童や男女青年団などを中心に、警察官の指導下に熱心に戦勝祈願をしている。（2）高砂族青年の中には、時局を認識し、殊に本島人が軍夫として従軍したと聞き、同じ「日本国民」でありながら何故高砂族が採用されないのか不満を抱く者も少なくない。軍夫志願は特にタイヤル族が多いが、すでに各種族を通じて六〇〇人余に達し、さらに増加傾向にある。（3）国防献金・慰問金：総督府の方針により、特殊地域として保護下にある高砂族の献金、慰問金については現地職員が不必要としているが、平地の状況に刺激され、願い出る者がいる。多い順に台北州では約二三五八円、新竹州では約一三一二円、台中州は約六六〇円、花蓮港庁は約三三二円などで総計九四九一円である。その他、米、落花生、里芋、および慰問袋、褌なども持ち込んでいる[37]。原住民は本島人からも差別を受けていたようで対抗意識もあり、平等に扱われることを熱望していた。

こうした状況下で、高砂義勇隊募集に続き、今度は特別志願兵制度を施行するというニュースが原住民地域を駆けめぐり、台北州立高砂族青年道場では座談会が開催された。羅東郡シキクン青年団「重松久次」（二〇歳）は「部落から立派な志願兵を多く出すには、蕃語使用厳禁、国語（日本語）を常用しませう」と蕃社全体で決議、もしうっかり原住民語を話したら「改心板」を持たされ、罰金がとられる[38]。このように、日本語習得にかなり力を入れていた。

高雄州屏東郡サンティモン社では、篤志看護婦志願の血書を出した女子青年団長ラブラブ（二〇歳）は「私たちは皆独身ですが将来同族と結婚するときは立派な志願兵といふのがお婿さんの第一条件です。皇国の軍人の妻となる日を思ふと胸が躍るやうです。やがて私たちの子供がこぞつて志願兵となつて御国のために戦ふ日が来るでせう[39]」、と熱い想いを語る。このように、結婚相手として志願兵となる原住民青年が理想像とされていった。こうした娘たちの発想を含む原住民社会の雰囲気が原住民青年の心を鼓舞したことは疑い得ない。

一九四一年一二月太平洋戦争が勃発すると、台湾全島は厳戒態勢に入った。拝恵・那胃（新竹州のタイヤル族と考えられる）はすでに二七歳になっており、南洋派遣には徴集されず、台湾警備の「高砂警備隊員」に任命された。当時、台湾全島に警備部隊が組織された。例えば、（1）嘉義空軍の第四五八七美川部隊は高射砲でアメリカ軍機を迎撃する。（2）屏東の第一二八三一遊撃隊は山区での作戦を担当し、嘉義、南投両遊撃隊を管轄下に置いた。（3）新竹五峰第一三八八七高砂警備隊は①樹木伐採と運搬、②軍事用の新道路を切り開く、③砲台用トーチカの建設などの外、警備任務、遊撃戦準備を担当。（4）花蓮航空司令隊の構成員が大体一七、八歳であり、人力で日本軍機を森林の大型防空壕に隠蔽する任務であった。これら部隊は各種族原住民で構成されており、それに台東特別突撃隊第一二八五部隊などを加えると、原住民の動員数は一万人以上に達した。拝恵・那胃は新竹五峰第一三八八七高砂警備隊に所属し、苗栗での訓練後、五峰山区で労役に従事した。日本軍はアメリカ軍の山区爆撃と（台湾の）「漢人」の機に乗じた叛乱を恐れていた。警備隊員は三年間でマラリア流行により多くが死亡した。大部分の薬品は海外前線に送られたため、薬品が極度に欠乏し、かつ戦闘準備の労役は休みもなく、犠牲者が増大した。[40]

四二年五月台湾全島では「コレヒドール島、バターン半島陥落祝賀行事」が盛大に挙行された。丁度、第五回大詔奉戴祭に当たり、全島もれなく日章旗をはためかせた。台湾神社など全島各神社では一斉に祈願祭を執行した。花蓮港を始め各地の蕃社でも「万歳」の歓声が上がったという。[41]いわば、この時、日本軍の勝利は原住民の勝利とイコールで結ばれたのである。

当時、台湾総督府理蕃課では、台湾原住民の南方移住案も計画し、軍当局に諒解を求めようとしていた。これは、明治時代に北海道、樺太に布かれた屯田兵制度とほぼ同様な案で、熱帯に抵抗力が強く、豊富な経験を持つ高砂族青年約一万人（家族を含む）を選抜して、農作物の栽培に従事せしめ、かつ有事の場合は銃をも執らせる。将来は彼らを南方に永住させる、とする。換言すれば、台湾原住民に対して農業生産とともに、日本軍による南洋支配の先兵としての役割を担わせようと計画していたといえよう。例えば、高雄州潮州郡下の蕃社は徐々に山脚に移住している。ことにパクヒョウ社は治水工事による造林事業で耕地が大幅に狭くなる。パイワン族のラガリ・ポピリカン（二七歳）は、狭い土地で移住地を論議するくらいなら、ボルネオ島は「世界第三の島で住民は少（な）く、しかもわれわれと似た種族がゐるといふではないか[43]」、と移住を熱望しているという。

今村孤舟（『台湾警察時報』三一五号に掲載）によれば、「今仮に蕃社の上空に敵機襲来することを予想し、又平地より不逞漢（人）の侵入、悪宣伝ありとして時局を認識せしめ」るにはどうしたらよいか。高砂族社会治安を維持統御すべき「真の力」は警察の力はもちろんであるが、逼迫した事態にあっては彼等同族の「先覚者」の力に俟つものが多いことは、従来幾多の事例が之を物語っている[44]、と。このように、原住民地域において警戒感、緊張感をもたせ、治安維持などには、原住民の「先覚者」（この場合、日本の政策に協力的な頭目）の力にやはり頼らざるを得ない、と強調しているのである。

ところで、当初、日本軍の南進は成功を収めているように見えた。四二年一〇月七ヵ月の従軍を終えて帰国した高砂義勇隊（第一回）の台北州隊座談会が開催された。①決してアメリカの捕虜にならず、立派な手柄を立てて帰ろうと覚悟した。②バターン作戦が終わり、マリベレス山を占領した時、何千人もの捕虜が並んでおり、いよいよ「日本軍が勝った」と喜んだ。③比島北部の山奥の農民は、昔、我々の祖先がやっていたような方法で農耕をしている。それと較べると、我々は「一視同仁の御聖徳に浴し、立派な農業をやつていること」が有り難い。[45] ④高雄州の第一回義勇隊員の「下村」の活躍振りは素晴らしく、アメリカ兵一三人を斬った。[46] こうした、ある面誇張された「英雄談」などが原住民青年の胸に深く刻み込まれ、銃後を盛り立てた。

では、台湾原住民の銃後の生活はどうであったか。高砂族の自主的教化のため台北州では高砂族三五人（男は大南澳農業講習所卒一七人、女は蕃童教育所卒一八人）を蕃童教育所助手に採用した。五月一日から羅東郡ショウラ社の台北州立青年道場で教師に必要な学科、実技を錬成、二五日修了後、男は警手とする。また、女は傭員として国民学校助教と同様、一学級を担任し、主任警察官を助けて出身蕃社の子弟を教育する。彼ら助手志望者は蕃社の教師にという熱意に溢れている。殊に羅東郡ボンボン社の「和田義一」（一九歳）は陸軍兵志願であったが、苧麻剥皮機に巻き込まれ、左手を失い、兵士志望を断念し、同族教化に捧げようと決心したという。[47]

四三年末、こうした銃後の活動は強まりこそすれ、弱まることはなかった。①屏東郡下サモハイ社の老父は「年寄りと女さへゐれば山や田畑はりつぱに守つていく。戦地ではどんなことがあつても一歩もひくな」と諭したという。②事変（盧溝橋事件）以来、特に自覚は飛躍的に昂揚し、国防の本義、銃後の務《つと》めを心底から認識した。③治安を自らの手で守るため高砂族自助会を結成し、夜進んで防空監視の任務にあたっている。④米英に宣戦布告されるや農作にも異常な熱意を示し、夜は山の至るところで松明まで焚いて増産している。⑤相互扶助の精神を発揮して留守家族の農耕手伝いなどをおこない、金属回収、愛国貯金なども率先協力し、平地以上の成果をあげている。⑥日常生活も皇民化され、住宅も風俗も日本式に改められ、彼らの和装姿を見て高砂族と見分けることは難しい。「国語」（日本語）もほとんど不自由がない。当局が「蕃」の字を一切禁止するに至ったのも当然のこととする。⁽⁴⁸⁾このように、皇民化、日本人化が進められ、戦争を肯定し、それに尽くすことで自らの待遇を変えていこうとする涙ぐましい努力をしていた。また、一時期、「蕃」の字を禁止しようとしていたことがわかる。

しかし、戦況悪化の中で死んでいく原住民青年は激増していった。四四年六月、第一回高砂義勇隊員だけで金鵄勲章が実に「四〇柱」の多きを数えた⁽⁴⁹⁾。高雄州屏東郡理蕃係の湯前巡査部長は、バターン、コレヒドールの大攻略戦で彼等（高砂族）の強さと尚武の伝統を見た、と語る。原住民青年は極めて強く勇敢だったのである。そこで、記者は屏東郡ブタイ社を訪れ、金鵄勲章を授与された畑中家を訪問した。原住民の父は、市志が出征する時、「天皇陛下の御ために死んで帰れと言い渡してありました。……それがまた今度日本人として最高、最大の名誉である金鵄勲章を頂くことになり、家門の誉《ほま》れ」であり、「弟の正義もゐますからこいつを兄の仇討のために戦地にやりたい」。母は「なにも申《もう》し上げることはありません。倅もさだめし地下で喜んでゐることでございませう」、といった。また、男子青年団長は「銃後に残つてゐるわれわれ青年は畑中君につづいて戦地に行く覚悟です」。そして、女子青年団員は「畑中さんのやうに義勇隊員となつて戦う人のもとへ（お嫁に）行きたい」[50]、と述べた。周知の如く天皇・日本国のために死んでいくことが当然視され、かつ家族のみならず、原住民社会全体にとって誇りとされた。それと異なる意見は公然とはいえない状況であった。

三　南洋戦場での激戦と高砂義勇隊

では、ここで高砂義勇隊が活動した南洋戦場に話を進めたい。果たして実際にどのような活動をし、戦闘の中でいかなる役割を果たしたのか。一九四二年九月連合軍ニューギニア部隊指揮官のロウエル将軍は、オーエン・スタンレー山系の突破とモレスビーに向かう日本軍の軍事的成功の理由の一つとして、ジャングル戦における日本軍の「高度の訓練水準」により「わが軍は混乱し、いまだに日本軍」が「主導の地位」に立っている[51]、と述べている。ジャングル戦でこうした優位な特質を発揮したのは日本軍の中で特に高砂兵であった。

また、総督府労務課長山田一夫、理蕃課警視中村文治らは二週間、バターン戦線を視察して台湾に戻った。その言によると、高砂挺身隊は台湾各州から選りすぐられた五〇〇人余が自由自在に蕃刀で活躍した。兵士たちが長い銃や指揮刀をもてあましている時、彼らは自在に進撃路を開いていく、という。[52]現地部隊長も、高砂義勇隊員は前人未踏のジャングルに分け入り、地勢を偵察、進路を阻む樹木を伐採、不眠不休で軍用道路を開設、その後の作戦に多大の貢献をした、[53]と絶讃する。つまり日本兵では対応が困難なジャングルでの進撃路を、台湾原住民は台湾の山地での経験を生かし、蕃刀で切り開いていったのである。

では、ニューギニア、フィリピン両戦闘の経緯とその状況について見ておきたい。

(一) ニューギニア

一九四二年三月、日本海軍陸戦隊と陸軍南海支隊の歩兵一個大隊が共同して、ポートモレスビーの攻略を目的に東部ニューギニア作戦を開始した。南海支隊が陸路オーエン・スタンレー山系を越えてポートモレスビーに向かうことになった。八月一八日南海支隊はブナに上陸し、食糧一六日分を背負い、オーストラリア軍を撃破しつつ進軍した。九月一六日ポートモレスビーの北西五〇キロにある高地の小部落イオリバイワを占領した。[54]このように、日本軍にとって当初は順調に見えた。

だが、その後、圧倒的に優勢なオーストラリア軍によって南海支隊は後退を余儀なくされた。その上、連日の豪雨と補給の杜絶により士気は低下した。結局、ポートモレスビー攻略を断念し、一一月一〇日全面的な退却を決定した。そこで、歩兵第四一連隊も撤退を余儀なくされたが、クムシ河は氾濫し、極度に疲労した日本兵にとって渡河は容易ではなかった。小岩井少佐は以下のように述べる。一四日後衛に位置した小岩井大隊に対してオーストラリア軍が追尾して攻撃を加えてきたが、撃退できた。ただ部隊には食糧もなく、道なき道のジャングルの湿地を歩き続け、消耗し、体力なく、重火器、弾薬、ついには小銃までも捨てざるを得なくなった。各自が自らのことで精一杯で、傷病兵の担送を続ければ、一人のために全兵士が死んでしまうという切迫した事態に追い込まれた。落伍者数も増大の一途であった(55)。こうした悲惨な状況に陥ったのである。

ルデラン・ラマカウ(第二回高砂義勇隊・南海支隊の歩兵工兵部隊所属)によれば、ニューギニアに上陸以前にフィリピンで機関銃射撃法など一週間の訓練を受けた。いわば、この時点ですでに兵士としての簡単な訓練を受けている。その後、四二年七月ニューギニア北岸のバサヴァに上陸後、スタンレー山脈を越えると、ポートモレスビー飛行場の光が見え、部隊の指揮は高かった。そこにはマッカーサー率いるアメリカ兵二〇〇〇人とオーストラリア兵一万人が駐屯していた。四二年一二月ニューギニア北岸の日本軍の三大拠点の一つバサヴァが米オーストラリア軍の攻撃で陥落した。そこで、四三年一月歩兵部隊の中から破壊隊を組織した。枝元小隊長指揮下に高砂義勇隊から三人、日本兵一三人を選抜、計一七人で、米軍の大砲二門を破壊したが、部隊に戻った時、一〇人となっていた(56)。

つまり戦況の悪化にしたがい、高砂義勇隊員は輸送任務以外に、現地自活のため食糧調達、偵察諜報、さらには実際に銃をとって参戦している状況が明確となる。高砂義勇隊は短期間に日本軍属として訓練されただけであったが、戦闘教練を一番喜んだという。原住民部落では長老への絶対服従の習慣があり、日本軍での「絶対服従」もさほど苦ではなかったらしい(57)。これら高砂義勇隊を指揮したのは、多くが陸軍中野学校の出身者であった。周知の如く、中野学校（盧溝橋事件後、情報戦の重要性が高まり、岩畔豪雄が「諜報謀略の科学化」を提起し、一九三八年「防諜研究所」を新設、三九年には「後方勤務要員養成所」に改編、四〇年「陸軍中野学校」となった。四一年参謀本部直属学校となり、その主な任務は情報収集、防諜、謀略など特務要員養成である）が熱帯地域の遊撃戦遂行のための将校、下士官を養成し、その隊員として南方諸地域の現地人を充当するが、それに台湾原住民も含まれていた。[58]

ところで、ニューギニア方面陸軍最高指揮官から、第一回高砂義勇隊に対して「賞詞」（四三年五月一五日）が授与されている。隊長代理の枝元源市がそれを受け取った。その授与理由として、高砂義勇隊が①空襲下でのニューギニア上陸を敢行したこと、②モレスビーに向かう山系横断作戦の先遣隊をつとめたこと、③スタンレーを踏破、道路構築と補給輸送における役割、④ギルワ付近の戦闘で敵を撃退し、包囲網を突破して補給輸送、患者護送を実施したこと、そして⑤決死隊に率先して参加し、敵の砲兵陣地を奇襲、破壊などブナ作戦遂行に貢献などがあげている。[59] こうした困難で危険な任務を次々とこなし、かつ道路構築、補給など重要な軍夫としての役割は当然のこと、さらに決死隊になるなど、多面的活動をしている。換言すれば、本来の軍夫としての役割だけでなく、やはり兵士としての役割を果したことが評価されている。

遊撃隊長小俣洋三（第五回）がマダンの第一八軍司令部に行くと、高砂義勇隊中心に遊撃隊編成を決めたという。第二七野戦貨物廠にいる高砂義勇隊約五〇〇人から「一〇〇人」を選抜し、オーストラリア軍のマダン攻撃に対抗する、と。小俣は高砂義勇隊を第一、第二中隊に分け、各小隊に中野学校出身の下士官を付けたいと答えた。結局、高砂族は一一〇人が選ばれ、第一中隊三〇人、第二中隊三〇人、残り五〇人を予備隊とした。参謀本部の斎藤中尉を隊長として中野学校出身者を幹部とし、高砂兵五〇〇人から急ぎ一一〇人を選抜し、「斎藤特別義勇隊」を編成した。訓練はまず遊撃戦に必須の潜伏、潜行、工作、さらに幕舎・飛行機・戦車・火砲・車輛の爆破など最小限度の実戦訓練をおこなった。高砂兵は「素足の方がよい」といい、地下足袋一一〇足すべてを不要と返却した。武器は蕃刀であるが、銃も与え、射撃を教えた。手榴弾も一人に二個ずつ渡した。方向感覚、聴覚、嗅覚など五感は極めてすぐれており、それ以上、教える必要なく、遊撃戦・潜入計画を立てた(60)。

また、四四年五月には、第一八軍（軍司令官は安達二十三中将）は大高捜索隊（隊長大高定夫大尉）を編成して、西部ニューギニアのアレキサンダー山系などへの出撃を命じた。大高捜索隊一〇〇人中、八割の約八〇人が台湾原住民であった。半年の遊撃戦を終えて第一八軍司令部に帰還した。だが、すぐに四五年元旦には、大高捜索隊は再編成の命を受け、高砂兵八〇人を主体とする遊撃隊「猛虎挺身隊」を編成し、ソナム河に出動した。イリシガイ（第五回高砂義勇隊・猛虎挺身隊）によれば、猛虎挺身隊の任務は敵部隊への潜入攻撃だった。まず敵の位置、人数、戦力、地形の詳細な調査をおこなった。そして、敵兵の死体から自動小銃、手榴弾をとりあげ、それを使用した。潜入攻撃は遊撃戦の中でも最も困難で、高砂義勇隊の勇気だけでなく、身軽さ、暗夜でも見える目、鼻と耳の敏感さ、それにジャングルを素足で歩き、音を立てないという独自の能力がかわれた[61]、という。

このように、台湾原住民は戦闘面などで特殊な能力を発揮し続けた。

(二) フィリピン

フィリピン方面は南方作戦全般から見ると、当初重点が置かれていなかった。陸軍の主要作戦は当初「マレー作戦」、次いで「ジャワ作戦」、最後に「ビルマ作戦」に向けられた。ところが、戦争末期になると、フィリピンが日米戦争の焦点となったが、前述の経緯から日本軍側の戦闘態勢は万全ではなかった。

一九四一年一二月八日、日本の陸海軍航空部隊は航空攻撃を開始し、一挙にアメリカ航空戦力を粉砕した。本間雅晴中将の指揮する第一四軍の主力は二二日、ルソン島西岸のリンガエン湾に、また一部は東岸のラモン湾に上陸した。そして、南北から呼応しつつ進撃し、四二年一月二日首都マニラを占領した。マッカーサーは決戦を避け、バターンに立てこもった。だが、四月にはこれを占領、五月初旬、アメリカ軍のコレヒドール要塞を攻略し、開戦以来、五ヵ月間で、一旦フィリピンのアメリカ軍の組織的な抵抗を終わらせた[62]。アメリカ・フィリピン軍は降伏時、士気は衰え、食糧不足とマラリアの流行で極度に衰弱していた。日本軍自体が食糧、輸送に苦しんでおり、アメリカ・フィリピン軍降伏の際、捕虜に対する食糧、収容施設、輸送の準備ができていなかった。したがって、食糧の比較的供給しやすいサンフェルナンドまで捕虜を六〇キロ、徒歩行軍させた。極度の衰弱と炎天下で多くの犠牲者を出した。いわゆる「バターン死の行軍」である[63]。「準備ができていなかった」と弁明するが、日本軍には元々捕虜に対する配慮という考えはあまりなかったのではないか。なお、日本軍側も四二年五月のコレヒドール攻略作戦を前にした四月中旬以降、各部隊、特に第四師団にマラリアが爆発的に発生した。第一四軍参謀の中島義雄によれば、多い部隊は将兵の七五%以上がマラリアを発病した。なお、第四師団はマラリアだけではなく、デング熱にも苦しみ、双方の患者を併せると三六〇〇人に及んだともいう[64]。

日本軍は四二年九月から同年末までの治安維持作戦を開始したが、八月七日アメリカ軍のガダルカナル島への反攻が開始された。アメリカ軍のフィリピン接近に伴い、治安は悪化し、ゲリラ活動の活発化、民心の離反があり、「治安確保」が十分達成できないまま、決戦準備段階に突入した[65]。

この当時、日本のメディアはどのように伝えていたか。高砂義勇隊の『陣中日記』(『朝日新聞―台湾版―』一九四三年八月八日)を掲載し、バターン、コレヒドール作戦以降の臨場感溢れる勇敢な戦闘模様を伝える。

□月□日(□は掲載新聞自体の伏せ字)「ますます敵機の空襲はひどくなつてきた。二、三〇機からなる敵の編隊がやつてきた。この日味方の高射砲陣地から猛烈な火を吐きはじめた。ああおちるおちる、一機、二機、三機と火を吐いて撃ち落とされて行くのを隊員達」は眺めた。「死といふものが眼中にない皇軍のこの奮闘振りには驚嘆の外なかつた」

□月□日「午前八時敵機の空襲はますます苛烈を極めた。この日不幸にも義勇隊員から四名の死傷者を出したのでわれわれはこの戦友の仇を必ず討たねばならない」

□月□日「第二次高砂義勇隊に邂逅する。……この一〇日間といふもの草の根で飢《え》をしのぎ、野生の椰子の実で渇《き》をいやしてゐたので隊員が持参の月桂冠（日本酒）一本と煙草とキャラメルには自分達は躍り上つて喜んだ」

□月□日「再会を約して第二次高砂義勇隊とお別れした。……われわれは工兵隊に協力して密林を拓き道路を造り……橋をつくるなど……苦労はなみ大抵ではなかつたが一人も落伍するものなく黙々として働いた」(66)。このように日本軍の高射砲などによる戦闘力への素朴な驚き、また食糧不足下で苦闘ながらも勇敢に戦闘を継続していることを強調している。この記事から正確な戦争実態を読み取ることは難しく、台湾の原住民を中心に銃後の社会を鼓舞したことは間違いない。

四二年一二月九日オーストラリア軍の砲火の下、日本軍はギルワ脱出に失敗した。戦闘終了後、オーストラリア軍が調査に入ったが、ゴナの日本軍は戦死者を葬る余裕なく、日本兵の遺体を陣地構築に利用して戦っていた。すなわち、日本兵はその遺体に銃を託して射撃し、遺体と床を並べて眠っている。ある塹壕で過労で立ちあがれない日本兵に近づくと、小銃を自分の頭に向け、足の親指で引き金を引き、自らの脳天を粉砕した。どこもかしこも腐臭（死臭）で満ちていた。オーストラリア軍が埋葬した日本兵だけで六三八人に上る。オーストラリア軍側も損害が大きく、戦死、負傷、行方不明者は実に七五〇人に達したという(67)。四三年一月上旬ブナの日本軍陣地が陥落した。

四三年一月一二日南海支隊長から第一八軍参謀長宛の報告電によれば、「敵機ハ終日飛来シ銃爆撃所を嫌ハス。陣内ニ集中射撃シ来リ、陸海軍共（ニ）死傷者刻々増加シアリ。第一線陣地及中央陣地間ノ連絡ハ既ニ断タレ」たとする。そして、ブナ方面から来た「敵新鋭部隊ノ攻撃極メテ活躍ニシテ海岸ヨリ僅ニ補給シアル糧道ハ既ニ断タレントス。陣内ニ在ル将兵大半ハ栄養失調ニ犯サレ、辛ウシテ銃ヲ執ル者ハ食ナク力尽キ逐次餓死シ、散兵の間隔ハ益々疎散シツツアリ」。その結果、ギルワ陣地も数日中にバサブア、ブナと同様陥落するとした[68]。日本軍の占領政策に反発する民衆の支持を得るため、日本は四三年一〇月一四日ホセ・ラウレルを大統領とするフィリピン第二共和国の「独立」を認めざるを得なかった。だが、アメリカ軍による南東方面からの反撃は激烈で、フィリピン民衆、特に有識者はマッカーサーの復帰が近いと見て活動し、「米軍の謀略、ゲリラの組織化と相まって」困難に陥った[69]。

かくして、第一回高砂義勇隊は残留組一〇〇人を除き、ほぼ約束の期限通り帰還できたが、戦争悪化と共に各回高砂義勇隊全体の残留問題が生じ始めた。いわば第二〜七回高砂義勇隊が互いに入れ替わることなく、重複して戦場におり、軍夫、もしくは兵士としての役割を果たしていたことを意味する。繰り返すが、特別志願兵制度によって選抜された高砂兵とも離合集散しながら戦った可能性が強い。

四四年一月大丸常夫（第三回高砂義勇隊指揮官・小隊長）は隊員七人を引率し、「英霊四二柱」とその遺留品を台湾軍司令部に引き渡すため、フィリピンから台湾への出張が命じられた。三月九日大丸は台北の台湾軍司令部に行き、そこで次のように陳述した。「軍人勅諭の中にも、一つ軍人は信義を重んずべしとあ（る）。……比島作戦に参加せる第一回高砂義勇隊は六箇月にして解除を見おるに反し、我々第三回義勇隊に至っては昭和一七（四二）年一〇月以来、既に一年六箇月にも及んでいる。……契約期限の実現方に関して、ご努力を願い申し上げたく……陳情せり」、と現地での苦難と苦痛を伝えた。それに対して台湾軍司令部は国運の重大事、船舶不足などをあげ、我慢を要請している。(70) 激戦地域で、かつ補給や自給が困難な中で帰還許可が出ないことは、「死」をも意味する苛酷なものだった。なお、大丸と隊員七人は命令により戦地復帰する必要がなくなった。

四四年九月アメリカ軍の大空襲にあい、一〇月二三日（～二五日）のレイテ沖海戦で日本連合艦隊は壊滅した。その結果、「生命線」とされた南方と本土間の輸送は完全に遮断されることとなった。劣勢な日本軍はレイテ沖海戦前後に状況打開のため各種の特攻隊を組織した。日本人による特攻のみが強調されるが、実は高砂薫空挺特攻隊（以下、薫空挺隊）も神風特攻隊、陸軍特攻隊と共に、太平洋戦争最初の特攻隊の一つである。隊長の中重男中尉（大分県中津出身。陸軍士官学校卒業後、陸軍中野学校で遊撃戦専攻）以下、隊員六〇人中、台湾原住民が四八人（この場合も八〇％）を占めた。日本軍は一〇月一八日「捷一号作戦」を発令し、海軍神風特攻隊、続いて陸軍特攻隊が敵艦隊に次々と突入した。そして、四四年一一月薫空挺隊による奇襲作戦を決行することとなり、高砂義勇隊の「義」の字をとり「義号作戦」と称された。敵に察知されないため、飛行音を出さないようグライダーを使用するという奇抜なものであった。すなわち、レイテ島の戦局挽回を目指す日本陸軍の飛行機三機に引かれたグライダー三機（義勇隊員各三〇人とされるので、計約九〇人）が同島タクロバン飛行場に向かい、途中で切り離され、胴体着陸を強行してアメリカ軍に斬り込んだ。いわば薫空挺隊は大本営直轄の秘密特攻隊で、「帰らざる部隊」で最初から「確実な死」が約束されていたという。続いて一二月レイテ戦最後の日本兵のみの決死隊五五〇人による「和号作戦」が決行された[71]。結局、これら特攻隊が戦局を挽回できるという展望もなく、隊員は無謀な計画の下で死んでいった。

ここでターナ・タイモ（日本名は「林源治」）の略歴を見ておきたい。彼は、一九一七年一〇月五日烏来郷ラハウ社頭目ワリス・タイモの嫡男として生まれ、台北州立農業講習所卒。太平洋戦争が勃発すると、一九四二年一月フィリピン戦線に高砂挺身報国隊員（高砂義勇隊員）として参加、バターン半島、コレヒドール要塞攻撃に参加、六月帰郷。四三年一一月陸軍特別志願兵として台湾歩兵第一連隊に入隊、新竹で遊撃戦の訓練を受ける。四四年五月高雄を出発、六月二日マニラ着、再び遊撃戦の訓練を受ける。七月遊撃隊の編成を終え、モロタイ島に上陸、二四日「捷一号比島方面決戦」発令。八月五〇〇人が爆薬・食糧を陸揚げをおこなった。川島威伸部隊第三中隊に配属。九月同島に米軍が上陸したため、第一次斬込隊、一〇月第二次斬込隊として西海岸ピローを攻撃した。一二月二五日四〇高地を攻撃、それ以降、食糧確保作戦に転換した。第三二師団長の命令によりマカン作戦、戦死二九五人。四五年一月第三二師団との無線通信が杜絶した。米軍による海・空包囲網がさらに縮まる。二月モロタイ各部隊は島北方に移動。五月一二日最後の斬込隊（結局、戦局打開のための斬込隊は計一一回もおこなわれ、徒に戦死者を増大させた[72]）。ターナ・タイモは運良く修羅場のような戦場から生還できた。この略歴からわかることは、最初、高砂義勇隊員であり、一旦台湾に戻った後、陸軍特別志願兵として出兵していることである。高砂義勇隊員と陸軍特別志願兵が連続した一例といえるだろう。

四　南洋戦場の実相と日本敗戦　病魔と飢餓・「人肉食」

ここでは、紙幅の関係からニューギニアに焦点を絞りたい。そこは暑さ、湿度、スコールなど世界でも最悪の気候であった。その上、至るところで蚊、蝿、蛭、ダニ、蟻などが襲ってきた。こうした環境下で、前述の如く日本兵の中にマラリア、デング熱、さらにアメーバー赤痢、熱帯性潰瘍が発生した。

ところで、『朝日新聞』(二〇一二年一二月四日)の「声—語りつぐ戦争—」に川村茂松(大隊本部観測班長・飛行場防空警備)の投書が掲載された。それを要約すると、一九四三年五月、南海派遣独立高射砲第六三大隊の一員として東部ニューギニア・ウエワクに上陸したという。連合軍に制空権も制海権も握られ、補給の輸送が次々妨害された。川村らは空襲の合間にナスやトマトを栽培した。四四年四月、米軍がアイタペに上陸、出撃したが完敗した。この戦闘で日本軍は約二万人から七〇〇〇人に減少した。その後は内陸に逃げ込み、戦闘もなく、現地住民に助けられ、サクサク(サゴ椰子の澱粉)やネズミ、ツチグモ、トカゲも食べた。栄養失調で死者が続出した。ウエラク上陸時に六三〇人いた戦友が、きっかり三〇人になっていた[73]、と。このように、苛酷な環境下で食糧も不十分で、栄養失調のため、多くの死者が出たことを回顧する。この投書には触れられていないが、高砂義勇隊はここで活動していた。そして、駐屯地域や進軍、退却行程によっても異なると考えられるが、この投書以上の地獄絵が現出していた地域も多かったのである。

では、まず日本軍、高砂義勇隊と現地人との関係はどうか。日本軍の宣撫工作ではまず現地の酋長と友好的な関係を持つため、酒、煙草、食糧を与えたが、高砂義勇隊の仲介がなければ難しかったという。海軍は宣撫工作を実施し、まず現地の酋長と関係を付けようとした。海軍は現地人にすぐに農作物運搬など労役させようとしたが、彼らは嫌がった。「軍票を与えればよい」というが、現地人にとってはただの紙切れである。むしろ義勇隊員が覚えたての現地語で話かけると、すぐに親しくなった[74]。このように、高砂義勇隊は現地に溶けこんで宣撫、情報、食糧確保に威力を発揮した。日本兵では難しい現地人との融和も難なくこなしたのである。日本軍は畑から農作物を公然と盗んだが、当初、現地人は不満を感じながらも許容せざるを得なかった。

また、中村数内（副官・第五回高砂義勇隊）によれば、現地人がヤム芋、サゴ椰子澱粉、椰子の実、バナナ、パパイヤなどを提供し、米や食塩以外に不足を感じなかったという。猟で一日に猪三頭（六〇キロ平均）、火食鳥（六〇キロ以上。走鳥類で「カズワル」とも称す）を捕り、部隊のみならず、現地人にも配分した。隊員が三八式歩兵銃で撃ち落とした極楽鳥も食べ、その羽は現地人壮年の髪飾り用に提供して喜ばれた。こうして高砂族を通じて、現地人の信用を得た[75]。高砂義勇隊員が媒介することで、当初、現地人との関係は総じて悪くなかったように見える。

しかし、連合軍との戦闘が激化するにつれ、食糧補給が困難さを増した。そうした状況下で高砂義勇隊員は食糧確保に尽力し、多くの日本兵の命を助けた。例えば、椰子の木に登って実を落とす作業も日本兵にはできない。銃剣は人を刺す以外、役に立たず、ジャングルを進むのも、サゴ椰子から澱粉をとる作業も、椰子の葉で屋根を葺くのも、山豚（猪）の調理も、蕃刀が必要であった。食糧不足がさらに深刻化すると、義勇隊員が見つける食糧しかなく、日本兵を「敵よりも恐ろしい飢えから守って」くれたとされる。[76]日本兵ばかりではない。頑強に見えた朝鮮志願兵も弱音を吐き、食糧難も続き、またマラリアに冒され、瘦せ細っていった。朝鮮志願兵は、高砂義勇隊員はなぜ身体が強いのか、と不思議そうであった。マングローブの木に登り、籐を蕃刀で切ってその樹液を彼らに飲ませた。これは肺病の特効薬である。また、その芯を焼いて食べさせた。[77]

他方、海軍兵学校出身の将校は作戦計画はうまいが、ジャングル戦には不適であった。熱帯植物は難しく、毒草と知らず食し、死ぬほどの苦しみを味わった者、実際に狂い死にした者もいる。だが、カイラル島の植物は台湾のそれと似ている。義勇隊員は鳥を捕獲すると、必ず胃の中を調べた。鳥が食べても安全なものは人間にも安全だからだ。こうした面でも台湾原住民の智恵が遺憾なく発揮されたのである。さらに塩は体力を維持する上で必要不可欠であった。ダルパン・ポキリガン（第五回、日本名「垣田海三」、中国名「潘永和」、屏東県、パイワン族）によれば、戦争激化によって海岸での塩製造が困難さを増した。何とか爆撃の合間をぬって海水を汲んでドラム缶に入れて塩を製造した。僅かな塩を舐めるだけでも疲労が回復した。[78]

また、ロヘイ・タオレ〔第六回高砂義勇隊、タイヤル族〈セデック族〉〕によれば、現地人の畑を荒らして食べた。ジャングルで山豚や鳥をとってきて、分隊の仲間と分けた。ラバウルは糧秣が少ないが、高砂義勇隊員は飢えるということはなかったという[79]。このように、義勇隊員の場合、食糧不足という危機的状況の中で助け合いの精神を発揮し、僅かな食物でも分けあった。他方、日本兵の場合、一人だけ隠れるようにして食べている者も少なくなかったとする。

しかし、日本軍の強圧的態度から現地人との関係は次第に険悪化していく。日本兵の農作物略奪も激しくなった。その上、強制労働に動員、現地人の女を強姦、かつ処刑などをおこなった。例えば、強制的に集められた現地人担送隊が逃亡した結果、義勇隊員がすべての糧秣搬送を担当しなければならなくなった。バヤン・ナウイ〔第五回高砂義勇隊、タイヤル族〕によれば、日本兵が畑の農作物、豚を略奪し、その上、強姦もしたので現地人は反発を強め、報復し始めた。その結果、現地人がオーストラリア軍情報機関に日本軍の情報を提供するようになった。また、現地人六人は米軍機に鏡の光で信号を送り、日本軍の司令部・地下壕の位置、兵隊数などを知らせた。彼らを尋問した後、蕃刀で六人とも処刑した。その後、現地人の目がさらに険しくなった[80]。

四三年一月一三日第八方面軍の命令を受け、ついに第一八軍司令官は海軍と協力してブナ支隊撤退を決めた。すなわち、船艇によりまず全ての患者をクシム方面に転送後、支隊を船艇あげて全力でクシム河口に集結せしめ、敵下から離脱する。もし海上撤退ができない場合は、陸路で敵中を突破し、クシム河口付近に集結することになったのである[81]。こうした状況下で落伍兵は放置されるようになった。例えば、高砂挺身報国隊（第一回）のアルツ・アルバラらにもクシム河口に集結命令が出た。二週間で着くという。食糧もなく、かつ日本兵の多くはマラリアとアメーバー赤痢にかかり、次々と落伍したが、各兵士が自分自身のことで精一杯で、置いていくしかなかった。小隊長は日本兵が敵の捕虜となり、日本軍の転戦行動が知られることを恐れ、「歩けない者は撃て（殺せ）」と命じたが、戦友を撃てず、目で別れの挨拶をした。何千人の兵士が動けず、各所から自決の銃声が聞こえた。イリシガイ（第五回高砂義勇隊）は、ウエラク方面に移動を開始した。ラム河を渡ると湿地帯があり、飢えと病気で落伍したたと思われる水ぶくれの死体が沢山浮き、白骨死体も方々にあった[82]、と証言する。他に、河川氾濫に巻き込まれた溺死体も含まれていたようだ。

その上、地域によっては食糧不足が極限にまで達していたのである。そうした状況下で日本軍の中に人肉食が始まった。人間にとって最後の食糧は人間という状況が生み出されたのである。その時のことをルデランは以下のように述べる。四二年一一月頃、ギルワ陣地にたどり着いた。だが連合軍に包囲され、食糧探しも水汲みもできず、餓死寸前になった。こうした時、前述の如くクムシ河口に集結命令が出た。ジャングルを前進すると、昼夜分かたず連合軍捜索隊の自動小銃の音が鳴り響いた。途中、銃声と共にオーストラリア兵が倒れた。すると、日本兵数人が飛び出し、銃剣でオーストラリア兵の肉を削り取り、食べ始めた。私は茫然としてその行為を見ていた。すると、日本兵は「お前にはやらない。早く向こうに行け」と怒鳴った。高砂族も首狩りをしていたが、殺害した人間の肉を食べたことは聞いたことがない[83]、と。このように、まず日本兵の中で人肉食がおこなわれ始めた。

バヤン・ナウイによれば、指揮系統も崩壊し、落伍兵は勝手な行動をとった。山田軍曹と私は食糧を探してジャングルを進んでいると、死体の軍服と靴が投げ捨てられ、肉を削り取った死体の横で、日本兵五、六人が飯盒の中の人肉を無表情で食べていた。山田は憲兵にそのことを報告した。憲兵は全員を射殺した。私が一人でジャングルの中を進んでいると、「友軍の兵士」(この場合、他部隊の日本兵を指しているようだ)を殺して食べている集団を何度も目撃した[84]。

人肉食の状況は次第に高砂義勇隊員も巻き込んでいった。イリシガイによれば、前述の如く第一八軍司令部で大高捜索隊が編成された。トリセリー山脈を何ヵ月もかけて歩き、やっと山岳地帯を脱出したが、ヤミールでオーストラリア軍捜索隊と戦闘になった。三日間の戦闘で何も食べておらず、夜になると目がかすんだ。夜盲症である。分隊長は作戦会議で大高拠点隊に行っていた。このままでは餓死する、「奴らの栄養ある肉をちょうだいするか」と高砂義勇隊員一二、三人に提案した。若いオーストラリア兵一人の死体が近くにあった。「飯盒一八杯分だ」といった。服を脱がせると、蕃刀で至る所を切り取り、生で、あるいは焼き、またはスープを作って飲んだ。「これは人間の肉じゃないぞ。山豚の肉だぞ」と自らにいい聞かせ、肉を削り取る時は一切顔を見ないことにした[85]。

このことに関して筆者が角板山タイヤル族の黄新輝(第五回高砂義勇隊・分隊長、ロシン・ユーラオ、日本名は「啓田宏」)へのインタビューで確認した。彼によれば、「人肉食は有名な話」と前置きした後、「実は僕は一回だけ食べたことがある、日本兵に撃たれて死んだアメリカ兵の肉。当時、人間の肉くらいしか食べる物がなかった。僕の友だちが人肉を持ってきたので、炊いて少しだけ食べたことがあるんだよ。美味しくない。酸っぱい」[86]、と。

ブナ、ギルワでの戦闘開始時、すなわち四二年一一月中旬の時点での兵力と増援部隊の合計一万一〇〇〇人であったが、四三年二月七日まで集結した兵力は約三四〇〇人に激減していた。また、ブナ支隊参謀の田中正司中佐の回想によれば、ギルワ撤退の開始直前の兵力は四〇〇〇人であったが、クムシ河到着時には三一〇五人となっていた。その内、ギルワ撤退開始時の人数は不明であるが、高砂義勇隊員は六五人、朝鮮義勇隊は一五人が辿り着いた[87]。

戦争末期になり、「玉砕命令」が出ると、参謀らは苛立ち、部下を怒鳴りつけ、殴った。高砂義勇隊は最後の斬込隊に出るといわれた。潜入攻撃と異なり、斬込隊によってはある意味で「特攻隊」であり、生還できない場合が多い。そこで、義勇隊の何人かがジャングルに逃亡した[88]。高砂義勇隊員は僅かでも生還できる可能性があれば勇敢に戦うが、薫空挺隊の奇襲作戦（この場合、軍上層部はともあれ、高砂義勇隊員は生還できる可能性があると考えていたのではないか）を例外とすれば、全滅が確定し、確実な死が待っている戦闘には参加しない傾向があった。

日本敗戦が決定的となった当時の状況について、筆者の質問に黄新輝は以下のように答えた。「日本敗戦時、師団長を頭に五〇人くらいの日本兵が頑張って戦っていたが、『もう負けた。君たちは身体を大切にせい』と言い、陸軍軍曹らは『天皇陛下万歳！』と言って手榴弾で自殺した。ある部分の日本兵は切腹した。あっちでもバーン、こっちでもバーンと、あちこちで自殺した。日本兵は切腹したり、手榴弾自殺をしたが、高砂義勇隊の隊員は切腹も、手榴弾自殺もしなかった。僕たちまでが死ぬ必要はないでしょう」[89]、と。ここから日本敗戦時に日本兵と高砂義勇隊員との行動形態に違いがあったことがわかる。台湾原住民は「日本人・日本兵」に成りきっていたとはいうものの、最後の状況での対処法は異なっていた。換言すれば、「日本人であること」から解放されて、本来の台湾原住民の姿に戻ったともいえそうだ。

日本敗戦後、高砂義勇隊員ダルパン・ポキリガンは、それまで威圧的であった日本軍上官への怒りを爆発させた。事の成り行きは以下のようなものである。高砂義勇隊からの逃亡兵五、六人が（おそらく帰国船に乗るために）日本軍の降伏後に出現した。中隊長は怒り、軍刀で斬り殺すといった。私は「戦争が終わったのにどうして戦友を切るというのか」と激しく抗議した。戦争が終わったら日本軍の階級も関係ない。義勇隊員は皆、銃、手榴弾、蕃刀で戦闘態勢をとった。従来、義勇隊員を理由なく殴りつけていた上官は低姿勢となった。帰還のため、台湾基隆まで巡洋艦に乗船した。第五回高砂義勇隊の上野保小隊長は船の中で殴られて、土下座して謝った[90]。いわば逃亡しなかった義勇隊員も逃亡義勇隊員の気持ちが理解できたのである。したがって、上官の「逃亡」ゆえの「処刑」に真っ向から反対した。敗戦を契機に日本軍の階級も規律も論理も台湾原住民には通らなくなっていた。

五　日本敗戦後の元高砂義勇隊員

一説では、戦地に行った高砂兵の「損耗率」は六〇～七〇％とも称され、戦後、「戦死公報」が届かない家庭が幾つもあったという。なかでも第一回から第三回の高砂義勇隊は緒戦の勝利で戦争を甘く見ていた可能性がある。その後、戦地志願が多く出たが、二度と山地に戻ることはなかった[91]。高砂義勇隊員や特別志願兵制度による原住民兵士の何人もが戦地で生死不明、行方不明となったものと解せよう。

烏来タイヤル族頭目のターナ・タイモ（「林源治」）の場合は、四六年六月基隆港に帰還した。その時、港には誰一人迎える者なく、最初に姿を見せたのは国民政府軍の憲兵であった。敵国日本軍に協力した者は人間の中に入らぬとばかりで、持ち物は没収され、家路についた。台湾語も山地語（原住民語）も、ましてや日本語が通じるはずなく、ここを統治しているのは「異邦人」だと、「敗戦」の実感が迫ってきた[92]。日本植民地統治が崩壊し、国民党統治へと大転換していたのである。こうした状況下で、高砂義勇隊員の心情は複雑であり、この時ばかりは日本人と同様に「敗戦」を実感したのであった。

ある部分の高砂義勇隊員と日本人兵士はウエラクからムシュ島に上陸艦艇で送られたが、それぞれ別の収容所に入れられた。イリシガイによれば、オーストラリア軍将校は「大高捜索隊と猛虎挺身隊」は全員前に出るように命じた。大高隊長は「第二七野戦貨物廠の軍属」で押し通せと伝言した。大高らは取り調べられ、ここで「人肉食」が問題にされた。ところが、猛虎挺身隊は「全滅」したことになっている。ニューギニア戦ではオーストラリア兵だけでなく、アメリカ兵、現地人（それぞれ「赤豚」、「白豚」、「黒豚」と称した）、それに日本兵の肉まで食べている。オーストラリア軍は執拗に「人肉食事件」を追及するが、玉砕した部隊もあり、それ以上、取り調べようがなく、そのまま立ち消えとなった。ルデランは、台湾に帰国後、遺族から戦死の様子を尋ねられた。飢餓で死んだとか、病死であったとか、いわんや「人肉食事件」のことを遺族に話せない。「勇敢に戦って死んだ」と報告した[93]。

台湾に戻った後も苦難の連続であった。第七回高砂義勇隊のイヨン・ハバオ（日本名「加藤直一」、中国名「高聡義」、南投県仁愛郷、プヌン族）によれば、蔣介石・国民政府軍から見れば、日本軍人は敵兵で、原住民の特別志願兵は日本の協力者で、「民族の裏切り者」の烙印を押される。前線で片足、片腕を失っても狩猟で負傷したといいつくろった。いつ捕縛されるか、元高砂義勇隊員は戦々兢々として毎日を過ごした。なお、イヨン・ハバオは、子供の時から日本語教育を受けてきたから中国語を全く話せない。これまで祖国は「日本だ」といわれ、戦後は突然、「中華民国の国民」といわれてとまどった。完全に「日本精神」に染まっているので、戦後社会への適応はおろか、孤立してしまった。従来の社会的地位は変わり、日本植民地時代の権力者や警察、教育者は批判された[94]。

ところで、台東県のアミ族スニヨン（日本名「中村輝夫」一等兵。元第七回高砂義勇隊員？）は日本敗戦後、終戦を知らずに約三〇年間、一人インドネシアのモロタイ島に隠れていたのを、一九七四年一二月発見された。妻は再婚していた。日本政府の処遇は冷たかった。やはり日本の敗戦・終戦を知らずに潜伏していた横井庄一伍長が七二年にグアム島から二八年振りに帰国した。また、ルバング島で戦闘を続け、七四年に三〇年振りに帰国した小野田寛郎少尉（陸軍中野学校卒。四四年一二月、第一四方面軍情報部所属で「フィリピン防衛戦」において遊撃戦を指揮）と違い、スニヨンは台湾籍という理由で、帰還手当三万円と帰還までの給料三万八〇〇〇円の計六万八〇〇〇円しか支給されなかった。結局、世論の圧力もあり、日本側からは、インドネシア駐在大使館員によるカンパ六五〇米ドル、閣僚名義の一五〇万円、その他の寄付金七〇万円であったが、日本政府からは「見舞金」として二〇〇万円だけであった。もっとも台湾では同情もあり、各界からの二〇〇万台湾元（日本円で約一〇〇〇万円）を受け取った。(95) これを契機に台湾では、元日本兵やその遺族などにより戦後補償問題が論議され始めた。そして、日本政府に対して遺族年金、軍人恩給、戦時郵便貯金、未払い給料などの請求運動が起こった。そして、七七年八月に原告一三人が東京地裁に「一人当たり五〇〇万円」の補償を求め提訴したが、棄却された。地裁判決では原告の立場に同情しながらも、これは立法の問題とし、その解決を日本政府や国会に委ねた。日本政府に早期の立法を求める超党派国会議員四九八人が署名して国会に議員提案をしたが、進展が見られなかった。だが、判決を不服として原告側はすぐに東京高裁に控訴した。(96)

東京高裁では、イヨン・ハバオが日本兵として戦った台湾人の軍人、軍属、およびその遺族として証言台に立ち、「わが家では三人が高砂義勇隊として南方で戦った。……（しかし）われわれを見捨てて、何ら慰めの言葉もない」、と。だが、八五年原告敗訴。ただし戦後補償を怠った日本国の道義上の責任を認めた。そして、財政事情や台湾以外の地域への影響を配慮して応じられないとした日本政府の主張を、「補償しないことを合理化する理由にならない」と批判、補償の立法化を日本政府と国会に勧告した。そこで、台湾で「台湾人元日本軍人補償請求訴訟団後援会」（会長イヨン・ハバオ）を設立し、七万人の署名を付して日本政府と国会に提出した。だが、九二年最高裁判決でも上告は棄却された。ところで、日本の国会は議員立法によって、八八年「台湾住民である戦没者の遺族等に対する弔慰金等に関する法律」が成立し、戦死者・戦傷者に限って「弔慰金・見舞金」名目で、台湾人の元日本兵に一人当たり「二〇〇万円を支払う」ことを決議した。しかし、これは「補償金」（償い金）ではない。我々は「日本人」だったから戦場で命がけで戦った。戦争中は「一視同仁」、「現在は日本人ではないから該当しない」と言い訳をするのは矛盾している。国籍条項を楯に「天皇の赤子」といって戦場に送り込み、終戦になると、台湾人は「日本人ではない」、「国籍がない」というが、なぜ国籍のない人間を日本は戦争にかりだしたのか、[97]と怒りを隠さない。日本政府は旧日本人兵士には軍人恩給や遺族年金を支払っているわけだから同等に扱うのは当然だ、と主張しているのである。問題はそこにとどまらない。「当時は日本人だ」という理由で靖国神社に合祀され、その取り下げ要求に応じず、「現在は日本人ではない」という理由で恩給・年金を拒絶するという、あまりに便宜的でダブル・スタンダードともいえる矛盾に満ちたものだからである。

一九九二年一一月、台湾県烏来観光中心区に高砂義勇隊記念碑が建立された。碑文によれば、「一九四一年から一九四五年の第二次世界大戦期間、熱情剛直な山地青年約六〇〇〇人前後が日本軍に召集され、南太平洋群島の戦役に参加した。その勇猛果敢な戦績は日本正規軍に勝り、そのことは周知の如きで賞讃に値する。不幸にして殺害された犠牲者は三、四千名の多きに上る。その魂は各地の戦野に漂い、（台湾の）墓地に帰る術もない。……高砂義勇隊慰霊碑建立委員会　主任周麗梅」。そこで、その魂を慰めるため、原住民のほとんどがキリスト教徒なので、その信仰に合致した記念碑を建てたとする。(98)

六　国共内戦に国民政府軍の一員として参戦

ここで看過できない重要問題がある。元高砂義勇隊員などの一部が今度は国民政府軍の一員として中国共産党軍（以下、中共軍）と戦わざるを得なくなったからである。

ここでは、霧達・欧敏（タイヤル族、地域不詳）の回憶によれば、私は「高砂特別突撃隊員」で、一九四五年八月台湾に戻った。同年一〇月原住民部落にトラック三台がやって来た。トラックの上で多くの「漢人」（この場合、大陸系と考えられる）が（中国語で）演説したが、私はタイヤル語と日本語しか分からないため、聞き取れなかった。その後、一人の「漢族」（台湾系の閩南人か客家）が日本語に通訳した。そこで、私は初めて日本が投降したことを知った。我々のことを「台湾同胞」

といったので、安心した。続けて「漢人」は「国民政府は皆に台湾防衛を求めている」といった。「国語」（中国語）を学べるし、三年間の兵役後、除隊か、兵役を続けるかを選択できる。台湾を離れる必要もなく、月給も高いし、将来、将官に昇級することもできる、と。当時、陳儀による台湾接収後、混乱し、工場は操業を停止し、生活が困難だった。その上、日本軍に徴用された青少年が海外から続々と帰ってきた。この結果、失業者も異常なほど多かった。そこで、募集に応じた。当時、私は満一八歳になったばかりだった。私は二ヵ月前まで日本軍服を着ていたが、今度は国民政府軍の軍服を着た。「日本皇民」から「炎黄の子孫」となり、複雑な心境だった。一週間後、列車で高雄の鳳山に行き、約八、九ヵ月間の訓練を受けた。その後、港まで行軍させられたが、道の両側には銃を持った国民政府軍の兵士がおり、運輸船上の機関銃は我々に向けられており、乗船後、最下層の船室に押し込められたが、そこには数千人が監禁されていた[99]。

夜になると、幾人かが「大小便に行く」という口実で甲板に出ると、そこから海に飛び込んで逃げようとした。すると、艦上から機関銃掃射され、高雄港の海水が血で染まった。捕えられた者は吊され、皮バンドで鞭打たれた。私は泳げなかったので海には飛び込まなかった。高雄港から三、四日後、出航した。数日後、甲板に出ることが許され、新鮮な空気を吸えた。遠方に陸地が見えた。台湾に戻ったと思い、喜んだ。ところが、「あれは大陸だ。お前たちの祖国だ」という。そして、「共匪（中共）は非常に悪い。高砂族は第二次世界大戦でアメリカ軍に打撃を加えた。あなたたちは勇猛で共匪と充分に戦えるだろう」、と。上陸したのは四六年八月のことである[100]。

ところで、「光復」後、蔣介石は台湾に進駐させた国民政府軍を第七〇師と第六二軍に整理編成した。台湾の至るところで兵員募集がおこなわれたが、特に辺鄙な郷村や山地に重点が置かれた結果、原住民の人数が最も多かった。「高給だ」とか、「国語を学べる」とか、「土地が貰える」とかと騙して中国に連れてきて「共匪」と戦わせようと計画したのだ。第一段階（一九四五年一〇月から四七年二月）の台湾青年は国民政府軍第七〇師、第六二軍（後の第六二師）などの所属となった。第二段階（四七年三月から四九年国民政府の台湾撤退まで）の台湾青年の大多数は陸軍第二一師、海軍技術員兵大隊、および第七四師の所属となった。極少数の技術陣員を除けば、絶対多数は脅迫、強制、あるいは騙して連れてきた者である。なぜなら二二八事件後、台湾民衆は国民政府軍を信用しておらず、入隊を願う者はいなかったからである[101]。

最初に中国内戦に連れてこられた我々は第六二軍、および独立九五師に入隊させられた。その後、第七〇師も整理編成されたが、台湾青年が最も多かった。中国の前線、秦皇島から上陸し、天津で命令を待った。四八年九月部隊は塘沽に移動し、まず中共軍と塘山戦役を戦った。中共軍は強く、国民政府軍では相手にならなかった。ただし台湾原住民は日本人の訓練を受けており、戦場で生死をかけて戦った経験があり、交戦したが、戦死者も多かった。中共軍は東北をほぼ占領後、入関し、天津・北平の二方向に分けて攻撃し、平津戦役が始まった。四九年六月一五日天津は陥落し、天津警備司令陳長捷と守備軍一〇万人余がすべて捕虜となった。その内、台湾青年が非常に多かったが、その大部分が台湾原住民だった。その後、今度は中共軍に編入され、「解放戦争」を戦い、抗米援朝戦争・朝鮮戦争に投入された[102]。「結局、我々は誰のために戦ったのかわからない」という。

苦痛はそれで終わらなかった。六六年中国で文化大革命が開始されると、日本軍に参加していたということで、元台湾兵は闘争の対象とされた。この時期が最も悲惨で自らの尊厳を失った時期である。元台湾兵の九割以上が「反革命分子」、「日本軍閥残存分子」、「国民党特務」、「台湾特務」、「黒五類」などの罪名を付され、重い者は牢獄に繋がれ、あるいは辺境に下放された。軽い者でも監視され、街で侮辱を受けた。我々原住民は日本時代に多くが高砂義勇隊員であったことからほとんどが重罪となり、牢獄に一〇年以上の判決か、下放された。幾人かの台湾人は苦しみに耐えきれず自殺した。苦しくなると、私は母が待つ故郷に帰ろうと思い、また国民党政権の非人道的なやり方を思いだし、決して死ぬことはできないと考えた。こうして、八八年許昭栄が北京で発起した「滞留大陸台籍老兵要回家」(大陸滞留の台湾籍古参兵を故郷に返す)の署名運動などもあり[103]、九四年台湾にやっと帰国できた。

おわりに

以上のことから以下のようにいえよう。

第一に、日本植民地統治への台湾原住民の抵抗力を削ぐため、警察による銃取り上げと管理(狩猟期を設定、その時期にだけ銃貸出)がおこなわれた。盧溝橋事件後、原住民は高砂義勇隊員や兵士に志願することで「日本国家への忠」を証明できると考え、積極的に募集に応じた。同時に、このことは、高砂義勇隊は台湾原住民にとっては非武装化から再武装化への再転換の大きな契機となった。その上、台湾原住民は元来、日本人、本島人に比して相対的に身体能力が高く、勇敢、かつ強靭であり、ある意味で軍人的資質に恵まれていたといえよう。戦時期、台湾原住民の本来からの精神的・肉体的な能力が高く評価される状況が生まれた。このことは、差別を受けていた原住民にとって望外の喜びだった。こうした状況下で、彼らは志願することになるが、それは日本による強制ではなく、頭目による決定であるとして、その主体性、自発性を強調する。つまり原住民自らが主体性を認識することで、日本人のみならず、本島人による差別構造、それに伴う劣等感、あるいは霧社事件の罪悪感からの脱却も目指していたことを意味する。こうして、日本植民地統治という枠内において、「日本人意識」に転換し、地位向上と生存を図ったものといえよう。なお、高砂義勇隊には各種族がおり、言語はそれぞれ異なっていた。それが、共通語となった日本語でコミュニケーションが可能となったのである。その結果、各種族間の矛盾対立が減少し、ひとまとまりの台湾「高砂族」として動いていたことは押さえておく必要があろう。

第二に、「幻想としての戦場」が台湾における銃後では流布された。初期には日本軍は攻勢を続け、高砂義勇隊員で生還できた者も相対的に少なくない。彼らは台湾に帰還すると、「英雄的物語」や「日本軍の強さ」を語った。こうして、戦場での「英雄的物語」や「活動」は誇張されて伝えられた。戦病死は忌むべきものとされ、あくまでも「戦死」は美学として家族、親族、原住民各部落で語られた。これによって、台湾原住民の銃後の活動は鼓舞され、家庭内では母親などの反対もあったが、当時、それは公にされることもなく、社会構成体全体が出征を讃美し、高砂義勇隊への志願に拍車をかけた。いわば戦意昂揚に利用されたのである。

第三に、だが、「実相としての戦場」は「幻想としての戦場」とは、全く異なる様相を呈していた。当初、高砂義勇隊は軍夫として搬送から塹壕掘りなどを主におこなっていた。その後、諜報活動をおこない、兵士と同様に遊撃戦、さらには特攻へと重点が転換していった。換言すれば、高砂義勇隊は軍夫から実際の兵士へと変貌していったのである。当然のことながら特別志願兵制度によって参戦した高砂兵もおり、それらは離合集散しながら戦い続けたと考えられる。その上、ニューギニアもフィリピンも戦況悪化と共に極度の食糧不足となり、食糧確保が最重要任務に加えられた。こうして、義勇隊員は多くの日本兵の命を救った。にもかかわらず、戦況は悪化し続け、日本軍からの補給は途絶え、日本兵が次第に衰弱し、マラリアなど病魔に犯され、かつ極度の食糧不足から餓死した。そうした極限の状況下で人肉食へと突き進んでいったのである。それは日本兵から始まり、その後、相対的に食糧を確保できたはずの高砂義勇隊員をも巻き込んでいった。

第四に、日本敗戦時、少なくない日本兵が自決の道を選んだ。だが、高砂義勇隊員は敗戦がなぜ自決と繋がるのか理解できなかった。このように、日本兵士と高砂義勇隊員との間には行動パターンに明確な相違があった。敗戦は意識的にも無意識的にも日本人上官への不満とも結びつき、ある時はそれを爆発させた。また、敗戦は「日本人であること」の否定と結びついた。その反面、台湾に帰還すると同時に、日本統治から国民党政権に変わった政治体制の下で、日本人が敗戦を感じたと同様、高砂義勇隊員も「敗戦」と実感し、のみならず国民党政権下では「日本軍協力者」としての烙印を押されることになる。

元高砂義勇隊員などの悲劇はここで終わらなかった。すなわち、彼らの一部は国民党政権により旧日本軍で働いた戦闘実績がかわれ、甘言を弄して騙すなどの手法で、実質的には強制的に中国大陸での国共内戦に駆り出され、中共軍と戦う羽目となった。そして、中共の捕虜となり、生き残った者は今度は朝鮮戦争に駆り出され、アメリカ軍と戦った。結局、彼らは誰のために、何のために戦っているのか分からない状態に陥ったのである。その上、文化大革命期には、旧日本軍の「台湾兵」として糾弾され、台湾に戻れたのはずっと後のことであった。

【註】

（1）門脇朝秀編『台湾　高砂義勇隊──その心には今なお日本が──』あけぼの会、一九九四年、二一九頁。

（2）石橋孝『旧植民地の落し子・台湾「高砂義勇隊」は今』創思社、一九九二年、二八三頁。服部兵治郎「霧社事件に就て」『偕行社記事』第六七九号、一九三一年四月。

（3）中村ふじゑ「霧社事件から高砂義勇隊まで」『中国研究月報』第四七六号、一九八七年一〇月。なお、本間雅晴（一八八七〜一九四六年）は新潟県佐渡出身。地主の長男で、一九〇七年陸軍士官学校卒、歩兵少尉。一五年陸軍大学卒、参謀本部員、イギリス・インド駐在員を経てイギリス大使館付き武官。三二年陸軍省新聞班長。三八年参謀本部第二（情報）部長。三八年中将、第二七師団長に就任、武官作戦に参加。四〇年台湾軍司令官、四一年一一月第一四軍司令官になり、フィリピン攻略作戦を指揮するが、バターン、コレヒドール攻略に手間取り、その責任を負わされて四二年八月予備役に編入された。敗戦後、マニラの戦犯裁判で「バターン死の行進」の責任を問われ、死刑判決を受け、四六年四月処刑された（藤原彰「本間雅晴」『国史大辞典』第一二巻、吉川弘文館、一九九一年、八五九頁参照）。

（4）・（5）・（6）警務局理蕃課「時局下の高砂族」、台湾総督府臨時情報部『部報』第八号、一九三七年一一月二一日。

（7）林えいだい『証言　台湾高砂義勇隊』草風館、一九九八年、三〇二頁。

（8）防衛省防衛研究所 S18-1-3（アジア歴史資料センター C01005306500）「台湾人軍夫の身分取扱に関する件」一九四三年七月。

（9）中村数内（副官）「第五回高砂義勇隊従軍記」、土橋和典『忠烈抜群・台湾高砂義勇兵の奮戦』星雲社、一九九四年、二九九～三〇一頁。

（10）「台東庁下高砂族の軍夫志願熱熾烈、郡役所へ五百余名殺到」『大阪朝日新聞―台湾版―』一九三八年一〇月二一日。

（11）林えいだい、前掲書、一一六、一二九頁。

（12）石橋孝、前掲書、二四六～二四九頁。

（13）林えいだい、前掲書、二〇四頁。

（14）菊池「林昭光氏へのインタビュー」二〇〇六年八月一三日。

（15）ワタン・タング（林昭明）著、菊池解説・訳・インタビュー・訳注「一九五〇年代台湾白色テロ受難の回憶」、東洋文庫『近代中国研究彙報』第二一号、一九九九年三月。私との会話の中で、林昭明は南洋戦場に送り込まれた少数民族は「タイヤル族が多かったが、……一〇人に一人しか台湾に帰還できなかった。可哀想すぎる」と述べている。
(16) 門脇朝秀、前掲書、七四、九〇頁。
(17)「募集の要綱決定す」『朝日新聞―台湾版―』一九四二年一月一六日。
(18)『山地蕃』を科学する―まず教育所の学童から検診―」『朝日新聞―台湾版―』一九四一年八月五日。
(19)「生活が生む特異性―飛ぶ鳥も落すほどの石投げ―」『朝日新聞―台湾版―』一九四一年八月五日。
(20)「大東亜戦争下逞まし、志願兵二万を突破」『朝日新聞―台湾版―』一九四二年一月一六日。
(21)・(22)「志願兵制度と高砂族―御旗と生きる感激」『朝日新聞―台湾版―』一九四二年一月二五日。
(23)・(24)「山の青年の悩(み)、窄い特別志願兵の門」『朝日新聞―台湾版―』一九四二年一月二一日。
(25)「高砂族青年の学力向上に拍車、志願兵に合格するやう」『朝日新聞―台湾版―』一九四二年五月二四日。
(26)「高砂族を母にもつ両青年勇躍東上す」『大阪朝日新聞―台湾版―』一九三六年一二月二五日。
(27) 森岡二朗(台湾総督府総務長官)「時局下の台湾」、台湾警察協会『台湾警察時報』第二六三号、一九三七年一〇月号。
(28) 前掲「時局下の高砂族」など。
(29) 同前「時局下の高砂族」。
(30) 石橋孝、前掲書、二七五〜二七六頁。なお、チアイは戦後、南投県議会議員を一期務めた地元有力者である(同、二七〇頁)。
(31) 今村孤舟(新竹州)「高砂族進化の現段階と志願兵制度」『台湾警察時報』三一五号、一九四二年二月号。
(32) 防衛省防衛研究所 S17-126-238(アジア歴史資料センター C01000749000)『陸亜密大日記』の「台湾島民供出に関する件」一九四二年九月一九日など。

(33)国立公文書館〔類〕02763100(アジア歴史資料センターA03010130700)「日本台湾本島人(高砂族ヲ含ム)ニ対シ徴兵制施行準備ノ件ヲ定ム」一九四三年九月所収、陸軍大臣東条英機、拓務大臣秋田清→内閣総理大臣近衛文麿「台湾ニ志願兵制ヲ施行ノ件」(一九四一年六月一六日)。
(34)国立公文書館〔類〕2763100(アジア歴史資料センターA03010013200)「朝鮮人及台湾本島人ニ海軍特別志願兵制新設準備ノ件ヲ定ム」一九四三年五月。
(35)国立公文書館〔類〕02763100(アジア歴史資料センターA03010130700)「日本台湾本島人(高砂族ヲ含ム)ニ対シ徴兵制施行準備ノ件ヲ定ム」一九四三年九月。
(36)「非常時下に於ける高砂族」『理蕃の友』第六年一〇月号、一九三七年一〇月一日。
(37)前掲「時局下の高砂族」。
(38)「嬉しい志願兵制」『朝日新聞—台湾版—』一九四一年七月一四日。
(39)「妾達は篤志看護婦、血書志願する山の乙女」『朝日新聞—台湾版—』一九四二年一月二五日。
(40)『回帰歴史真相—台湾原住民族百年口述歴史—』原住民族出版社、一九九四年、二一〜二二頁。
(41)「陥落に歓呼爆発」『朝日新聞—台湾版—』一九四二年五月一〇日。
(42)「高砂族の南方移住、お山の青年約一万人を選抜」『興南新聞』一九四二年七月三一日。なお、『台湾新民報』が一九四一年二月に『興南新聞』に改名。
(43)「同族の住む新天地へ、高砂族に沸る南進熱」『朝日新聞—台湾版—』一九四二年三月二五日。
(44)今村孤舟、前掲「高砂族進化の現段階と志願兵制度」。
(45)「日本人たる幸福さ、第一線に出て沁々感ずる」『興南新聞』一九四二年一〇月一五日。
(46)「斬つたり一三人、ジヤングル戦士の武勇談」『興南新聞』一九四三年五月三〇日。
(47)「末は蕃社の先生、高砂族先生を採用す」『朝日新聞—台湾版—』一九四二年五月二四日。

（48）「顔の刺青とつて従軍」『朝日新聞―台湾版―』一九四三年一二月一二日。本記事よれば、かつて「化外の民」として原始未開のまま放置されてゐた高砂族が、「撫育五十年」の苦心、かつて「凶刃」に倒れた警察官は七〇〇〇余名、負傷者一万余名にも上り、その貴い魂と、これら僚友の屍をのりこえてなお撫育の手をやめなかつた不撓不屈のわが撫育精神によつて皇恩に浴し、文化程度の向上したことがその根底をなしてゐる、と日本統治を自画自賛している。なお、瓦歴斯・尤幹（呉俊傑）『Losin.Wadan（楽信・瓦旦）―殖民、族人与個人―』（一九九三年（?・））によれば、一九一三年に日本はタイヤル族の入れ墨を禁止した。入れ墨はすぐにはなくならなかったが、次第に減少した。そして、一九三三年日本人は「蕃人」という呼称を止めて「高砂族」と命名し、融和を図ったとされるが（同前、七、一一頁）、実際は「蕃人」という呼称は使い続けられ、「高砂族」という名称が定着するのは高砂義勇隊の組織化以降の可能性がある。
（49）「勇武高砂の伝統燦たり」『朝日新聞―台湾版―』一九四四年六月二五日。
（50）「山の掟『仇は部落民で討つ』、畑中君の遺族らに決意を聴く」『朝日新聞―台湾版―』一九四四年六月二八日。
（51）防衛庁防衛研修所戦史室『戦史叢書・南太平洋陸軍作戦〈1〉―ポートモレスビー・ガ島初期作戦―』朝雲新聞社、一九六八年、三六〇頁。以下、『南太平洋陸軍作戦〈1〉』と略称。
（52）「山地を自由に馳駆、蕃刀一本でジャングル突破、高砂青年驚異の協力」『朝日新聞―台湾版―』一九四二年六月六日。
（53）「高砂族の超人行動、現地部隊長が絶讃」『興南新聞』夕刊、一九四三年四月二四日。
（54）防衛庁防衛研修所戦史室『戦史叢書・南太平洋陸軍作戦〈2〉―ガダルカナル・ブナ作戦―』朝雲新聞社、一九六九年、一九四～一九五頁。以下、『南太平洋陸軍作戦〈2〉』と略称。
（55）『南太平洋陸軍作戦〈2〉』二〇九～二一一頁。

(56) 土橋和典、前掲書、六四～六五頁。
(57)「見事鍛上げられた高砂義勇隊、訓練生活の楽しさ」『朝日新聞―台湾版―』一九四三年一二月一日。
(58) 門脇朝秀、前掲書、一三九～一四〇頁。
(59)・(60) 林えいだい、前掲書、三九、四二～四六、六六頁。
(61) 林えいだい、同前、一五～一六、二一八～二二〇頁。
(62) 防衛庁防衛研修所戦史室『戦史叢書・比島攻略作戦』朝雲新聞社、一九六六年、一頁。以下、『比島攻略作戦』と略称。本書では高砂義勇隊については日本軍に一括りにされ、全く記載されていない。また、本書は日本軍の戦略、移動、攻撃、退却などは詳細かつ分かりやすく記載されているが、各部隊内部や各兵卒の状況に焦点を当てておらず、それらを読みとることは難しい。
(63)『比島攻略作戦』四三一頁。
(64)『比島攻略作戦』四八六～四八七、五〇七頁。
(65)『比島攻略作戦』五五五頁。
(66)「高砂義勇隊の陣中日記」『朝日新聞―台湾版―』一九四三年八月八日。
(67)『南太平洋陸軍作戦〈2〉』、三四七～三四八頁。
(68)『南太平洋陸軍作戦〈2〉』、五七七～五七八頁。
(69)『比島攻略作戦』五六〇頁など参照。
(70) 大丸常夫「資料　第三回高砂義勇隊の歩みたる一般状況に関する報告書」一九七六年一一月一五日、林えいだい、前掲書所収、三〇四～三〇七、三一五頁。
(71) 土橋和典、前掲書、二二三、二二五～二二九、二三三～二三五、二三七、二四〇、二四四、二六九～二七二頁。

(72) 周麗梅「林源治酋長の碑」、門脇朝秀、前掲書、三六～三八頁所収。
(73) 川村茂松「飢餓と病魔のニューギニア」『朝日新聞』二〇一二年一二月四日。
(74) 林えいだい、前掲書、一七八頁など.
(75) 土橋和典、前掲書、三〇五～三〇六頁。
(76) 門脇朝秀、前掲書、一〇六頁。
(77)・(78) 林えいだい、前掲書、一三二～一三三、一七九、二三四頁。
(79)・(80) 林えいだい、同前、一八四～一八五、一九七、二六二頁。
(81)『南太平洋陸軍作戦〈2〉』五八一～五八二頁。
(82)・(83) 林えいだい、前掲書、八二～八三、九九～一〇〇、一三一、二一一頁。周知の通り、大岡昇平『野火』新潮文庫、二〇一二年一〇七刷（初版一九五四年）は、極限の食糧不足の中で、日本兵が日本兵を「猿」と呼び、射殺し、「人肉食」をした有様を小説にしている。ただし、同小説では、高砂義勇隊には触れていない。
(84)・(85) 林えいだい、同前、一九七～一九八、二一六～二一七頁。
(86) 菊池「黄新輝氏へのインタビュー」二〇一〇年三月二〇日。
(87)『南太平洋陸軍作戦〈2〉』五九二～五九三頁。
(88) 林えいだい、前掲書、二二三～二二四頁。ただし、例えばターナ・タイモのように斬込隊に参加しながらも運良く生き残った者もいる。
(89) 菊池、前掲「黄新輝氏へのインタビュー」二〇一〇年三月二〇日。
(90) 林えいだい、前掲書、二四八～二五二頁。
(91) 石橋孝、前掲書、二八四頁。

(92)門脇朝秀、前掲書、三四～三九頁。なお、ターナ・タイモ(「林源治」)は、日本敗戦後、同族兵士を引率して帰郷、郷土建設に尽力。その後、第一回台湾省参議院に烏来郷郷民代表として出馬し、郷土行政と郷民の保健衛生の向上に活躍した。晩年はタイヤル族文化の開発観光事業を興すため、初代の理事長に就任したという。

(93)林えいだい、前掲書、八六～八七、二二六～二二七頁。

(94)林えいだい、同前、二七七～二七八頁。なお、イヨン・ハバオは日本植民地時代、日本人警官の養子だったので、官吏養成機関に入って一ヵ月訓練を受けた。総督府での行政経験もあり、すぐに慣れた。日本植民地時代の台中州能高郡は南投県仁愛郷に名称変更、公選で同郷長に就任、三期、さらに県議三期を務めたという。

(95)石橋孝、前掲書、二二七～二三〇頁など。

(96)・(97)林えいだい、前掲書、二八〇～二八二頁。

(98)門脇朝秀、前掲書、二七頁。なお、周麗梅(「愛子」)は梅山胞観光服務有限公司第七代理事長であり、「林源治」夫人の妹である(門脇朝秀、同前、三〇、三五頁)。なお、二六頁掲載の正面碑文の日本語訳と二七頁の中文では幾つか差異がある。例えば、日本語では「三千名」、中国語では「三、四千名」などと記載されているため、筆者が日本語に訳し直した。なお、筆者は台湾を訪れた際、実際に烏来の奥に位置するその記念碑に行って確認してきた。

(99)『回帰歴史真相—台湾原住民族百年口述歴史—』原住民族出版社、一九九四年、五九～六一頁。

(100)同前、六二～六四頁。

(101)同前、六四～六五頁。

(102)同前、六五～六六、六八頁。

(103) 同前、七〇～七一頁。

第五章

一九五〇年代国民党政権下の台湾「白色テロ」と原住民

角板山タイヤル族ロシン・ワタンの戦中・戦後

はじめに

日本では、台湾二二八事件は著名で知る人も多いが、その後の続いて起こる「白色テロ」については遺憾ながらほとんど知られていない。「白色テロ」で少なくとも五〇〇〇人もが殺害され、八〇〇〇人以上の本省人、外省人の「共匪」（中国共産党員）、愛国知識分子、文化人、労働者、農民が一〇年以上の懲役か、無期懲役で獄に繋がれたとされる。[1]この時期、原住民も多大の被害を受けたが、その実数は不明である。こうした「白色テロ」を捨象して、戦後台湾史を正確に論じることは不可能であろう。本章では、本省人、外省人ではなく、不明点の多い原住民、特に角板山タイヤル族の視点から見た一九五〇年代の「白色テロ」に焦点を当てて論じる。その際、歴史的背景を明らかにするため、日本植民地時代、一九四五年蔣介石・国民政府の台湾「光復」（日本植民地からの回復・解放）、および四七年の二二八事件をとりあげる。

「白色テロ」の実態を解明するため、角板山（現在の桃園県復興郷）と、ロシン・ワタン（Losin Watan。日本名は当初「渡井三郎」、後に「日野三郎」に改名。中国名は「林瑞昌」。発音から「楽信・瓦旦」

とも表記する）を中心とはするが、彼をめぐる人物たちを包括して論じたい。とりわけ角板山のロシンと阿里山のツオウ族である高一生の関係を重視する。本書第二章ですでに明らかにした通り、ロシン・ワタンの父ワタン・セツは日本に激しく抵抗したが、武力に差がありすぎ、タイヤル族絶滅の危険性すらあると考えた。そこで、ワタン・セツは近代的教育を受けさせてくれることを条件に、長男ロシンを人質として台湾総督府に差し出した。ロシンは極めて優秀で、台湾総督府医学専門学校で学んだ後、公医として山地医療・衛生に奔走した。一九三八年には新竹州開催の高砂族助産婦講習会で講師となり、助産の近代的知識を伝授した。同時に、政治家としての力量も発揮した。こうして、日本との融和・妥協を図りながらも、原住民の地位や人権面での向上を目指し、原住民として最高地位の総督府特任評議員にも就任している（表5―1）。

しかし、日本が敗戦し、蔣介石・国民党政権が台湾を回復すると、ロシンをめぐる政治情勢はコペルニクス的転換を見せた。状況の激変の中で、ロシンは今度は国民党政権との融和を図り、タイヤル族を含む原住民の生存、地位保全と発展を目指す。だが、「白色テロ」下で国民党政権に処刑されるという運命を辿った。それは何故か。そのことは、歴史的にどのように考え、位置づければよいのか。日本植民地時代、国民党政権による「光復」後、それぞれのロシンの言動、さらに逮捕、処刑における国民党政権の言い分、そして、彼の長男の林茂成の生き方を通じて、当時の台湾の実態、原住民の位置についてメスを入れたい。なお、この問題と連動して看過できないのが甥の林昭明事件である。これは、どのような事件で何を意味するのか。檔案記録などからも当時の国民党政

表5－1　ロシン・ワタン略歴

1899年8月16日	台北県三峡鎮大豹で生まれる。後に戸籍を桃園県復興郷志継，渓口台，角板山などに移す
1909年10月1日	角板山蕃童教育所に入学。日本名「渡井三郎」に改名 この頃，総督府の人質として差し出される
1911年1月 11月4日	父ワタン・セツ死去，享年50歳 桃園尋常高等小学校に転校
1916年4月20日 ～1921年3月24日	台湾総督府医学専門学校予科に入学（その後，本科に編入） 台湾総督府医学専門学校卒業。その後，同医学専門学校研究科に在籍して6ヵ月間学ぶ
1921年10月 ～1945年8月	①控渓（現，新竹県尖石郷秀巒）療養所，高崗（桃園県復興郷三光），角板山（桃園県復興郷），象鼻（苗栗県泰安郷），尖石（新竹県尖石郷）などで総督府派遣の公医。②原住民の移住の際，ロシンは相談に乗り，相対的によい移住地を探した。③1938年，新竹州井上（五峰）の農民道場で「高砂族助産婦講習会」講師
1929年1月	その間，総督府，「日本警察」の按配で愛媛県伊予郡の「名望家」日野茂吉の次女サガノと結婚，日野家に正式に入籍。日本名が「日野三郎」となった
1940年11月	日本に行き，東京での「慶祝紀元2600年式典」に出席，「高砂族」代表11人中の一人であり，受勲
1945年4月1日	台湾総督府特任評議員
同年10月	尖石郷初代衛生所所長
1946年1月	尖石郷郷長，兼尖石郷衛生所所長
同年3月	台湾省山地流動治療隊隊長
同年12月	角板郷（現，復興郷）衛生所所長
1947年	二二八事件勃発，一方で山地社会秩序の安定に尽力，他方で外省人保護。国民党政権に「三峡大豹社の祖先土地」返還陳情
1948年7月	台湾省政府諮議。中国名「林瑞昌」と改名
同年11月	山地建設協会理事
1949年夏	月華園において高澤照と共に陳顕富，簡吉と会う
同年12月21日	第1届臨時台湾省議員に当選（～51年6月）
1950年10月31日	蔣介石の台湾来訪第一回祝賀会を角板山賓館で開催。阿里山ツオウ族高一生の新美農場借入金の保証人
1951年1月	第1届臨時台湾省議員に当選（～52年11月）
1952年11月	突然，逮捕され，台北市青島東路の保安司令部軍法処に入獄
12月21日	妻サガノは夫逮捕，入獄に心痛のあまり精神錯乱状態となり，死去。享年49歳
1954年4月17日	「白色テロ」により約一年半の拘禁後，処刑される。享年55歳

出典：①「泰雅族英霊楽信･瓦旦（前省議員林瑞昌）簡歴」『追思泰雅族英霊前省議員楽信・瓦旦（林瑞昌）』1993年，2頁。②范燕秋「淪亡於二二八的原住民英霊」（上），『自由時報』1992年2月26日。③荘永明編『台湾原住民』第5巻，遠流出版事業股份有限公司，2001年，131，135頁，④瓦歴斯・尤幹（呉俊傑）『Losin. Wadan（楽信・瓦旦）―殖民，族人与個人―』1993年（？），6，13頁などから作成。なお，①はロシン・ワタン銅像落成式の際，配付された私家版である。これは李登輝の総統時代に当たる。また，土地返還陳情の時は中国名を使っていたと考えられ，「林瑞昌」を名乗ったのは1947年段階で，正式改名が1948年の可能性がある。

権の政策、および特質を探りたい。なお、本章では、ロシン・ワタンを原則として使用するが、当時の史料、特に国民党系檔案は中国名「林瑞昌」を用いており、それを状況によっては使用する。

一 日本植民地時代のロシン・ワタン

ロシンの長男林茂成によれば、日本植民地時代におけるロシン・ワタンの主な活動とその意義は以下の通り。

第一に、ガオガン蕃（現在の復興郷三光村・華陵村）と南澳蕃（現在の宜蘭県南澳郷）で狩猟地域を争いから常に紛争が発生した。一九二二年八月宜蘭県大同郷四季（Shikikun）で紛争が発生した（戦闘員はガオガン蕃が九二人、南澳蕃が一四五人）。稀にみる激戦となり、僅か一〇分間でガオガン蕃一八人、南澳蕃二五人が死傷した。調停が困難な中で進められ、二七年一一月日本警察の指導下で和解儀式が挙行され、埋石した。また、マリコワン蕃（現在の新竹県尖石郷玉峯村）とキナジー蕃（現在の尖石郷秀巒村）の間でも狩猟地域の争いから惨殺事件が頻発したが、この時も日本警察の指導下でマリコワン蕃・キナジー蕃交界に埋石し、和解が成立した。この双方の紛争とも和解に至る過程でロシンの仲介が奏功したものと見なせる。これ以降、タイヤル族同士の惨殺しあう状況はなくなったという。

第二に、狩猟地域をめぐるタイヤル族間の紛争、また「外敵」侵入に対する郷土防衛の戦いという状況下では、山地社会の開発も近代的生活を送ることも不可能であった。そこで、紛争の根源ともいえる銃回収工作をおこなう必要があった。だが、当時、タイヤル族は銃が生命よりも重要と深く信じており、実に困難な工作であった。ロシンはガオガンで公医をしていた時、総督府の委託を受け、一方で医療工作をおこない、他方で危険を冒して単身で各地に赴き、銃器提出を説得し、断続的に銃器を回収した。二五年南澳、ガオガン両蕃の大部分、二七年八月北部タイヤル族の銃器回収をすべて完遂した。回収銃器は一五〇〇丁以上に上る。その後、「狩猟用銃器貸借弁法」が公布され、狩猟時に登記借用することになり、管理も容易になった。これにより銃による惨殺事件は消滅した。

第三に、三〇年一〇月霧社事件の際、タイヤル族（二〇〇八年四月タイヤル族からセデック族として分離）の抗日活動に対して、もし日本警察が厳しい報復行動を採ったならば、その結果は想像に難くない。そこで、ロシンは総督府と台中州庁の間を積極的に駆け回り、総督府に対して「厳しい制裁を採ると事件が拡大し、収拾困難になる」と建議した。その結果、総督府は極少数部分の制裁に限る「寛大な善後処置」をとり、一般のタイヤル族の生命財産を保護した。

第四に、ロシンは従来の焼き畑・輪作、および狩猟生活の廃止を指導し、定住農業を大々的に提唱した。そこで、まず日本政府に対して資金を支出しての開墾奨励、道路と水圳（水溝）の修理、住宅建設の支援、および農牧生産の指導を要望した。劣悪な環境に居住する「同族」に対しては、日本政府へ環境良好な地域に集団移住させ、田を開発して定住させる特別予算を建議し、実現させた。

第五に、ロシンは医療工作に従事、あるいは環境衛生の改善を指導し、タイヤル族の疾病を減らし、総督府に医療費免除の実施を求め、死亡率を減少させた。その結果、タイヤル族の敬愛を受けた。なお、三七年ロシンは苗栗県泰安郷象鼻で公医となった。当時、大安渓上流両岸のタイヤル族北勢蕃では流行性感冒がはやり、病死者も少なくなかった。北勢蕃は、こうした不吉なことが起こるのは、「異民族」（日本人）の「領土侵犯」のせいだと考えた。そして、北勢蕃総頭目バイスオ・ボウヘル（Baisuo.Bouhel）の指導下で抗日蜂起の準備を始めた。ロシンはバイスオを説得し、蜂起計画を取り止めさせた。こうして北勢蕃の生命財産を保護した、[2]とする。

原住民の呉俊傑（ヤリス・ヨーガン）は、第一、第二の問題はそれほど単純ではないと考えているようであり、この総括とは若干異なる意見を述べている。
（1）三光（ガオガン）蕃と南澳蕃の間でトラブルが多年にわたり続いていた。ロシンは無益な殺戮行為を止めるには「埋石之約」による和解が必要と考えた。そこで、日本警察と共に前山蕃頭目の長男という身分で、三光（ガオガン）蕃と南澳蕃双方の原住民に豚を準備させ、和解させた。このことに総督府は喜んだ。なぜなら日本警察が全面に出て和解儀式を取り仕切ったからで、日本統治力が及んだことを意味するからとする。これ以降、日本警察が調停し、和平儀式に立ち会うのが恒常化し、支配が強まった。
（2）一九二二年以降、総督府は原住民間の紛争が発生した際、双方に武器を提供して相互に殺戮するように助長し、双方の戦闘人数が急減した後、日本警察が調停した。例えば、二七年一一月、日本警察の主宰の下、「埋石」して和平儀式をおこなった。ただ原住民間の紛争を激化させたのは実は日本警察だったのである。だが、若いロシンは素直に原住民同士の和解を喜び、儀式に参加し、敵対した双方が豚を河に投げ込み、族老が一杯の酒を祖霊に捧げ、「皆の恨みは豚と同様に水に流された」と唱えるのを見ていた。同時期、北部タイヤル族の銃一五〇〇丁以上が回収された。総督府はこうした未曾有の成果をあげることができたのは、僻地医療、調停をおこなったロシンであると持ち上げた。日本側から見れば、ロシンは「完全に日本に忠誠を誓う皇民」となった。こうして、確かにタイヤル族による銃を持ち出しての相互殺害事件は減少した。とはいえ、同時に対日抵抗力は大幅に損なわれた(3)、とする。

ところで、一九二一年総督府医学専門学校の第二〇回卒業式が開催され、その中に新竹州タイヤル族青年二人がいた。一人が渡井三郎(ロシン・ワタン)、もう一人が宇津木一郎(原住民名「哈栄・烏順」、中国名「高啓順」)である。原住民として、彼らが最初ではなく、プユマ(卑南)族の南志信がおり、やはり総督府医学専門学校卒(卒業年不詳)で、正規の近代医学教育を受けた人物である。その前にも第三回卒業生の中に台東庁から来たやはりプユマ族の謝唐山、孟天成の二人がいた。すなわち、ロシンと宇都木二人は原住民の中で近代医学を学んだ四、五人目ということになる。一九一九年以前、医学校と国語学校が台湾人の最高学府であったが、日本人は医学教育を重視し、修業年限は五年間であった。医学生の公費待遇は師範学校生よりもまさっていた。いわば当時、日本教育の中で医学を学ぶ者はエリート中のエリートであった。その上、出身が原住民であっても医者は高収入であり、かつ日本人による干渉を免れることができた。そのため社会的地位は高く、医者は医療衛生の仕事に従事するのみならず、社会と文化発展に貢献できたのである。ロシンと宇都木の公医二人は山区の公共衛生と医療面でタイヤル族基層社会の第一線で活動し、例えば各種伝染病の対処と治療などの外、困難な原住民の各種の問題を解決しようとした。とりわけ日本の理蕃政策の下、タイヤル族の社会文化が大転換せざるを得ない中で、彼らは原住民の生存と発展という困難な課題に真正面から向きあった。二九年一月渡井三郎（ロシン）と高啓順は共に総督府の按配により日本人と「政略結婚」した。ロシンは愛媛県伊予郡の日野家に入籍し、正式に「日野三郎」という姓名になった(4)。

一九三〇年代に入って山地社会が安定した後、ロシン・ワタンは高砂協会（戦後の山地会館）設立を提唱し、本部を同会館に置いた。そして、各州に分会を設置し、原住民集落の各頭目を自助会長と改称した。そして、各自助会の状況を定期的に報告しあい、生活改善問題を討論した。この時、ロシン・ワタンとツオウ族の指導者高一生は本部会員として交流を深め、互いに励ましあった（後述(5)）。

三五年九月中旬、台湾の「始政四〇周年記念博覧会」（一〇月開催）を機に、その前に総督府理蕃課で「同族の向上発展に関し過去の経験を語り将来の抱負を述ぶ」をテーマに原住民各種族による青年会幹部懇談会が開催された。角板山青年会長の日野三郎（ロシン）は以下のように述べた。私は大渓郡から青年会幹部（タイヤル族の宇野木一郎と原籐太郎も出席）として理蕃課に出頭した。まず第一文化施設館を見学した。明治天皇、北白川宮殿下の御物の陳列を拝観、第二文化施設館で司法、警察、理蕃における艱難辛苦の開拓史、さらに国防館で陸海軍出品の新兵器、軍艦、新兵器などを見学し、「帝国の無敵軍備が（には）驚嘆の外なし」と感想を述べる。この時、総督も出てきた。二七日、第一会場を見学、まず「満州館」で産業交通の躍進的な発達、殊に移民団の活躍などを参観後、交通特設館、交通土木館、産業館、林業館を巡り、朝鮮、三井、日本製鉄、鉱山館、糖業館などを参観して、理科学・文化の発達に驚いたという。二八日は台湾神社大祭のため円山へ向かった。分館はフィリピン館、シャム館、福建館などで、南洋方面における日本移民の進出状況をうかがえた。二九日、最大目的なる懇談会の当日、警務局長、理蕃課長、理蕃課員、大学教授、新聞記者が出席し、「君が代」の合唱、警務局長の訓示があり、その後、理蕃課長を議長に懇談会が開催された。まず新竹の日野は現在も「指導命令の障碍となり、又はなりつつある隠匿銃器の押収の必要と自分が官の手足となつて活動した苦心談」に言及した[6]。つまり総督府はロシンに対して、理蕃政策に積極的に協力し、望むように発言してくれる好ましい人物と考えていたことは間違いない。

では、上述の青年会幹部懇談会での談話内容をもう少し詳しく見ておきたい。各自の姿勢が明白に示されるからである。

まず第一に、石田警視は談話で、一言注意したい点として「諸君は何処迄も指導警察官と連繋を保たねばならぬといふ事である。本当に仕事をするには受持警察官を指導者と仰いで行かねばならぬ。受持警察官を離れて蕃社の指導開発は出来ない」、と述べた。

第二に、鈴木理蕃課長の閉会の辞は以下の通り。「従来一つの種族でも各部族が一堂に相会したといふ様なことは曾てなかったことであります。然るに今回全島に亙る高砂族の各種族の然も其の代表者が一堂に相集つて互に意見を述べ、心と心との交換をなしたといふ事は実に今回を以て嚆矢となす……。今迄は言語の障壁があつたが為めに、相互の意志の疎通を図り得なかつたのでありますが、今日六種族の代表者たる諸君が、其の障壁を破つて堂々と我が国語（日本語）を以て平素の所感を率直に述べられた」、と。

これに対して日野三郎（ロシン）が謝辞を述べた。「私共は此の光輝ある大日本帝国の治下に在つて、殊に台湾として最も芽出度い始政四十周年記念博覧会の開催に当り、我が高砂青年団幹部懇談会に列席し得たことは、偏に、多年上司の方針を体して、警察官が艱難辛苦を重ねて私共を指導啓発された賜であつて甚だ感激に禁へない」。そして、「言語を異にする各種族が一堂に集つて国語を以て意中を語り合ひ、将来を誓ひ合つたことは私共として此の上もない大きな体験であり、感激でありまます。……更に産業・文化・国防等の現勢を一堂に集めた台湾博覧会を観ることによつて躍進台湾の姿を如実に見学して啓発されるところが多大であつた。……此の有意義な懇談会と博覧会とによつて得たる知識を基礎として指導警察官の補助となり、専心同族の指導に当り、広大な聖恩に報い奉る覚悟で御座います。終りに際し、益々忠良なる日本国民となることをお誓ひ申し上げ、天皇陛下の（に対して）万歳を唱へ奉り度いと存じます」。次いで横尾視学官の発声で「高砂族の万歳」

を唱え、懇談会の幕を閉じた[7]。

また、ロシンによれば、「社会教化」は蕃社の中堅人物たる青年教育を最大急務とする。その理由は、教育所卒業生がほとんど未成年者、しかも公民的教育が不十分のため「個人と社会」、「社会と国家」という観念を全く理解していない。青年期は最も大切な修養期間で、青年教育（公民教育）によって正しく伸ばしたい。現在、当青年会が苦心指導しつつあるのは、①健全なる農村青年団の建設（愛郷の念を培養）、②勤労精神培養、③公民としての性格陶冶と共に自立精神の涵養、④感恩の念と質実なる思想の涵養である。以上の四ヵ条をモットーとして原籐太郎（原住民の日本名）と極力力説して来たため、「今迄の卒業生の理想たる俸給生活でなければ日本人でなく、先覚者でないと云う思想と衝突し、少なからず非難を受け、甚しきは排斥を受ける事があります」という。官の方針としては立派な農民を作るための教育が主眼であると思う。今日では奉職しなければ官の指導を援助できないのでなく、社に在って援助することが真の先覚者、卒業生の価値である。ただし「蕃社の先覚者は何時迄も指導者と主従の関係であらねばならない。我々は従」であり、「蔭になり陽になり指導者を援助しなければならない[8]」、と。すなわち、「官」（日本・総督府）・指導者に対して原住民の「先覚者」は主従関係と断言する。

最後にロシンは今回の収穫として以下のように述べた。①昔なら言葉の不通のために相互に反目しなければならないのに、各種族が共通の「国語」（日本語）で親しく語りあえた。教育と「国語」の必要を体験した。②外国植民地では、差別的に土着民扱いで、なるべく野蛮なままとする政策である。独り大日本帝国は何等差別せず「一視同仁」の御聖徳に浴せしめんとしている。③博覧会を見て一同産業、文化、国防、日本精神の現れを見聞し、大日本帝国が世界の最高位に躍進しつつある姿を体得した。④総督閣下を始め当局の方々が真にタイヤルを慈愛を以て教導同化せんとの念願を持っている。⑤台湾神社大祭で皇道精神を益々深く脳裏に刻み、忠良なる国民たらんことを覚悟(自覚)した、[9]と。ここでも博覧会の威容、「国語」の意義を含め、日本の狙い通りの発言をしている。否、ロシンは日本の政策を肯定することで、その枠内で原住民の生き残りと地位向上を図ったことはやはり間違いない。総督府側も「青年団幹部懇談会出席者は流石にインテリ層の集まりだけに、其の観るところ及び表現方共に常人とは異なる所あり」[10]、と満足している。そして、ここで重要な点は、日本語強制は種々の問題点を有すとはいえ、言語をそれぞれ有する各種族が日本語を共通語とすることで、会話が可能となり、一つに結びつける作用を果たしたことである。

横山恒雄(総督府の人員と考えられるが、職種不明)は、一九三七年二月二五日に角板山調査旅行をし、日野(ロシン)や、やはりタイヤル族の原篠太郎巡査に出迎えを受けた。教育所で「国語」授業を参観した。(一)教育所内外の清潔整頓、専ら道徳教育の実践に重点を置いていること、(二)話し方も概ね良く会話主義に洗練されていること。その他、同窓会、「国語」普及会、青年会保護者会などに至るまで、着々と実績をあげつつある。しかし改善すべき点も多々見受けられた。①教室内の装飾は児童教育(の観点)からいえば殺風景である。この点、馬武督にある教育所は大変良く工夫され、正面には天皇始め、宮城、台湾神社、および歴代総督の写真を掲げて国民性の涵養に努めている。②寄宿舎の設備。神棚を設け朝夕礼拝させていることは誠に敬服に値するが、無装飾で物足りない。とはいえ、全体的には、自他共に認める角板山の教育所だけあって教育成績が顕著である。その後、角板山苗圃へ向かった。かつて日野、原が主幹となって、前山蕃一一社のために設置された苗圃の整備、本格的な経営振りには驚嘆の他はない、[11]との高い評価を与えた。

一九三七年「北支事変」（盧溝橋事件）が起こると、『理蕃の友』は有事に際しても山地をして些の微動だにせしめざるのみならず、場合によっては平地の治安確保にも貢献し得るが如き指導訓練こそ望ましい。而して指導訓練の標的は青年にして、根本的施策は真に国民的情操と信念と資質を培う「国語」の普及練熟と「国語」を通しての指導訓練にある、[12]とした。

以上、ロシンは原住民の保護と近代化へ多大な貢献をしたことから、台湾山地人民代表に選ばれた。四〇年一一月には、東京で開催の「紀元二六〇〇年式典」に招かれ、受勲した。四五年四月には日野三郎は台湾総督府特任評議員に抜擢され、台湾施政に参画している。原住民としては政治の最高地位にまで登りつめたのである。さらに重要なことは、日本植民地体制が持続することを前提に、幾年も優秀な原住民青年を育成し、原住民の政治実力を高め、地位を向上させ、生活を安定させる準備をしていたことであろう。

二　日本敗戦と中華民国「光復」初期のロシン・ワタン

角板山の平台にあるラジオは普段は日本の演歌などを放送していたが、一九四五年八月一五日天皇の「玉音放送」が流れた。ロシンはにわかには信じられず、数日後、安藤大将の公告が貼り出され、初めて「終戦」を実感したという。一〇月まで角板山にある大渓では混乱を極め、特にインフレにより物価が上昇し、怒りと不満が渦巻いていた。ロシンは自治会の各頭目に連絡して、「叛乱を起こさないように。原住民の生命を守ることが最も重要なことだ」と説得した。一〇月末、角板山の入り口には「台湾光復」、「歓迎祖国」の大垂れ幕の外、看板が建てられた。ロシンらが一列になって待っていると、前方から国民党軍がやってきた。破れた上着を着て、雨傘、鍋などをもって行進してくる様を見て、出迎えた人々は「これが日本軍を打ち破った国民政府軍なのか」と失望した。その上、中国兵は無秩序で質が悪く、林昭明によれば、公的機関の物を私物化する、医療所の薬品を平地に持っていって売却するので山区では医薬品が欠乏した。角板山社の物を一切合切略奪したという。そして、「今後、我々（原住民）は日本人ではなく、中国人となった」、と実感した。その上、「日本語を話せるようになったら、今度は全くなじみのない『中国語』（北京語）を話すことを強制された。それは清朝統治時期のことを思い出させ、清朝に対する不満が国民党に対する不満と連動した。清朝は満洲族の朝廷であるが、清朝も国民党もどちらも同じ『中国人の政府』に思えた(13)」、という。

阿里山も似たような状態にあった。戦後、中国管理となったが、日本人はまだ帰国しておらず、外省人（戦後、国民党と共に大陸から逃亡してきた各省の人々）がまだ来る前の空白期、山地の治安は原住民青年が担った。武義徳（ツオウ族）も出迎え、初めて政府軍を見たが、ゲートルは緩み、銃も天秤棒を担いでいるようで失望した。ただし「国民政府軍の装備が劣悪なのは長期対日抗戦によるものだろう」と好意的に解釈した。外省人が来てから山地交易は変化した。日本植民地時代には、嘉義には原住民の商店があり、主に筍、「愛玉子」（オオイタビ。学名は「Ficus Pumila」。クワ科イチジク属の蔓性植物で実が美味）などを販売していた。「愛玉子」は山中に自生し、自由に採取して売っていた。ところが、「光復」後、当局は「愛玉子」の採取販売権を請負商に与え、原住民は賃金を貰えるだけになった。その上、森林は林務局の管轄となった[14]。

国民党政権は神社を破壊し、逆に「タイヤル族は霧社事件で（日本と）戦った英雄」として記念碑を建てた。価値観が大転換したのである。また、山地原住民の共産主義化を憂慮し、懐柔政策としてキリスト教布教を許可した。宣教師や牧師を山地に入れて不足物資を与えた。教会も建て、原住民を信者とした。こうして、ある面で山地の宗教政策は成功した[15]。

台湾民衆は国民党政権による台湾回復を当初、日本植民地からの「解放」として素直に喜んだ。だが、前述の如く収賄や公共物の私物化など接収人員の質は悪く、台湾民衆の失望と憤りを生み、ついに四七年には本省人、特に閩南人を中心に二二八事件を引き起こした。これにツオウ族、パイワン族、およびタイヤル族の一部が呼応した。これに対して、三月四日ロシンは「二二八対策会議」を開催、過去の抗清、抗日を回顧すれば、準備がない状況下で「軽挙妄動し、突発的な事件に軽々しく参与」すべきではないとした。そして、二二八事件参加者の入山を「タイヤル族社会の秩序を維持するために阻止」するように、タイヤル族各部落に伝達した。また、ロシン自身も北部タイヤル族の山地を巡り、本省人に呼応しないようにと説得、外省人の公務員や教職員を保護し、二二八事変の山地拡大を防いだ。そのため、国民党政権はその行動を高く評価し、賞状と賞金を発給した[16]。

こうして、北部タイヤル族は二二八事件に参加しなかったが、阿里山では、四七年三月五日呉鳳郷郷長の高一生は湯守仁らツオウ族四十数人を下山させ、紅毛牌空軍第一九軍の弾薬庫から武器を奪い、阿里山に持ち込んだとされる（後述）。四八年七月省政府諮議ロシンは説得し、阿里山にある銃器回収工作を順調に達成した。これは、国民党政権に抵抗しないというロシンなりの宣言でもあった。当時、ロシンはむしろ台北県三峡鎮大豹社にある三井物産の茶畑をタイヤル族が取り戻すことにに全力を挙げ、陳情していた。ロシンは原住民の「土地返還」要求こそ最重要課題と考えていた。だが、当局はこれを反政府的と見なし、諜報員を送って監視させた[17]。いわば土地返還要求問題から国民政府との矛盾を孕み始めたのである。

では、二二八事件当時の阿里山の状況について武義徳によれば、同事件は阿里山とは直接関係はなかった。にもかかわらず、外からの「唆し」、および竹崎郷の黄医者（原住民か本省人か不明）が山地に何回か来て、呉鳳郷郷長の高一生に対して人員を山から派遣し、（国民党への）攻撃を助けるべきだといった。黄によれば、今回の攻撃は外省人を追い出すためだ、と。だが、この時、高一生は当初、慎重を期して動こうとせず、まず人を嘉義に送って状況を観察した後、参加すべきか否か決めたいと答えた。そして、高一生は湯守仁に指示し、平地人の服装に着替えさせ、嘉義に偵察に行かせた。湯守仁は嘉義、高雄は動乱状態にある、と電話連絡をよこした。そこで、下山を決め、武器準備のため、まず山上の各派出所に行った。銃一〇〇丁しか集められず、幾人かは伝統的な大弓を持った。服装もばらばらで、ある者は日本軍服、ある者は平服であった。三月二日夜一〇時に下山し始め、湾橋を渡った時、明るくなっていた。そこで、準備したトラックで紅毛埤に到着すると、参加人員を二つに分け、まず南洋での実戦経験者、次いで日本兵として軍事訓練を受けた者で計一〇〇~二〇〇人であった。紅毛埤では、高所から銃撃していた国民党軍が自発的に撤退したため、占拠はさほど困難はなかった。各自が紅毛埤武器庫で機関銃などの武器を選んだ。その後、すぐに水上飛行場に支援に向かった[18]。

水上飛行場はすでに包囲されていた。原住民部隊も参加し、飛行場の電力、水源を切断した。当時、包囲部隊には部隊毎にそれぞれ指揮部があった。指揮者の中には当時嘉義在住の劉傳来(医者・国民大会代表)、および後に嘉義市の副議長に就任した「黒林」という人物もいた。原住民部隊は湯守仁の指揮下にあった。だが、嘉義で処理委員会は和平解決を決定し、飛行場を包囲するだけであった。指揮者たちは相談の結果、攻撃しないことを決め、談判による解決を望んだ。こうして、三日間全く戦闘はなく過ぎた。こうした状況にむしろ不安を感じた湯守仁は高一生に電話をかけた。

高一生もこれ以上待機することは何が起こるか分からず危険だと感じ、山地部隊の撤退を指示した。そこで、獲得した武器を携え、杉材を運搬するトロッコに乗って阿里山に戻った。山地防衛のため、トンネルの入り口に機関銃の照準を定めた。だが、この時は当局から何らの追及もなかった。ところが、後の五二年九月に嘉義市・県政府が会議を開くと称し、山上の郷長、村長すべての参加を求めた。これは罠であった。下山すると、高一生、湯守仁、汪清山、方義仲、武義徳の五人が逮捕された。同時に復興郷（角板郷）タイヤル族の林瑞昌（ロシン）、高澤照の二人が逮捕された。その内、六人が「死刑」の判決が下され、武義徳だけが「知匪不報」罪で「無期懲役」（実際は二三年間の入獄後に解放）であった。その理由は、これらの人々は皆「共産党」とのことであった。[19]

では、ここで再びロシンに論を戻し、彼の考え方、活動を確認しておきたい。日本敗戦後、台湾が植民地から解放され、「光復」により原住民が三民主義の「民族平等」を享受し、自由・平等になると考え直した。そこで、彼はまず国民党政権に対して「祖先の居住地」返還を求めた。次いで、議会政治に参画する方式で原住民の権益保護を提起した。一九四八年七月台湾省政府諮議、四九年一一月第一届省参議員に補充当選、五一年一一月第一届臨時省議員に当選し、台湾の中央政界に進出した。ロシンは議会で原住民の民意代表数増大、山地行政管理局の設置、山地行政の一元化、人材養成、および山地農村生活の復興援助などを提起した。換言すれば、原住民の参政、行政、教育、生活諸方面での権利を提起したことになる。[20]

ロシンは台湾省政府諮議の時、山地資源を開発し、そこから自治財源の確保を提案した。そして、アメリカの「先住民自治区構想」を念頭に山地建設協会の設立を求めた。国民党政権は理事長を官選にするという条件で許可し、省政府は理事長として山地行政処長の王成章（警務処長）を送り込んだ。四九年五月戒厳令が公布され、高一生と湯守仁らは逮捕された。その時、ロシンは自ら保釈手続きをおこない、彼らを釈放させた。この後、湯守仁は保安司令部軍官に就任し、ツオウ族の危機を回避させた。四九年一一月ロシンは省参議員の任期中、台中県和平郷の原住民が国民党軍との間で、闇で砂金をもって新式銃と交換する事件が発生した。ロシンは自ら乗り込み、説得し、新式銃を回収した。[21]その他、ロシンの甥・林昭光も五一年最初の郷民の直接投票で角板郷郷長に当選した。教育も言語も一新した状況下で、彼らは極めて高い民族的な自尊心を有し、学校入学試験での「優待合格」を望まず、平地人と同等に扱うことを要求したとされる。また、高い理想を有し、タイヤル族の人々に自らの歴史と伝統を認識するように求め、自立自強を希望したとされる。ロシンは山地各郷を奔走し、若い世代にその「精神」を教えたという。[22]

では、林瑞昌（ロシン）が執筆した「本省山地行政的検討」から一九五〇、五一年当時の彼の主張にメスを入れ、そして何故、蔣介石・国民党政権と対立するに至ったかを考察したい。

（一）ロシンは「光復以来、すでに五年、政府は山地同胞を自由、平等に待遇するとしながらも、山地行政は以前（日本統治時代）と比較して顕著な進展がないばかりか、かえって若干の面では過去に到達した水準を維持できていない」と主張した。回顧すると、日本による台湾占領初期、台湾蕃地の豊かな資源は国益のために開発を待ち、かつ山地は日本人の植民に適していると述べている。

このことから日本人の山地に対する魂胆と理蕃の真の動機がわかる。当時、山界の一切の土地は山地同胞に属し、権利保全のため、侵入者は馘首の報復を受けた。日本人の山地事業、例えば樟脳製造、材木伐採、鉱山採掘はすべて妨害された。そこで、明治時代に「五年大討伐」があり、山地同胞の武器を奪い、威圧と監視をおこなった。この後、日本は広大な土地を必要とする狩猟や焼き畑を放棄させ、山地を奪取し、日本人の開発に供した。だが、これによって山地同胞の生活は次第に進歩し始めた。

(二)山地同胞は古来の観念に固執し続けていたので、企業家は酒肉や金銭を与えなければ、山地で開発事業をすることは難しい。殺戮を好む風紀は変わったとはいえ、武力解決の野蛮な風習は時に現れる。これらは生活が不安定で、仕事の目標を失った自暴自棄の心理からである。したがって、生活を合理的に改善し、社会進歩の目標を与えることが特に必要である。山地警察は交通が阻害された山地にあり、全体の警察力と連繋しておらず、法秩序の維持は難しい。もし適切な時機に積極的に改革しなければ、将来、山地事業はおそらく基盤を打ち立てることができなくなる。山地同胞の風俗が再び退化しないと誰が保証するのか。

(三)国民政府の山地行政は三民主義に依拠して定めており、日本の理蕃と根本的に異なる。だが、光復以来、生活は日増しに困窮し、文化も堕落している。これが、山地同胞の三民主義不信の最大の要因である。我国(中国)は広大で、辺境の「落後民族」に台湾(で現在おこなっている)山地政策を実施すれば、あるいは進歩と繁栄への道を歩ませることが可能かもしれない。だが、この政策は台湾の山地同胞には良好な結果を招かない。何故か。日本統治時代に受けた生活文化は現在の山地行政から享けるものをすでに超えていたからである。日本統治の最後の一〇年間、山地同胞の文化は長足の進歩を見せた。とりわけ光復前の三、四年、日本の理蕃警察は山地で徴兵をおこなうため、高度な文化政策をおこなわざるを得ず、山地同胞の生活は日進月歩であった。だが、これらの生活は決して山地同胞が自力で勝ち得たものではない。（日本の）監督者による不断の指導と鞭撻、並びにかなりの物資が新たな環境を創り出したのだ。光復後、多くがこの点を留意せず、大陸辺境民族に対する態度で対応している。

（四）山地行政の目標は経済と文化の近代化が平地同胞と肩を並べることにある。だが、光復以来、政府の山地行政は全体計画がない。水路修築を例にすれば、部分的な要求に応じて現状に修復するだけで、水溝や水田を増加させることは非常に少ない。政府が山地行政設計委員会を組織し、山地行政二〇年計画を立てることを熱望する。国父（孫文）は民族主義の中で「世界の人種は顔色は異なるが、その才知は何らの差異もない」、と述べている。山地同胞の天賦の才能は平地同胞と同様で遜色はない。もし生活環境を高め、適切な教育を施せば、一切のものの改善は可能である。試しに日本理蕃の成果、あるいは近代教育に僅かでも触れたことのある青年を見れば、このことを証明できる。現在、もし適切な教育を施せば、二〇年後、国家の新教育を受けた指導人材が山地社会の一切の中枢を掌握し、現在の統治指導者や補助員の仕事を引き継ぎ、山地の特殊行政は自ずと撤廃される。

（五）山地同胞は元来、山焼きの蓄田農耕によっていた。この粗雑な農法は消耗が多く、利が少ない。なぜなら略奪農耕は地力の消耗が甚だしく、二、三年後にはこの土地を捨てて他を開拓せざるを得なかった。これによって、耕地は分散し、労働時間の大半は道を歩くことに費やした。かつ作物の種類は限定せざるを得ず、その収穫も増大できなかった。また、山林の焼却と傾斜地の田畑崩壊により、山地を荒廃させ、自らの生活環境を破壊したのみならず、平地の水災、旱魃の原因となった。日本の理蕃はこの種の害を減らすために、少なからぬ努力と長期の忍耐を費やした。ついには集落への集団移住を決定し、水田耕作を強制した。そこで、水稲が山地同胞の食糧となり始め、その生産方式は次第に経済化し、生活も次第に近代化した。これは、五〇年間の（植民地時代に）長期にわたる日本人の経験に基づいた措置であり、山地同胞の経済を改善する根本弁法として踏襲できる。

（六）遠大な理想と緻密な計画があっても、経費が不足すれば一切は画餅となる。上述した二〇年計画は厖大な経費を必要とする。こうした経費は山地各事業の税収から支出するのが最もよい。山地内の林業グループの鉱山を数ヵ所、指定して山地行政機関に経営させ、その利益を山地行政の用に充てる。山地の林業グループが商業経営をすれば行政上の利益ともなり、政府も林工業を経営すればよい。経費準備はそれほど難しくはない。

「結論」光復後の山地行政の不振から、誰もが日本人の理蕃が成功したという。日本人が為し得たことを、我々も必ずさらによく為し得ることができる。上述の観点から積極的に改善すれば、山地は二〇年後、落後した山地同胞を見ることはないであろう。現在、失望し、不遇を嘆いている山地同胞はその時、必ず祖国に抱かれる暖かさを感じ、山地行政の成功は世界に向けて三民主義の偉大さを宣言することができる[23]。

このように、日本の利権のためとはいえ、集団定住、経済、文化諸政策などにより植民地時代、原住民生活は進歩した。国民党政権の山地政策はそれよりもかなり遅れ、計画性もなく、場当たり的と批判する。したがって、日本の理蕃を踏襲、それを発展させることが必要と力説するのである。かなり厳しい筆致で書いており、日本植民地時代との比較など挑発的にも見える。

三　一九五〇年代台湾「白色テロ」の背景と特色

一九五〇年三月一日蔣介石は復権し、台北に「国民政府」（中華民国政府）が正式に樹立された。最後の砦たる台湾を固守するため「反共抗ソ」政策を実施した。だが、国民党政権は二二八事件により台湾民衆との間で緊迫した状況が続いていた。それを打開するため、国民党はまず「二二八事件容疑者保釈委員会」を設立し、「懲役五年以下の者の保釈準備」を採択した。これに則り五〇年二月「二二八事件の関係容疑者」七十数人を保釈した。さらに四月五日、行政院は蔣の指示で「二二八事件容疑者で未保釈者」の保釈を決定し、五月二三日審議を終えた。だが、実際は国民党政権はむしろ次の弾圧策を着々と陰で準備していた。国民党は大陸戦場での惨敗と挫折により「共産党を恐れ、恨む」心情がとりわけ深く、かつ中共による台湾攻撃を憂い、「白色テロ」の準備を開始していた。すなわち、四八年国民党政権はまず第一回国民代表大会で「動員戡乱時期臨時条款」を強行提出し、蔣介石独裁の基礎を確立した。そして、四九年五月一日台湾全島で戸口調査を実施し、二〇日には戒厳令を発布した。その他、関連法案として「国家総動員法」、「懲治叛乱条例」、「動員戡乱時期匪諜粛清条例」（「防共」のために、四九年七月から省級公務員に連座制を採用）、「非常時期人民団体法」、および「台湾地区戒厳時期出版物管制弁法」（省政府がマルクスの『資本論』などを「反動書籍」として査禁）等々、矢継ぎ早に出した。かくして、五〇年五月末までだけで秘密裏に検挙した「政治嫌疑犯」は「一〇〇〇〇人以上」に達したとされる[24]。

米ソ冷戦が形成されるに伴い、アメリカは台湾を太平洋の重要な戦略要地と見なし、国民党政権の台湾撤収期間、アメリカは国民党の敗残兵と難民の台湾への過度な流入を阻止しようとした。そして、韓国、日本、およびベトナム、フィリピン各政権と共に、「太平洋反共防衛線」（「共産中国包囲網」）上の軍事基地化しようとした。したがって、アメリカは台湾の蔣介石政権を打倒し、新たに「自由主義的」な別政権（例えば、親米派の孫立文政権樹立を考えた。その際、蔣支持のファッショ的な軍統は除外）を樹立する暇もなかった。こうして、アメリカは台湾に敗退して来た蔣介石・国民党政権を支持せざるを得なくなり、その「白色テロ」を黙認することになる。五〇年六月二五日朝鮮戦争が勃発し、アメリカ大統領トルーマンの指令を受けた第七艦隊が、中国共産党軍による台湾攻撃を阻止する目的で台湾海峡に投入された。このことが、不安定極まりなかった蔣介石・国民党政権が安定に向かう契機となった。七月三一日、連合国軍最高司令長官ダグラス・マッカーサーの一行が台湾を訪れた。その後、一グループのアメリカ軍事連絡員を総統府に入れ、無線通信器を設置した。蔣介石はアメリカの支援を熱望した。その結果、五一年から六五年までに四三億米ドルの軍事支援を獲得できた。五一年一〇月一〇日、国民党政権は台北で大規模な閲兵式を挙行した。五四年一二月二日には「中（中華民国・台湾）米共同防衛条約」を締結した。アメリカ軍の軍事顧問団はこの時点で「台湾共同防衛司令部」と変化した。同時にアメリカの黙認の下で国民党政権は秘密裏に「反攻大陸」を放棄したが、依然として「反攻大陸」を鼓吹し、長期にわたる強権統治を確立したのである[25]。

国民党政権による五〇年代「白色テロ」（一九五〇〜五四年）の特徴は以下の通り。

（1）多種の条例を運用し、民衆関連の政治、経済、社会はもちろん、文化と精神生活の内容まで全面的にコントロールしようとした。

（2）大陸時期における「軍統」（「藍衣社」）、「中統」（「C・C」系）など多系統の情報治安・特務機構を駆使し、相互に競争、監視させた。

（3）軍内の統制系統を重視し、陸・海・空三軍はそれぞれ独自なやり方で、常に「戦時軍律」を運用し、各軍内の不穏分子を処断した。軍内の政治工作制度、特に「保防（保全・防衛）系統」がテロ政策を立案、実行した。

（4）多元的な情報治安・特務系統は最終的には「動員戡乱時期国家安全会議」に帰属するとする

が、実はその最高指揮権は蔣介石個人が掌握していた。

社会基層を有効に統制するために、民政、警政両面の組織や規定はとりわけ多かった。警民協会、民衆服務站の設立、「匪諜自首弁法」、「五戸連保弁法」、「国民身分証制度」、および機関人事制度の「安全規定」などである。テロ政策の最初の一手は、テロの危険性を過剰に鼓吹し、国民の恐怖と危機意識を煽ることである。「匪（共産党）と通じている者は死」（すべての映画館で放映前に銀幕にこの文字が映し出された）、「スパイはあなたの身辺にいる」、「スパイ検挙はすべての人々に責任がある」、「匪を知っていて通報しない（知匪不報）者は匪と同罪」などの宣伝スローガンが街中に溢れた。駅、市場などの公共の場所には常に赤文字の布告が張り出され、内容はその日、銃殺された「共産党スパイ」の姓名、年齢、本籍などが書かれていた。新聞、雑誌には反共作家の文章が掲載され、スパイの邪悪、醜悪な面貌が描かれた。それに対して「反共英雄」、特に「共産党員の検挙」の「愛国」的な記事が氾濫した(26)。

「白色テロ」下で逮捕から裁判までの状況は以下の通り。①逮捕機構は非常に多く、警察、憲兵、特務などが法的手続きを無視して逮捕する。例えば、必ずしも逮捕状を示さず、家族に通知するとは限らず、尋問には時間的制約はない。この結果、人が突然消えたように見える。多数の人々が各地の秘密監獄内で数ヵ月から数年にわたり痛めつけられる。②五〇年代初期には軍事法廷への移送後、起訴状はなく、弁護士はつかず、傍聴人もいず、上訴できない。中期にはやや改善され、弁護士をつけ、上訴権もあり、判決書も出すようになったが、「白色テロ」の雰囲気の下、弁護士の多くは「反乱嫌疑者」案件を弁護しようとはしなかった。③幸いにも死刑の判決を免れた被告は執行機関に送られる。「反乱」案件の受刑者は国防部軍人監獄に入るが、形式の異なる分支機構があり、なかでも有名なのが集中営方式を採り、絶海の孤島である「緑島新生訓導処」である。④残酷なのは政策執行の必要から出た捏造案件、あるいは「予防」目的の脅迫性の案件である。軍内、教育界、公務界、文化界、および原住民、華僑などに一連の冤罪事件が発生した。(27) この中に「タイヤル族山地青年」案件も包括される。

四　台湾における共産党の動態と原住民

では、ここで弾圧対象となっている中国共産党（以下、原則として中共と略称）との関連に論を進めたい。果たして中共は実際に台湾に流入していたのであろうか。流入していたならば、具体的にどのような形で流入していたのか。あるいは、中共と原住民とは関係があったのか。法務部調査局（中統、いわゆる「C・C」系）によれば、「中国共産党台湾省工作委員会」の正式成立は一九四六年五月で、中共華東局に従属していたとする。台湾籍の蔡孝乾が省工作委員兼書記で、広東籍の洪幼樵が省工作委員兼宣伝部長、台湾籍の張志忠が省工作委員兼武装部長であったとする。中共中央は「高山族と外省同胞の工作展開」を台湾省工作委員会の主要任務の一つに決めたが、主に日本植民地時代の旧台湾共産党員を吸収したに過ぎず、発展は緩慢で、原住民工作を実行する能力はなかった。

四六年五月から四七年二二八事件までの時期、省工作委員会は台北市工作委員会、台中県工作委員会、および台南、嘉義、高雄三市に支部を設けたが、全員で七〇人余に過ぎなかった。二二八事件後、省工作委員会は政治に不満な青年学生を基礎に順調に発展し始め、四八年春には党員は二八五人となった。ただし都市に限られ、原住民工作は依然として展開できないでいた。(28)

一九四八年五、六月、中共中央は華東局に対して台湾省工作委員会の主要幹部を香港に召集して台湾工作幹部会議（いわゆる香港会議）の開催を指示した。香港会議では、二二八事件後、「台湾は革命情勢にある」との楽観的見通しの下、原住民工作の強化を決議した。これを受けて新竹地区工作委員会書記の簡吉が原住民工作の責任者に就任した。角板山もその中に含まれ、まず省政府諮議の林瑞昌、すなわちロシンとの接触を試みた。二二八事件で逃亡中の蘆竹郷旧郷長林元枝（中共入党）はロシンと面識があり、林元枝を通じて連絡を取った。また、簡吉には原住民問題に詳しい陳顕富がいた。陳顕富は嘉義市立女子中学校長陳慶元の次男である。陳顕富は女子中学教師在職の時、入党した。換言すれば、四八年七、八月省工作委員会の原住民工作は簡吉、陳顕富によって推進された。(29)すなわち、省工作委員会の原住民工作は新竹地区から始まり、その最初に接触を試みたのがロシンだったのである。

省工作委員会がロシンに着目した理由は、彼が①台湾全島の原住民を代表する政治指導者であったこと、特に②四七年六月八日三峡大豹社の祖先からの土地返還要求の陳情運動を展開したことにあった。この運動はロシンらを代表として、角板山タイヤル族一〇〇人が署名した。二二八事件後の殺伐たる雰囲気の中でこうした大規模な土地返還運動を起こすことは大変な勇気を必要とし、社会の注目を浴びた。省政府が陳情をまともにとりあげなかったことから、角板郷（現在の復興郷）タイヤル族は憤慨し、四八年一月には暴動になりかけたこともあった。そして、同年春には、抗議の意味から角板山タイヤル族は省政府慰問団からの救済物資の受け取りを拒絶した[30]。換言すれば、ロシンは、二二八事件の際、国民党政権と本省人との間の衝突にタイヤル族が参加することを極力阻止した。だが、タイヤル族の根本権益である土地問題に関しては一歩も引かなかった。

一年間の準備後、一九四九年九月（一〇月説もあり）に中共の台湾省工作委員会下に山地工作委員会が成立した。台湾全島の三つの山地工作委員会があり、簡吉が書記兼北部工作、魏如羅が委員兼中部工作、陳顕富が委員兼南部工作であった。その重点は南部の阿里山に置かれ、北部は卓中民が林昭明の学生運動と連繋した。一〇月林昭明が卓中民と共に台中師範学校に行き、新構成員獲得を目指した。なお、卓中民は林昭明に中共入党を勧めたが、拒絶されたという。料亭月華園での会議後、ロシンと簡吉の協力はほとんど進展はなかった模様である。ロシンは民意代表として体制内改革を一貫して考えていた[31]。

一九四八年一一月ロシンが準備していた山地建設協会がついに成立した。だが、理事長は上から派遣された「官派」の台湾省山地行政処処長王成章（後に警務処処長を兼任）が就任し、ロシンと高一生は常任理事に選ばれた。理事・監事の大多数は山地郷長、山地民意代表であったが、他に警務官僚を背景とする者が就いた。なお、ロシンは省政府諮議に招聘され、台北羅斯福路の山地会館にしばらく住んでいた。林瑞昌の長男茂成、次男茂秀、および甥の林昭明三人は万華で同居していた。そこに簡吉が訪れた。月華園で簡吉、陳顕富らが大陸での国共内戦の情勢を分析し、「高山族」（国民党政権下での原住民に対する呼称。初代台湾省行政長官・台湾警備司令陳儀による命名といわれ、「高砂族」は砂を高く盛り上げることはできず、かつ日本植民地時代の差別用語としたとされる）が速やかな自衛準備の必要性を提案した可能性がある。[32] こうした経緯で、ロシンはおそらく大陸での情勢を知っていた。これに参加した湯守仁はともあれ、ロシンは衰えつつある国民党政権に対して逆に原住民の地位向上・発展を提起し、実現することが可能と考えたかもしれない。

一九四九年九月台湾省保安司令部（司令は彭孟緝）が成立し、台湾全島規模で偵察、監視、逮捕を開始した。例えば、一〇月には高雄地区工作委員会を破壊し、省工作委員会副書記の陳沢民を検挙した。こうした平地での一連の大規模逮捕によって、各地の省工作委員会幹部は逃亡を始めた。例えば、二二八事件後に多くの抵抗分子や省工作委員会幹部が山に逃げたが、阿里山が最も重要な逃亡先となった。高一生は彼らとは思想が異なるが、その流入を知っていながら阻止せず、見逃していた可能性が強い。こうして、四九年一〇月から五〇年二月までに一〇人以上の各地の省工作委員会幹部とその外郭団体人員が集まった。それは、陳顕富のグループの外、別に一グループの台湾の共産党員もいた。いわば当時、二つの共産党グループが活動を続けていた。[33]

まず最初に阿里山に逃亡して来たのが黄雨生である。黄は四八年八月に中共に入党し、台湾大学法学院支部の幹事をし、宣伝工作を担当していた。次いで、やや遅れて入山したのが張明顕である。

張明顕は高雄出身の医者であるが、かつて大陸で新四軍に参加したことがある。四六年張志忠の紹介で中共に入党し、四七年蔡孝乾の命を受け、夏には高雄市工作委員会も組織し、同書記に就任した。また、台北に行き、華盛行を開設して資金準備をした。四九年一〇月下旬、高雄地区工作委員会が破壊された後、阿里山に逃亡した。四九年一一月四日蔣介石が阿里山に視察に赴いたため、活動を中止した。一一月黄石巌、黄弘毅の父子が入山し、陳顕富、湯守仁の主導下で「嘉義市民生商店（経理方義仲）—阿里山」の逃亡ルートを確立した。また、黄父子は湯守仁に協力して楽野村食品工場を開設した。経営は湯守仁、黄父子も工場内で働いた。[34] しかし、五〇年九月から一〇月間に山上で張明顕らが逮捕された。そして、九月一八日保安司令部は陳顕富案件の判決を作成した。

五　「白色テロ」下の角板山と阿里山

一九五〇年初頭、国民党政権の山地政策は「台湾防衛」の原則の下、「山地の治安」を重視し、山地でも「共産党スパイ」摘発など殺伐たる反共的雰囲気が生み出された。その背景には、①原住民指導者は国民党政権にかなりの希望を持ったが、それはすぐに失望に変わった。その不満を直接表明した時、当局は徹底的な弾圧に転じた。②原住民が対日抵抗、もしくは妥協、融和の末、一歩一歩やっと勝ち得た日本植民地時代の安定した生活、文化水準の持続を求めた。だが、それが国民党政権の許容範囲を超えていた。③当局は二二八事件で示された「反政権行動」を経験し、山地に対しても疑心暗鬼、神経過敏となり、政権安定に脅威となると見なしたことがあげられよう[35]。

他方、タイヤル族を始め原住民は今度は国民党政権との融和を図るため、涙ぐましい努力をしていた。例えば、五〇年三月、全省山地同胞表敬団七〇人余が省主席兼保安司令の呉国禎を訪問し、「山地同胞（原住民）と全省同胞とが共同合作することで、台湾を守りたい」と述べた。同時に民意代表としてロシンが献旗（青天白日満地紅旗）して敬意を表した。その後、各郷代表が山地生活の種々の問題、例えば、交通、生計、教育、医療などについて意見を述べ、省政府に改善を要請した。呉国禎はこれに支持を表明すると同時に、山地同胞が山地人口の精査に協力し、山地社会を安定させることを希望した。全省山地同胞代表は「反共復国」の決意を宣誓した[36]。当初は良好な関係だったのである。

一九五〇年四月、阿里山ツオウ族で呉鳳郷郷長の高一生は原住民の生活改善を目的に新美集団農場をつくるため、土地銀行に五〇万元の貸付を求め、農業技術改良に用いるとした。ロシンが借入金の保証人となった。当初、当局もこの計画に好意的であり、これを原住民の生活改善の模範にしようとさえした。次いで、五月には高雄新峯区瑪雅山区の歌舞慰問団が、ロシンらに率いられ、保安司令部を訪れた。その目的は原住民が国民党政権を熱意をもって擁護し、国民党軍の「大陸反攻」への協力を表明することにあった。さらに、五〇年一〇月ロシンは蔣介石が角板山貴賓館で暮らせるように手配し、かつ蔣の誕生日祝いもした。五一年三月に国防部の「山地精査令」公布に対しても、ロシンは高一生と共にツオウ族表敬団を率いて省政府に赴き、「国民政府擁護」の決意を伝えた。

そして、原住民の福利を図るため、農業投資をすぐに回収しないよう政府に求め、かつ上述の新美農場への貸付利子の減免によってツオウ族の農業を発展させることを要請した。だが、五二年一月国民党政権の厳しい制止の下、ロシンは立候補し、第一回台湾省（臨時議会）参議員に当選し、二回の大会に参加した後、一一月に山地会館で逮捕されることになる。[37]ロシンは、原住民の声を議会に届けるためにも是が非でも参議員になる必要を感じていたに相違ない。

ところで、一九五〇年一〇月保安司令部は阿里山を偵察、弾圧後、ロシンに付き添われて高一生、湯守仁二人が自首し、それを認めたという経緯がある。にもかかわらず、なぜ再度逮捕し、処刑したのか。不可思議であろう。結局、保安司令部が「自首不誠」と見なしたからという。つまり湯守仁、高一生は友人やツオウ族を売り渡したくなく、表面的な話に終始したようだ。その上、国民党政権による自首の許可は「引蛇出洞」（蛇を洞から引き出す）という狡猾な狙いがあったとされる。なお、当時の台湾省主席兼保安司令部司令である呉国禎は張明顕らの逮捕を蔣介石に報告した。五〇年一一月一〇日呉は蔣に対して、山地潜伏「匪」の精査のため陳顕富を使用したいので、死刑執行を免除してよいか否かを尋ねた。呉によれば、①阿里山の組織破壊後、初歩的工作は一段落したが、「潜匪」の精査と武器回収工作を開始したばかりである。②陳顕富は山地問題に精通し、すでに徹底的に悔悟しており、自発的に政府（国民党政権）に忠誠を誓い、かつ山地青年に「反共抗ソ」を呼びかけている述べた。[38]なお、陳顕富は初審では「死刑」判決であったが、保安司令部は死刑執行を免除する交換条件として協力を持ちかけた。陳顕富はこの条件をのみ、日本文で「当面共匪の高山族に対する計画」、および湯守仁に対して「投降を勧める」一文を書き、保安司令部に手渡したという[39]。

こうした状況下で、五二年三月、国民党政権は角板山を管轄する新峰治安指揮所などの偵察・防衛・監視システムを完成させた。次いで呉鳳郷治安指揮所の山地防衛組織が完成するなど、北の角板山と南の阿里山への国民党政権による包囲網が着々と形成されていた。なお、五二年保安司令部は台湾全省の八つの山区を調査し、普遍的に情報網を設置したが、山地情報員六七人はすべて山地籍人員であった[40]。原住民の一部を高額で雇い入れ、原住民監視、情報収集、および密告に活用した。いわば「以夷制夷」を実施し、原住民同士を分断したのである。前述の如く五二年一一月ロシンの逮捕をもって蔣介石による台湾山地「三年討伐」は完成した。

表5―2によれば、一八人の内訳は、教員三人、商人・医者各二人、省参議員・山地警員・会社員・学生各一人、その他、無職五人、不明二人。なお、医者は林瑞昌（ロシン）を含めれば三人となる。私の質問に林昭光、林昭明は「ロシンは全くといっていいほど中国語会話ができなかった」と答えた。中国語を書くことも、読むことも不十分であった。訊問は通訳を介していたし、誤訳などを指摘する能力もなく、したがって、好き勝手に「罪状」を捏造され、確認を強制された可能性が強い。他の者たちもおそらく同様であったろう。

表5―3によれば、非合法な「国家転覆」罪として処理されている。林瑞昌、高澤照、高一生、湯守仁、汪清山、方義仲、武義徳、杜孝生、廖麗川の計九人である。このように、分かる範囲でい

表5―2 中共「山地工作委員会」案件

姓名	性別	年齢	戸籍	職業	判決
林瑞昌（ロシン）	男	54	桃園	省議員（医者）	死刑
高澤照	男	38	桃園	山地警察	死刑
卓中民	男	27	新竹	商人	死刑
黄雨生	男	24	台北	無職	死刑
楊熙文	男	30	嘉義	教員	死刑
陳顕冨	男	30	嘉義	無職	死刑
黄垚	男	29	嘉義	石油公司社員	死刑
黄天	男	43	台中	商人	死刑
魏如羅	男	32	台中	不明	死刑
林立	男	48	台南	医者	死刑
簡吉	男	48	高雄	無職	死刑
呉金城	男	28	高雄	不明	死刑
楊火木	男	50	嘉義	医者	一年
呉茂松	男	30	嘉義	教員	一年
黄秋爽	女	20	台中	学生	一年
黄秋笙	女	18	台中	無職	一年
劉地春	男	31	台南	教員	一年
林素愛	女	31	高雄	無職	一年

出典：藍博洲主編（台湾民衆史工作室）『五〇年代白色恐怖―台北地区案件調査与研究―』一九九八年四月、二八～二九頁参照。なお、「発生時期」一九五〇年四月二五日、「判決期間」（一九五〇年一〇月二一日～一九五三年一一月一〇日）、一八人中、死刑一二人（執行一九五〇年一二月一九日～一九五四年八月三一日）。

えば、桃園県（角板山）はロシンと高澤照の二人、他の七人はすべて嘉義県（阿里山）である。死刑が六人、無期懲役が一人などである。なお、「感化」は感化院、すなわち教護院にも思えるが、彼らは少年ではないので、おそらく自宅監察状態に置かれていた。

では、台湾省保安司令部判決（五三年八月）の「主文」には具体的にどのように記述されているのか、林瑞昌（ロシン）、高一生、湯守仁の主要な三人に焦点を当てたい。

①林瑞昌は叛乱（を謀る）集会参加により「懲役一二年」、「公民権剝奪一〇年」。共同で職務上、支給された財物（公金など）の汚職で「懲役七年」、「公民権剝奪五年」。よって「懲役一五年」、「公民権剝奪一〇年」、および家族に必要な生活費を斟酌し、これらを除いてすべて没収。

②高一生は次々と「公有財産」（土地など）を

占有したことにより「死刑」、「公民権終身剥奪」、および家族に必要な生活費を斟酌し、これらを除いてすべて没収。叛乱（を謀る）集会に参加したことで「懲役一二年」、「公民権剥奪一〇年」。③湯守仁は非法な方法で政府顛覆を意図し、実行に着手したことにより「死刑」、「公民権終身剥奪」、家族に必要な生活費を除いてすべて没収[41]。

以上のように、各種罪状を列挙し、罪状毎に刑罰を与え、加算、もしくは総合してその最高刑罰を与えて

表5—3　国防部軍法局「非合法顛覆」案件（一九五三年八月）

姓名	性別	年齢	戸籍	職業	判決
林瑞昌（ロシン）	男	54	桃園	省参議員	死刑
高澤照	男	39	桃園	警察局大渓分局巡査	死刑
高一生	男	46	嘉義	呉鳳郷長	死刑
湯守仁	男	30	嘉義	雑貨商（元日本軍人）	死刑
汪清山	男	42	嘉義	警察局巡査	死刑
方義仲	男	30	嘉義	村長	死刑
武義徳	男	31	嘉義	村長	無期懲役
杜孝生	男	32	嘉義	呉鳳郷衛生所主任・農場長	懲役一七年
廖麗川	男	32	嘉義	商業	懲役一〇年
盧福基	男	33	嘉義	郷経済担当助手	「感化」三年　軍事法廷裁判にはかけず
葉高尚	男	33	台南	経済課課長	「感化」三年　軍事法廷裁判にはかけず
范丁南	男	43	台南	国民小学校長	「感化」三年
武義亭	男	26	嘉義	小学校教員	「感化」三年

出典：檔案管理局所蔵の①「国家檔案」0041/1571.3/1111/41/004　国防部軍法局「案名：非法顛覆案—検呈湯君等叛乱貪汚等一案巻判請核示」一九五三年八月一九日所収、台湾省保安司令部軍事法廷・審判官殷敬文「台湾省保安司令部判決」一九五三年七月二二日、②「国家檔案」0042/3132329/329　国防部軍法局「案名：湯守仁等叛乱案」などから作成。

いることが分かる。注目すべきは、高一生、湯守仁と異なり、ロシンに対しては集会参加などだけで当初「懲役一五年」であり、「死刑」判決は下っていなかったことである。それが後に「死刑」と厳罰化されたと考えて間違いない。その他、五三年保安司令部軍事法廷の初審では、汪清山は「叛徒を匿った罪」で「懲役一五年」、方義仲は「叛徒のために道案内をした」罪で「懲役一二年」、高澤照は「叛乱集会参加」で「懲役一二年」であり、武義徳は「公用品の私物化」、「匪と知りながら通報しなかった」罪で「懲役一二年」であった[42]。

ここで、より詳細に検討するため、本案の犯罪「事実」の中の「叛乱等部分」を見ておきたい。一九四九年夏、被告湯守仁はすでに自首した「叛徒」林良寿の紹介で、陳顕富と知り合った。前後して陳顕富は林瑞昌、桃園県大渓警察分局三光分駐在所の巡査高澤照、および簡吉らと台北市川端町の月華園店（おそらく高級中華料理店）で二回集会を開き、社会情勢、および「匪党」（中共）の山地行政活動などの問題を討論した。陳顕富は「山胞」（原住民）に対して「共匪高砂族自治委員会」の組織化を指示し、主席となった林瑞昌が政治責任者、湯守仁が軍事責任者に就任したとする。そして、「山胞」に「匪党主義」を宣伝し、山地青年を掌握して「山地匪党工作」を展開する。さらに民族自決代表を選抜し、烏来、および日月潭ダムに派遣し、「匪軍」（中共軍）の台湾攻撃に呼応することにした。林瑞昌、高澤照はそれぞれ陳顕富、簡吉、林立らと会い、連絡をとった。同年一一月陳顕富の命を受け、湯守仁は黄石巌、黄弘毅（この二人はすでに別件で死刑）らを忠義民生商店に送り込んだ。黄弘毅は「匪首」蔡孝乾（当地の中共頭目）らを引き込み入山活動をおこなった。黄石巌らはすぐに楽野村食品工場を開設し、湯守仁が経営し、「匪党」の経済機構にしようとした。湯守仁は民生商店経理の方義仲と連絡を取り、「共匪」の政治は民族自決を実行しやすいとして、平地と山地の「匪徒」間の連絡員になることを要請した。そこで、方義仲は前後して李瑞東らを入山させ、湯守仁、蔡孝乾らと集まった。蔡孝乾は「阿里山武装支部」の成立を宣言した。五〇年初頭、蔡孝乾、黄石巌らは湯守仁に命じ、呉鳳郷長高一生、嘉義県警察局巡査の汪清山、楽野村長武義徳らを召集し、楽野村で会議を開いた（武義徳はこの日は参加せず）。「匪党」山地行政・経済などを論じ、並びに「反動ビラ」を配布した。同年二月湯守仁が黄弘毅を紹介し、楽野村民衆教育班で社会問題を講演し、青年に思想を注入した。五月台湾省戸口総調査を実施した際、湯守仁は汪清山に各「匪徒」に対して戸口調査は不必要と指示した。一〇月、高一生、湯守仁は本部に自首したけれども、高は楽野村で姓名不明な「匪諜」数人に煽動されたと述べ、湯は僅かに陳顕富、簡吉との交流を語るだけであった[43]。こうして、二人は誰かをかばって表面的で抽象的話に終始したようだ。

上述の判決書が参謀総長周至柔に具申されると、林瑞昌、高澤照、汪清山三人は「叛乱実行に着手」罪で死刑、「匪諜を匿った罪」で懲役一五年と刑罰を重くした。さらに総統府参軍長の桂永清（五三年一一月一四日）は、林瑞昌、高澤照、汪清山三人は「政府顛覆の意図を有して実行に着手」しており「死刑」。杜孝生は「懲役一七年」（原「一五年」）、武義徳は「懲役一五年」（原「一二年」）。方義仲は「政府顛覆の実行に着手」しており、「死刑」に改め、武義徳も改めて「無期懲役」とした[44]。

このように、周至柔、次いで桂永清と経るごとに段階的に厳罰化されたことは間違いない。
刑罰の理由を見ると、被告林瑞昌、高澤照は一九四九年夏、二回の「高砂族自治委員会」の準備会議を開催し、「政府顚覆」の具体的な方案を作成した。会議後、林瑞昌、高澤照は陳顕富らと会い、すでに「政府顚覆」実行の前段階にあった。原判決はその罪状を総合的に判断しておらず、軽すぎるようであるとする。そして、①林瑞昌の「叛乱部分」に関する罪刑は一旦撤廃し、改めて「意図的に非合法な手段で政府顚覆の実行に着手」したことで「死刑」、「公民権終身剝奪」、および原判決にある汚職罪を併せて処罰し、死刑執行、公民権終身剝奪、家族の必要な生活費を除いて全ての財産没収と定める。②高澤照に関しても同様とする、とした。[45]
この経緯を見ると、周至柔は審査意見報告を蔣介石に提出、蔣が裁定している時、総督府参謀長桂永清が同報告を検閲し、意見欄に林瑞昌ら三人の外、さらに方義仲を「死刑」、武義徳を「無期懲役」に加重すると書き加えた。これは一一月一四日に蔣に再送され、最終承認を受けた。[46]さらなる厳罰を求めたといえる。この結果、刑罰が厳しくなったのである。処刑される者にとって公民権云々は奇異に感じるが、その家族が公民権を終身剝奪されることを意味するのであろう。

では、ここで桂永清、周至柔とはいかなる人物か。略歴を見ておきたい。
第一に、桂永清（一九〇〇—五四）は江西省出身。黄埔軍官学校第一期卒、第一軍特務大隊長などを歴任、一九二六年北伐に参加。三〇年ドイツ留学。三五年以降、中央軍校教導総隊長、第七八師師長、南京警備副総司令などを歴任。抗日戦争時期は第四六師師長、第二〇軍軍長、四〇年ドイツ駐在武官、軍事代表団長。四六年海軍副総司令を経て総司令。四九年台湾で総統府参軍長、五四年軍参謀総長、同八月に病没した[47]。いわば桂永清は軍統（「藍衣社」）に所属する軍特務の大物であり、軍統が「白色テロ」に積極的に加担していた具体的例となる。

第二に、周至柔（一八九九―一九八六）は浙江省出身。保定軍官学校第八期卒、黄埔軍官学校兵学教官を経て、一九三一年陸軍第一四師師長、三四年中央航空学校校長などを歴任。抗日戦争時期は中国空軍前敵総指揮部総指揮で積極的に対日作戦に従事。四五年国民党第六届中央執行委員、四六年中国空軍主任総司令、五〇年軍参謀総長を経て台湾省主席などを歴任、八六年病没[48]。このように、周は空軍畑の人物で抗日戦争では活躍した。二人とも軍エリートで、軍参謀総長には周は五〇年に就任、桂永清は五四年に就任し、「白色テロ」に際して大きな発言力を有していた。

ロシン処刑の前日、台湾省保安司令部桃園山地治安指揮所による銃殺執行の「公告」が角板山の四ヵ所に貼り出された。「公告」の内容は以下の通り。「売国をおこない、同胞を害する匪徒林瑞昌と高沢照の両犯罪者にはすでに死刑執行の裁定が下った」とし、「二大罪状」を列挙した。

（一）「匪党」（中共）参加・政府転覆の陰謀――参議員の林瑞昌と大渓警察署巡査の高澤照（林瑞昌の親族で、彼により警察に抜擢）は四九年夏、匪湯守仁と共に「朱毛匪幇」（朱徳・毛沢東の中共）に参加した。そして、台北市川端町の月華園に二度集まり、「匪党」の山地行政、活動などについて討論した。並びに「高砂族自治委員会」を組織し、林瑞昌が自ら主席に就任し、「山胞」（原住民）

に「匪党主義」（共産主義）を宣伝し、山地で共産工作を展開した。高澤照も中共党員と連絡をとり、台湾攻撃に呼応する計画を練り、「阿里山武装支部」を成立させた。五〇年治安部隊が逮捕後、現場を捜索したところ、獲得した武器は甚だ多く、罪状は明確である。

（二）汚職、農場公費の横領――林瑞昌と匪徒高一生は、新美農場準備のため、土地銀行から五〇万元を借り受け、まず利息分を差し引いた四四万一四六一元を受領した。だが、二人はこの資金を支出するに当たり、第一農場の表示価格一八万八〇〇〇元から二万七七〇〇元、第二農場の表示価格一二万〇四〇〇元から三万四一〇〇元をピンハネした。そして、彼らは二万元を山分けした。その他、「幾つかの不正があるが、すべてを出しているわけではない」と、他にも不正があるかの如き印象を与えようとしている。

最後に、注意事項として民衆に対して①林と高は国法により制裁を受けたが、財産は家族に必要なものを除き、すべて没収した。そして、家族には罪がないのみならず、政府の保障を受けるし、「一部の財産は没収されるが、家族の生活には決して影響を及ぼさない」と寛大さをアピールする（だが、後述の如く林瑞昌の長男林茂成は、その後の窮乏や嫌がらせになど、上記の言と真っ向から対立する現状を告発する）。②今日、社会の安全のために一人の「悪人」を見逃さないし、絶対に「好い人」を冤罪にすることはない。「中共のスパイを厳しく防止し、検挙しよう」と呼びかけ、かつ「政府は仁愛の心をもっており、自首の門は常に開かれている」[49]、とした。このように、寛大さを装っているが、実際は異なっており、自首しても多くは厳罰を下された。国民党政権は「中共のスパイ」摘発の徹底的な強化を打ち出しており、当然のことながら冤罪も激増したものと考えられる。

一九五四年四月一七日国防部軍法局は、湯守仁、高一生、林瑞昌、汪清山、方義仲、高澤照六名を処刑した。林昭光によれば、「自分が解放され、西側の建物の二階にいた時、東側の牢獄からロシン、高一生、湯守仁の三人が出てきたのを見た。縄をかけられ、プラカードを首から下げ、後ろ手を縛られて軍法処の正門に歩いてきた。そこにはトラックが待っていて高と湯の二人は暴れたが、トラックに投げあげられた。ロシンは暴れたりはしなかった。おそらく法廷では判決を読みあげず、台北市の河原（青島東路？）で判決を読みあげ、すぐに射殺したのだろう(50)」、と。

ところで、ロシンにしろ高一生にしろ、日本植民地時代は「右派」であり、中共に参加するはずもなく、いわゆる中共スパイ組織の「高砂自治会」を組織したこともない。また、ロシンが省参議員に繰り上げ当選は四九年一二月で、当時はなっていない。ロシンは慎重に行動しており、高一生らと討論したとはいえ、角板山が阿里山と武装同盟を結ぼうとした形跡はない。元来、ロシンも高一生も体制内改革派であった。したがって、これらの罪状は完全な捏造であったといえよう。

六　高一生と林昭明

では、林瑞昌と共に処刑された高一生（ウオング・ヤタウヨガナ）について説明しておきたい。高一生は台南師範学校卒。警官と蕃童教育所教師を兼務、かつ定住農業と水田開発をおこない、ツオ

表5－4　高一生（ウオング・ヤタウヨガナ）略歴

1908年	阿里山でツオウ族の家庭に生まれる
1915年	達邦教育所で学ぶ。日本名「矢田一夫」（後に「矢田一生」に改名）
1918年	父が急死。嘉義郡郡守の養育を受けることとなり，嘉義市玉川公学校に転学
1924年	台南師範学校に推薦入学。普通科4年，演習科2年の計六年間学ぶ
1927年	ロシア人学者N・A・ネビスキーによる特富野原住民部落の言語，伝説収集に協力
1930年	故郷の達邦教育所教師に就任，警察駐在所巡査を兼務
1931年	ツオウ族の日本名「湯川春子」と結婚
1945年	・新時局に対応するため，中国名「高一生」に改名 ・自発的にツオウ族を率いて嘉義市政籌備処を訪問し，三民主義青年団への加入を申請，かつ山区治安の維持への協力を申し出る ・呉鳳郷（現在の阿里山郷）郷長に派遣される
1947年	・二二八事件が勃発し、湯守仁に指示してツオウ族青年を率いて下山させ，市区の治安維持に協力させた ・山区に避難してきた台南県長袁国欽を保護
1948年	・国民党政権が二二八事件における「叛乱分子」捜索を始めると，ツオウ族を率いて自発的に投降させ，武器回収に応じた
1950年	・台南県当局に対して，阿里山の新美・茶山などの軍用牧場を開墾し，ツオウ族の新たな土地にすることを申請。参議員ロシン・ワタンが保証人となり，銀行から50万元を借入し，農業技術改善に使用した ・高一生，湯守仁自首（10月）。国民党政権の厳しい監視下で，二二八事件以降も保有していた銃器を差し出した
1951年	・ツオウ族を率いて台北に行き，国民党政権の要人を表敬訪問 ・保安司令部に「匪偽蓬萊族解放」組織加入の嫌疑をかけられる
1952年	逮捕，入獄
1954年	「匪諜叛乱罪」の判決により銃殺。享年46歳

出典：荘永明編『台湾原住民』五，遠流出版事業股份有限公司，2001年，139～140，143頁，および本章各所から考察の上，作成。

ウ族（鄒族）唯一の指導者であった。ロシンと高一生の関係は日本植民地時代に遡る。一九三〇年代にロシンは高砂協会設立を提唱、本部を高砂協会会館（「光復」後の山地会館）に置いた。各州に分会を設置し、先住民集落の各頭目を「自助会長」に改称した。そして、定期的に各自助会の状況と生活改善問題を討論した。この時、ロシンと高一生は本部会員として互いに励ましあう関係となった[51]。

ここで高一生の経歴、思想、活動を詳細に見ておきたい。高一生は台南師範学校在学中に本島人学生と共に学び、次第にツオウ族の伝統に関する知識も増え、かつ原住民生活を改善する決心が芽生え始めた。彼は休みになると、いつも阿里山の故郷に帰り、達邦教育所での教育を手伝った。一九二七年ロシア人民族言語学者であるN・A・ネビスキー（Nevskij）が阿里山の特富野部落でツオウ族の言語と民俗物語を一ヵ月間調査した。この時、高一生は協力。その結果、ネビスキーは二〇〇〇余の語彙・単語や口伝伝承を集める成果をあげることができ、後にそれは『台湾鄒族語典』として編纂された。三〇年三月台南師範学校普通科四年、演習科二年の計六年間学んだ後、故郷に帰り、達邦教育所の正式な教師となり、かつ警察駐在所巡査を兼務し、日本の理蕃政策に協力した。この期間、水稲技術を導入、杉や竹の植林、および埋葬習俗の革新をおこなった外、学習団体として部落青年会などを成立させるなど、重要な役割を果たした。彼はツオウ族の発展における教育を重視し、積極的にツオウ族の子弟に近代的教育を施した。その結果、日本植民地末期、台北帝国大学医学部に入った杜孝生を始め、一〇余人が「中等教育以上」（高等教育？）の学校に進学した。これは台湾原住民族の中でもかなり高い比率である。それを可能にする重要な役割を高一生が担ったといえよう。なお、高一生は台南師範学校在学中から音楽面で天分を発揮した。特に阿里山の故郷で教鞭を採ると、日本情緒ある歌謡曲を創作した。彼はおそらく作詞、作曲とも自らおこなっている。その後、ツオウ族の生活をテーマとした歌謡曲、例えば「塔山之歌」、「攀登玉山」を創った。

彼は民衆の文化、精神両面に対する歌謡曲の影響力を重視した[52]。このように、日本の理蕃政策に協力しながらツオウ族の多面的発展に寄与したのである。

四五年日本が敗戦し、台湾が植民地から解放されると、一〇月高一生は自発的にツオウ族を率いて嘉義市政籌備処を訪れ、山区治安への協力を申し出ると共に、国民党系青年組織である「三民主義青年団」加入を申請した。その後、すぐに呉鳳郷（現在の阿里山郷）郷長に任命された。この後、彼は全力で農業経済の発展に取り組むと同時に、ツオウ族の生活空間を広げた。また、嘉義市にある「日産営光社」（元日本の経営？）を獲得し、ツオウ族の会館とした。さらに阿里山の閣大旅社の経営権を回収すると同時に、林業公共事業を企画し、それで得た利益を呉鳳郷内の建設資金に充てようとした[53]。今度は、新たに国民党政権に協力するという転換を見せたが、ツオウ族の発展を目指す点では一貫していたといえよう。だが、二二八事件の際、下山などの行動をとったことは前述の通りであり、これが、後に国民党政権当局が高一生らを逮捕、処刑する最初の導火線となる。

次いで、高一生はツオウ族以外の原住民知識分子と積極的に結びつき、原住民自治を相談した。台湾全島の各山地郷代表を招集して霧社で会議を開き、山地自治事務を討論しようとしたが、当局の妨害で開かれなかった。この時期、ある部分の共産党員が阿里山に逃げ込み、活動したが、これを黙認した。また、台南県当局に阿里山新美・茶山などの軍用牧場の開墾を申請し、その費用として銀行から五〇万元を借入した。新美農場に積極的に移住、開墾するように鼓舞するため「移墾新美歌」、「勤労耕作歌」を創作し、歌わせた。かくして、高一生らツオウ族の少数の知識分子・エリートは「匪諜叛乱」と「汚職」などの罪名で、五二年九月逮捕された(54)。

では、ここからロシンの甥である林昭明が関係する「台湾蓬萊民族自救闘争青年同盟」に論を進めたい。

表5—5「台湾蓬萊民族自救闘争青年同盟」被疑者案件（一九五四年七月）

姓名	性別	年齢	戸籍・出身地	職業	状況	判決
①林昭明	男	25	桃園	無職	監禁中	懲役一五年
②高建勝	男	24	台北	台北師範学校学生	監禁中	懲役一五年
③趙巨徳	男	26	新竹	五峯国民学校教員	監禁中	懲役一五年
④李訓徳	男	26	桃園	長興国民学校教員	監禁中	懲役七年
⑤廖義渓	男	27	桃園	高義国民学校教員	監禁中	懲役七年
⑥趙文従	男	32	新竹	商業	監禁中	懲役二年
⑦林茂秀	男	23	桃園	建国中学学生	監禁中	懲役二年
⑧程登山	男	25	花蓮	富世国民学校教員	自宅謹慎？	懲役一年六ヵ月
⑨汪淑貞	女	29	嘉義	呉鳳郷衛生所助産士	自宅謹慎？	無罪

出典：檔案管理局所蔵「国家檔案」0040/1571/11238020/126/076　国防部軍務局「案名：張金爵等叛乱案―案由　被告明知為匪諜而不告密検挙各処有期徒刑二年」。

林昭明は一九五二年九月六日、桃園警察局に逮捕された。このことは、叔父ロシン逮捕の前兆ともいえた。表5—5は、五四年七月四日台湾省保安司令部判決による被疑者の姓名、年齢、職業などである。すなわち、九人中、趙文従のみ三二歳で、他は二〇歳代と若く、教員と学生が大半を占めていた。①〜⑦はすでに監禁されており、監禁されていないのは⑧⑨の二人だけである。学生は②⑦の二人、教員が③④⑤⑧の四人である。なお、女は⑨だけである。地域的には桃園県が四人、新竹県が三人などで北部タイヤル族青年を主体とする集団であった。

まず、軍事検察官の「叛乱等案件」に対する判決提案は以下の通りであった。（1）高建勝、趙巨徳、林昭明は非法な方法で政府顛覆を意図して実行に着手した。それぞれ「懲役一五年」、「公民権剝奪一〇年」に処し、すべての所有財産は各家族の必要な生活費を除いて没収。（2）李訓徳、廖義渓は叛乱組織に参加したので、「懲役七年」、「公民権剝奪三年」。（3）趙文従、林茂秀は「匪諜」と知りながら検挙のための密告をしなかった。「懲役二年」。（4）程登山は（3）と同じ罪状で「懲役一年六ヵ月」であるが、「執行猶予二年」（自首により減刑？）がついた。（5）汪淑貞は証拠不十分で「無罪」である。

犯罪「事実」によれば、高建勝は民国三七（一九四八）年末、別案件の被告巫金声に誘われて「朱毛（朱徳・毛沢東）匪幇組織」に参加した。林昭明は同年夏、台北師範学校で学んでいた（この時、非正規生と思われる）時、台北市万華の林瑞昌宅に寄宿していた。そこで「叛徒」簡吉、林立、卓中民らと知りあった。卓中民らは「反動教育」（国民党から見ての「反動」であり、この場合、共産主義教育）を施した。趙巨徳、高建勝とは台北師範学校で同級生であった。四九年四、五月に林昭明は高建勝の紹介で巫金声を知りあった後、また、姓名不詳の「匪幹」（中共幹部）から「共匪思想」を教え込まれた。五月林昭明、高建勝、趙巨徳らに卓中民が連絡し、常時工作を指示した。この際、台湾「解放」後の「蓬莱民族」（台湾原住民）自治を餌に誘われ、五月上旬、林昭明、高建勝、趙巨徳は台北市で「台湾蓬莱民族自救闘争青年同盟」を組織し、民族の「自覚」、「自治」、「自衛」を標榜する宣言を取り決めた。そして、「匪幇」（中共）による台湾攻撃時の準備のため、山地青年吸収工作の分担を決定した。林昭明は卓中民に台湾全省の郷村長の姓名を伝えた。同年一〇月林昭明は台中に行き、山地学生の曾金水と会った。そこで、曾金水、廖義渓らに「自救闘争青年同盟」への参加を要請した結果、二人は同意した。一一、一二月間に林昭明は卓中民と台中に赴き、曾金水と会い、人員拡大を図るが、まだ成果をあげるまでに至らなかった。他方、高建勝、趙巨徳は台北師範学校で山地の団結と自救などを訴えて煽動した。その結果、李訓徳、程登山が「自救闘争青年同盟」に参加を望んだ。なお、五〇年五月高建勝、趙巨徳は嘉義に赴き、国民教育を参観した時、公園でたまたま山地婦女の汪淑貞（別名「汪愛蘭」。日本名は「山中政子」）に出会った。汪が山地青年団体を組織した後、高建勝は「毛（澤東）匪二八周年記念」の小冊子を渡した。その後、汪は林茂秀と連絡をとった。以上のことから保密局は捜査逮捕し、台湾省保安司令部軍事検察官に起訴したとする[55]。

一九五四年六月一六日、省保安司令部の周至柔（参謀総長陸軍一級上将）から総統（蔣介石）に「謹擬審判林昭明等叛乱一案審核意見当否簽請核示」が提出された。すなわち、林昭明、高建勝、趙巨徳三名は叛乱組織に参加し、「党徒」らを吸収し、非合法な方法で政府顚覆に着手した罪、および山地青年叛乱罪を犯した。だが、学生時代で若く知識も浅く、「匪」の誘惑を受けた。したがって、情状酌量して減刑してそれぞれ「懲役一五年」、「公民権剝奪一〇年」、財産は家族が必要な生活費以外すべて没収。李訓徳、廖義渓両名は叛乱組織に参加したが、山地青年の学校進学時期であり、「匪」に唆され、盲従参加した。情状酌量して減刑してそれぞれ「懲役七年」、「公民権剝奪三年」。

趙文従、林茂秀は「匪諜」と明白に知りながら密告せず、「懲役二年」。汪淑貞は証拠不十分で「無罪」。なお、高建勝は一九五〇年花蓮調査站から政治部調査局、台湾省調査処に身柄を移された[56]。このように、彼らは主に中央調査統計局（「C・C団」）系列で処理された。

五四年六月二二日桂永清「原件暨判決呈」を蔣介石に提出した。「叛乱犯」林昭明ら（計九人）は桃園、新竹など山地人であり、五二年九月保密局に前後して検挙されて保安司令部に移送され、法に基づいて審査された。林昭明、高建勝、趙巨徳三名は「匪」（中共）に誘われて署名し、「台湾蓬萊民族自救闘争青年同盟」を組織した。その内、林昭明は台湾全省の山地郷村長の姓名を「匪」に報告し、並びに高建勝、趙巨徳らはそれぞれ「匪徒」の情報を集めた。また、趙文従、林茂秀両名は「知匪不報」、そして、汪淑貞は嫌疑を受けた。原判の説明によれば、林昭明ら三名は均しく山地青年で「叛乱罪」を起こしたのが学生時代で、年若く知識浅く、「匪」の誘いを受けて法律を犯すに至った。情状酌量と各犯罪状況から軽重を考えて処分すると、林昭明、高建勝、趙巨徳はそれぞれ「懲役一五年」、李訓徳、廖義渓はそれぞれ「懲役七年」、財産没収と公民権剝奪など。趙文従、林茂秀は「知匪不報」でそれぞれ「懲役二年」、程登山は自首したので「懲役一年六ヵ月」とあるが、執行猶予二年。汪淑貞は証拠不十分で「無罪」。国防部の再審査を経て法令引用をして修正したとするが[57]、どちらかといえば、ロシンなどの案件と異なり、むしろ桂永清は青年学生であるためか、判決をそのまま了承、あるいは軽減するように動き、全体的に問題なしとした。もっともロシンなどに比して相対的に軽いというだけで厳罰であった。これを受けて蔣介石はそれを認可したものと見なせる。

　安全局の内部資料によれば、「自救闘争青年同盟」は中共の「省工作委員会直属の外郭団体」とする。それに対して、林昭明は共産党の外郭団体でもなく、自らも「共産党員になったことはない」と反論している。呉叡人は林昭明に同意し、「台湾蓬莱民族自救闘争青年同盟」という名称、および「自覚・自治・自衛」のスローガンを見ても、林昭明らが卓中民らの影響を受け、陳顕富ら省工作委員会が創り出した「蓬莱民族」、および「三自」の主張を採用している。とはいえ、林昭明らは原住民文字の創造に執着しており、省工作委員会から独立していた重要な証拠とする。なぜなら陳顕富と蔡孝乾は、アメリカ帝国主義がキリスト教会系統を通して「高山族の独立」と「(原住民言語の)ローマ字（化）の発展」を煽動していると厳しく非難していた。それに対して、林昭明は原住民差別という自らの体験、および日本植民地時代や戦後の教育経験から「民族言語」の必要性とそれを保存すべきであるという信念を持っていた。したがって、呉叡人によれば、林昭明の「高山族文字」の発明への熱情は「一種の危険な分離主義的傾向を明白に示していた」とする。省工作委員会が提起した統一戦線戦略としての「民族自決」を超えているからである。省工作委員会は「民族自決」を用いて原住民を国民党統治反対に動員するが、この目的は原住民の民族的独立ではなく、台湾本省人と反国民党の共同戦線を採らせることにある。換言すれば、絶対に原住民の分離独立までは進ませない。これが国共内戦期の中共の「少数民族自決」の姿勢である[58]。つまり中共は大陸での少数民族政策を台湾原住民にも適用しようとしたと見なせるという。だが、林昭明は原住民の自存、誇りから体制内での原住民言語の必要性を主張しており、「分離主義的傾向」はなかったのではないか。

七　ロシン・ワタンらの入獄・処刑後の家族　林茂成を中心に

ロシン・ワタンの処刑後、彼の長男である林茂成は遺体引き取りに置き場に行った。「沢山の遺体が並んでいて父をなかなか見つけられなかった。奥の方で両手を後ろに縛られ、パンツ姿の父の遺体をやっと見つけた。縛ったまま手の付近を三発くらい撃ち、最後に首の後ろを一発撃ったようだ[59]」

繰り返すが、ロシンは「光復」後も原住民の民意代表の地位にあった。ロシンは山地各郷を奔走し、若い世代に彼の「精神」を教えようとした。だが、ロシンが一旦当局の粛清の対象となると、それら若い世代は恐れて離れていった。原住民の発展と自救の道を探求する集会、団体は反政府と見なされた。甥の林昭光も五一年最初の直接投票で角板郷郷長に当選した。そして、林昭光は郷長在任中に、最も早く山地椎茸栽培に成功し、山地経済を改善した。また、郷内で奉仕労働を発動し、大渓から復興に至る公路敷設にも貢献をした。日本植民地時代から国民党政権時代へと教育も言語も全く一新した状況下でも、彼らは極めて高い民族的な自尊心を有し、学校入学試験での優待合格を望まず、平地人と同等に扱われることを要求した。そして、タイヤル族の台北や台中の各師範学校生と共に励ましあって勉強し、かなり高い理想と抱負を有していた。タイヤル族民衆に自らの歴史と伝統を認識するように求め、自立自強を希望した。五二年一一月ロシンの入獄前、まず甥の林昭明が「匪党に参加」という罪名で逮捕された。林昭光は各方面に彼らの救援を求めて奔走したが、彼自身も逮捕され、四年間、入獄を余儀なくされ、政治生命を断たれた。ロシンの次男林茂秀も「知情不報」（情報を知っていて報告しなかった）という罪で逮捕された。五四年四月ロシンに「匪諜罪」で処刑の判決が下った。同罪でタイヤル族の高澤照、ツオウ族の高一生、湯守仁、武義芳、汪清山らも処刑の判決であった。林茂秀は「懲役二年」、林昭光「懲役四年」、林昭明「懲役一五年」であった。[60]こうした政治的圧迫の中で、後述の如く、残されたロシンの息子たちは教師や医者の職業に活路を見出すことになる。

ロシンの処刑は家族の運命を直撃した。家族には「汚名」が着せられ、ロシンの兄弟二家は閉門となり、外出禁止となった。当時、残されたロシンの家族は長男林茂成（二五歳、教員）、その妻林宝金（二四歳・主婦）と子供三人、次男茂秀（二二歳で入獄二年目）、三男敝夫（高農在学中）、四男昌運（一三歳で初級中学在学中）と長女紫苑（八歳で小学在学中）の計九人である。子供たちはもちろん、弟たちや妹に生活能力はなく、これらの養育すべてが主に長男茂成と彼の妻の肩にかかってきたのである。林瑞昌の財産目録を見ると、洋服ダンス、皮カバン、薬箱から大小鍋まで記載されている、[61]「生活必需品（生活費を含む）以外」としているものの、これらも没収された可能性がある。ロシンの残された家族は極めて窮乏した生活を強いられることとなった。

ロシン処刑の直前、長男の林茂成は教師となったが、角板山国民小学校で仕事を続けることができず、平地郷の国民小学校に転勤し、単身赴任した。次々と他校に転勤させられる嫌がらせを受け、生活が安定しなかった。結局、五六年に教師を辞め、故郷に戻り、勝和材木店の会計となった。五七年角板山近郊の羅浮に一〇年間分割払いで土地を購入し、家を建てた。その後、「国賊の遺児」として国民政府に監視され、公職に就くこともできず、親類、友人も関係するのを恐れ、林茂成の訪問を避けた。電話も盗聴され、訪問客は毎月派出所の担当警察官より報告されるので、林茂成の方からも友人に迷惑をかけることを避け交流を差し控えた。三七年にわたった戒厳令が八四年七月に解除され、安心して友人に会えるようになったという[62]（表5―6）。

なお、林茂成は私のインタビューに答えて、「教師をしたけれども、日本語と台湾語しか話せない。必死で北京語を勉強して簡単な話は北京語で、難しい話は日本語と台湾語で説明した。努力した。にもかかわらず、日本語と台湾語の授業だといって外省人教師から数々の批判と嫌がらせを受けた。『日野三郎の子供』ということで酷かったですよ[63]」、と当時を述懐している。

林茂成の弟の林茂秀と林昌運は前後して高雄医学院山地医師専修科に進学、卒業した。二人ともトップの成績優秀者として賞を獲得している。当時、医学院長であった杜聡明は卒業式の祝辞で、「林昌運君は桃園県復興郷のタイヤル族出身、山地名医の林瑞昌先生の五男（四男）」であり、「父子二代で三人の医者を輩出した。山地社会指導者は喜びを抑え難いであろう」、と賞讃した。だが、この二人は故郷の角板山では医者になれなかった。その原因は治安を乱すと見なされたことにある。家族は長期にわたって監視され、一定期間を置いて必ず警察が来た。そこで、二人はそれぞれ台中

表5－6　林茂成（ユカン・ロシン）略歴

1930年2月	桃園県復興郷角板山で生まれる（10日）
1936年3月	台北市東門小学校に入学
同年9月	東京の小石川区林町小学校に転校
1940年9月	新竹州太湖小学校に転校，卒業（～42年3月）
1942年4月	新竹州立新竹中学校に進学
1945年10月	高雄州左営における海軍予備練習生を経て，佐世保の予科練で海上特攻隊の訓練を受けた。日本降伏により新竹中学に復学，46年3月旧制四年を卒業（第21期生）
1946年9月	省立台北建国中学2年に編入，48年7月卒業
1949年2月	復興郷義盛村の林明生の長女林宝金（ヤゴ・シラン）と結婚
同年4月	角板山国民小学校教員に任じられる
1952年8月	従兄弟の林昭明，および弟林茂秀が逮捕され，入獄
同年11月	父ロシン・ワタンが逮捕され，入獄。その後，面会も許されず，54年4月全財産没収の上，処刑され，永久の別れとなる。その間，52年12月，母日野サガノ死去
1953年12月	従兄弟林昭光が逮捕され，入獄
1954年3月	大渓鎮内柵国民小学校への転勤を命じられる。4月父ロシン・ワタンが処刑される
同年9月	八結小学校に転勤，着任当日，福安小学校への転勤が命じられる
1955年10月	八徳郷茄苳小学校に転勤
1956年3月	嫌がらせに耐えられなくなり，茄苳小学校を辞職。計7年間の教師生活にピリオドを打ち，故郷に戻り，勝和材木店に就職，会計を担当
1957年7月	復興郷供銷（購買販売）会の会計に転職
1965年2月	復興郷供銷会を解散，復興郷農会が新設され，会計係長に就任
1974年2月	復興郷農会を辞職し，景進株式有限会社（伐採業）の会計に転職
1975年4月	弟敝夫が交通事故で死去，享年40歳
1985年3月	復興郷農会第五回理事に選出される
1989年3月	復興郷農会第六回常務監事に選出される
1993年3月	復興郷農会第六回理事長に選出される（～1997年3月退職まで）
同年8月	林家祠堂の落成式典，ロシン・ワタンの位牌を安置
同年10月	ロシン・ワタンの銅像落成除幕式典を挙行
1995年7月	財団法人・台米基金会が「タイヤルの先駆者―その悲運と宿命，ロシン・ワタン」をテーマに，台北の国父（孫文）記念館で展示

出典：①中村平編集『ロシン・ワタンをめぐる史料紹介』http://www.geocities.jp/husv 八三 /LosinWatan.htm，②林茂成氏のインビューなどから作成。

の和平、台北の烏来に向かった。結局、次男の林茂秀は台中で衛生所の医師を一〇年間勤めたが、そこでも監視され、こうした長期監視から逃れる決断をし、「愛知医専」（名古屋大学医学部？）に留学、日本の医師免許を取得し、名古屋で内科医病院を開業した。(64)

こうした状況は林茂成の家族ばかりではない。例えば、（1）邱致明（タイヤル族、教師、県会議員）は高澤照の娘と結婚したことで、一九六一年軍法処の裁判にかけられた。裁判官は「なぜ銃殺された共匪高澤照の娘と結婚するのか」と訊いた。邱は「あなた（裁判官自身）は現在の妻となぜ結婚したのか。若者は好きだから結婚するのでしょう」と反駁した。結局、「懲役五年」となった。裁判官は「邱先生、喜んでください。……五年は最も軽い。無罪と同じだ。少しでも罪があれば、即銃殺だから」といった。獄中では「三民主義とは何か」など一連の洗脳工作を受けたが、国民党政権に対する反感が増大した。(65)

（2）高一生の子供である高英洋は生前の父の記憶はなく、墓しか知らないが、「罪の大きな極悪家族」とされ、「共匪の共犯者」とされた。常に石を投げつけられ、やむを得ず家で勉強するしかなかった。初級中学入学後は尾行された。他方で、何人かに国民党加入を勧められたが、父を銃殺した国民党にどうして加入できようか。大学進学後は国民党の細胞「線人」（同級生などに反国民党の言辞があるか否かを密告し、報酬を得る）になるようにいわれたが、拒絶した。一九七五年八月やっと「黒五類」のレッテルは消滅した。だが、外交官には国民党員でなければなれず、大学卒業後、旅行添乗員の仕事をしたが、パスポートをくれなかった。「善良な人間は迫害を受ける。……我々は本来優秀な民族である」。それなのに「第四等」(①外省人、②閩南人、③客家、④原住民という順だろうか)の扱いをされている。「今日、私が控訴するのは不公平な待遇に対する憤怒である[66]」、と怒りを露わにする。

おわりに

第一に、ロシンの父ワタン・セツは対日武力抵抗をしたが、軍事力の圧倒的な差からタイヤル族を絶滅に追いやる危険性すらあった。そこで、ロシンは日本との融和を図り、理蕃政策である狩猟の禁止、銃回収工作、定住農耕政策などに協力することで、原住民の権利拡大、文化的生活を一歩一歩築いてきた。銃回収工作への協力は対日武力抵抗を放棄したとの証になり、理蕃政策の枠組の中で原住民の権利拡大を期すものといえた。これが可能であったのは、ロシンが総督府任命の公医として山地医療工作に従事し、かつ原住民の信頼を得ていたからである。換言すれば、総督府と原住民のパイプとしての役割を果たし、行政の恩恵を山地に持ち込み、山地を近代化していった。だが、そのことは逆に言えば、日本の台湾植民地支配に協力するものであった。

第二に、台湾の日本植民地支配が打倒され、国民党政権に大転換してもロシンの新たな政権に対する融和的な姿勢は変わらなかった。二二八事件への原住民の呼応を極力阻止し、国民党政権から高い評価を受けた。原住民からの新式銃回収も積極的におこなった。また、中共による台湾攻撃阻止への協力も申し出た。いわば国民党政権を否定するものではなく、その体制内で原住民の生活、権利を守ろうとしたのである。だが、日本占領旧土地の原住民への返還陳情から国民党政権との関係は軋み始めた。その際、ロシンは日本の理蕃政策を評価し、国民政府の山地政策をそれより後退していると批判し、日本植民地時代に獲得した権利、生活などの踏襲、維持、発展を強く求めた。大陸で中共に惨敗し、台湾に追い詰められ、自信を喪失していた蔣介石・国民党政権にとって日本の植民地政策を高く評価、返す刀で国民党政権の政策を批判するロシンの主張は屈辱と感じたかもしれない。また、ロシン、高一生が原住民の絶対的な信頼を得ており、彼らに対して組織力、動員力を発揮できることを恐れた。したがって、植民地時代も国民党時代初期もロシンは体制内改革者、本質的に改良主義者であったにもかかわらず、国民党政権はロシンを「共産党との関係」、「政府転覆」や、新美農場新設も「汚職」と強引に結びつけ、一九五四年処刑するという暴挙に至った。[67]この結果、台湾原住民、とりわけタイヤル族、ツオウ族は重要な指導者を失った。国民党政権はこうしたトップクラスの原住民指導者を排除することで、原住民を直接統制しようとした可能性が強い。

第三に、果たして中共は大陸から台湾に流入していたのか。共産党系を論じる場合、二つに分けねばならない。すなわち、一つは中共系で、華東局からの指示を受けていたとされる台湾省工作委員会である。その主要人物は蔡孝乾、洪幼樵、張志忠、陳顯富、簡吉などである。[68]だが、その内、蔡、張、陳、簡は台湾人であり、外省人は洪幼樵のみである。このように、中共系とはいえ、台湾の共産党の流れを吸収していた可能性がある。省工作委員会の下に原住民対策を推進する山地工作委員会が組織され、同委員会が最初に眼を付けたのが角板山がロシンであった。もう一つは日本植民地時代から残存する台湾の共産党（当時、日本共産党との関連は不明確）であったが、前者が後者の人員を吸収、組織化しようとし、実際に中共系の幹部となっていた。これら幹部は国民党政権の弾圧により平地での運動を断念し、阿里山に逃げ込んだ。やはり体制内改革派である高一生はそれに直接参加することはなかったが、流入を黙認していた。省工作委員会が眼を付けたのが、タイヤル族、否、台湾原住民全体の代表で唯一の議員で実力派のロシン・ワタンであり、彼との接触を試みた。確認できるのは、月華園での二回の集まりだけである。意見交換したのは確かだが、当局は「叛乱集会」と銘打ち、それを罪状・処刑の大きな柱にすえている。実際は大陸情勢などの知識を得たに過ぎない。それ以降の会合はなく、ロシンは台湾省議員になるなど、独自な動きを示している。高一生は二二八事件の際、阿里山から下山をしているが、早めに撤退し、むしろツオウ族の経済基盤確立に奔走していた。これらのことからもロシン、高一生は本質的に原住民地位・権益保全を目指す体制内改革者であり、「国家顛覆」が冤罪であったことは明らかである。林昭明らは「台湾蓬萊民族自救闘争青年同盟」を組織し、民族の「自覚」、「自治」、「自衛」を標榜した。原住民の自決と原住民言語を重視した。国民党に対しては批判的で、中共の「民族自決」には希望をもちながらも一線を画していた。これらの点から、林昭明らはあくまでも原住民の立場から発想しており、中共党員ではなく、敢えていえば中共シンパであろう。(69)

第四に、「白色テロ」下でのロシンの逮捕、処刑自体が家族には苦痛であったばかりでなく、当時の台湾社会の閉塞した政治状況下でのさらなる苦悩の始まりであった。長男茂成は幼い妹弟や自分の子供を養育しなければならず、困窮した。彼は小学校教師となったが、そこでも嫌がらせを受けた。父母の葬儀もできず、遺骨は寝室にある仏壇の中に安置した。一九七六年に羅浮の自宅のわきに仮埋葬した。ロシン処刑から実に三八年後の一九九二年九月一七日になって、やっと「林家祠堂」を建てることができた。そして、ロシンの銅像落成式を挙行し、名誉主席委員李文来ら五人、主任委員翁文徳、副主任委員呉文明ら五人、総幹事林長盛、副総幹事呉廷宏ら三人、それに委員として①仁愛郷は孔文博ら三人、②和平郷は白清文ら五人、③泰安郷は林田章ら六人、④五峰郷は秋振昌ら五人、⑤尖石郷は江順標ら四人、⑥復興郷は林昭光ら五人、⑦烏来郷は簡福源ら五人、⑧大同郷は許金虎ら四人、⑨南澳郷は白天斌ら四人で、名誉主席、主任委員、総幹事なども決められた。そして、ロシンが積極的に活動した仁愛郷、和平郷、泰安郷、五峰郷、尖石郷、烏来郷、大同郷、南澳郷から多数の人々が参列し、盛大におこなわれた。それはロシンがかつて医療活動をおこない、尊敬を集めたところである。ただし、地元である復興郷の人々は「白色テロ」、およびその後の状況を思い出して恐がり、郷長も来ず、一般の人々の参加も少なかった[70]、という。

【註】

（1）瓦歴斯・尤幹（呉俊傑）『Losin Wadan（楽信・瓦旦）―殖民、族人与個人―』一九九三年（?）、一八

〜二九頁、以下、呉俊傑として引用。
（2）林茂成「我的父親楽信瓦旦」（覚書）、紀念台湾省第一届原住民議員林公瑞昌—楽信・瓦旦—銅像落成掲幕典礼委員会編印『追思泰雅族英霊前省議員楽信・瓦旦（林瑞昌）』一九九三年九月、二六〜二八頁など。以下、『追思楽信・瓦旦』と略称。
（3）呉俊傑、前掲書、一〇、一三頁。
（4）荘永明編『台湾原住民』五、遠流出版事業股份有限公司、二〇〇一年、一三一、一三三頁。
（5）林茂成著、中村平訳「タイヤル民族リーダー　ロシン・ワタン（林瑞昌）とツォウ族リーダー　ウオン・ヤタウヨ（高一生）の交際」一九九九年一二月、中村平編集『ロシン・ワタンをめぐる史料紹介』http://www.geocities.jp/husv83/LosinWatan.htm。以下、「タイヤル民族リーダー」と略称。
（6）「懇談会出席の感想」『理蕃の友』第五年二月号、一九三六年二月。
（7）『理蕃の友』第四年一一月号、一九三五年一一月。
（8）・（9）・（10）前掲「懇談會出席の感想」『理蕃の友』第五年二月号、一九三六年二月。
（11）横山恒雄「角板山紀行」『理蕃の友』第五年五月号、一九三六年五月。
（12）「時局と理蕃人の覚悟」『理蕃の友』第六年八月号、一九三七年八月。
（13）呉俊傑、同前、一五〜一六頁。ワタン・タング（林昭明）著、菊池解説・訳・インタビュー・訳注「一九五〇年代台湾白色テロの回憶」、東洋文庫『近代中国研究彙報』第二一号、一九九九年三月等々。
（14）「二二八現場目撃—原住民武義徳—」『自由時報』一九九二年二月二八日。
（15）林えいだい『証言台湾高砂義勇隊』草風館、一九九八年、一六五、二七一頁など。
（16）「タイヤル民族リーダー」。林茂成、前掲「我的父親楽信瓦旦」『追思楽信・瓦旦』二六〜二八頁など。
（17）「タイヤル民族リーダー」。同前「我的父親楽信瓦旦」『追思楽信・瓦旦』二八〜二九頁など。なお、二二二八事件の時、台中でも学生中心の武装した一団が、陳儀の指令でやってきた師団を迎え撃った。そして、埔里に後退して陣を構えたが、多勢に無勢であった。この時、台湾人学生の一隊が霧社に行き、仁愛郷長の高聡儀（おそらくタイヤル族で、現在のセデック族）に対して日本兵の時の戦闘経験を生かして戦うことを求めた。だが、高聡儀は拒否したので、山地は大事には至らなかった。高聡儀はこの功績により南投県会議員になった。他方、台湾人学生は仁愛郷から嘉義方面に逃げたが、国民党軍に捕らえられ、処刑された（石橋孝『旧植民地の落し子・台湾「高砂義勇隊」は今』創思社、一九九二年、二九五〜二九六頁）。

(18)・(19) 前掲「二二八現場目撃―原住民武義徳―」。

(20) 荘永明編『台湾原住民』五、遠流出版事業股份有限公司、二〇〇一年、一三二頁。

(21)「タイヤル民族リーダー」。前掲「我的父親楽信瓦旦」『追思楽信・瓦旦』二八〜二九頁など。

(22) 范燕秋「淪亡於二二八的原住民英霊」(中)、『自由時報』一九九二年二月二七日。

(23) 林瑞昌「本省山地行政的検討」『旁観雑誌』第二期、一九五一年二月。

(24) 藍博洲主編（台湾民衆史工作室）『五〇年代白色恐怖―台北地区案件調査与研究―』台湾市政府委託、台湾史文献会執行、一九九八年四月、一二〜一三頁。

(25) 藍博洲主編、同前、一三〜一四頁。

(26)・(27) 藍博洲主編、同前、一六〜一七頁。

(28) 呉叡人「『台湾高砂族殺人事件』―高一生、湯守仁、林瑞昌事件的初歩政治史重建」、台湾市文化局・中央研究院台湾史研究所共催「紀念二二八事件六〇周年学術研討会」（二〇〇七年二月二六日）での報告書、五頁。

(29)・(30) 呉叡人、同前、五〜七頁。

(31)・(32) 呉叡人、同前、一一、一五〜一六頁。

（33）・（34）呉叡人、同前、一六～一八頁。
（35）范燕秋、前掲「淪亡於二二八的原住民英霊」（中）など。
（36）・（37）范燕秋「淪亡於二二八的原住民英霊」（上）、『自由時報』一九九二年二月二六日。「タイヤル民族リーダー」。ロシンの妻サガノは夫逮捕、心痛のあまり精神錯乱状態となった。その時、角板山の小学校が火事となったが、夫逮捕に怒ったサガノが放火したとの噂があったという。五二年一二月二一日サガノが死去したが、林茂成によれば、「獄中の父ロシンは誰とも面会が許されなかったので、おそらく妻の死を知らなかっただろう」という。
（38）・（39）・（40）呉叡人、前掲書、二五～二六、二八～二九、三三頁など。
（41）国家発展委員会檔案管理局（台湾）所蔵「国家檔案」0041/1571.3/1111/41/004 国防部軍法局「案名：非法顛覆案―検呈湯君等叛乱貪汚等一案巻判請核示」一九五三年八月一九日。以下、檔案管理局と略称。
（42）呉叡人、前掲書、三六頁。
（43）檔案管理局所蔵「国家檔案」0041/1571.3/1111/41/004 国防部軍法局「案名：非法顛覆案―案由：検呈湯君等叛乱貪汚等一案巻判請核示」一九五三年八月一九日。
（44）・（45）檔案管理局所蔵「国家檔案」0042/3132329/329 国防部軍法局「案名：湯守仁等叛乱案」。
（46）呉叡人、前掲書、三七頁。
（47）『中国近現代人名大辞典』中国国際伝播出版社、一九八九年、五五〇～五五一頁。
（48）同前『中国近現代人名大辞典』四六四頁。
（49）「為林匪瑞昌高匪澤照執行死刑告角板山胞書」、中村平編集、前掲『ロシン・ワタンをめぐる史料紹介』。
（50）菊池「林昭光氏へのインタビュー」二〇一五年三月二三日。
（51）「タイヤル民族リーダー」。

(52)荘永明編、前掲書、一三八〜一三九頁。
(53)荘永明編、同前、一三九〜一四〇頁。
(54)荘永明編、同前、一三八、一四一頁など参照。
(55)檔案管理局所蔵「国家檔案」0040/1571/11238020/126/076 国防部軍務局「案名：張金爵等叛乱案—案由：被告明知為匪諜而不告密検挙各処有期徒刑二年」。
(56)・(57)檔案管理局所蔵「国家檔案」0043/3132366/366 国防部軍法局「案名：林昭明等叛乱案」。
(58)呉叡人、前掲書、九〜一一頁。なお、林昭明はインタビューの際、以下のように答えた。「私は共産党員でもなく、共産主義者でもない。……ただ、中共、特に周恩来に共鳴していた。周恩来は従来の少数民族に対する処遇などを自己批判し、少数民族自治やその文化保存を支援するといった。他方、国民党は自らの失政のために大陸で中共に敗北したにもかかわらず、その恨みを台湾の少数民族に対してはらした。『一人の共産党員を殺すために、九九人を誤認して処刑してもかまわない』という態度であった。二二八事件後、私は社会主義者が全世界の被圧迫民族解放の先頭に立ち、植民地を解放すると考えていた。当時、私は少数民族解放と階級解放を同一視していた。少数民族運動はその根本に『救民族思想』を有する社会運動である。少数民族を救うことを目標に、『資本論』などを学ぶことを通して『左傾化』していくのは必然的なことであった」、という。
また、入獄、拷問に関しては、「私が入獄していたのは二二歳から三八歳までである。その後、公民権剥奪が一〇年間続き、約二五年もの間、迫害を受けたことになる。獄中では殴られても殴られても『三民主義』の歌をうたわなかった。拷問はひどいもので、『疲労拷問』では一週間も眠らせないというものだった。桶一杯の水を飲ませる。電気、爪抜き、爪の間に針を入れる、燃える薪の上に坐らせる。……拷問については、語り出せばきりがない。私は自らを否定しないため、また自らの尊厳を守るために、決して屈しなかった」（ワタン・タング、前掲「一九五〇年代台湾白色テロの回憶」）、と。
（59）菊池「林茂成氏へのインタビュー」二〇一一年三月二五日。
（60）范燕秋、前掲「淪亡於二二八的原住民英霊」（中）など。
（61）檔案管理局所蔵「国家檔案」0041/1571.3/1111/41/022 国防部軍務局「案名：非法顚覆案」の「案由：呈報処理叛乱犯林君高君等財産情形請鑒核示遵由」など。
（62）林茂成「我的父親楽信瓦旦」（覚書）、『追思楽信・瓦旦』三〇頁。同「半世紀も長引いた同学との再会」、中村平編集『ロシン・ワタンをめぐる史料紹介』http://www.geocities.jp/husv83/LosinWatan.htm。
（63）菊池「林茂成氏へのインタビュー」二〇〇六年八月一三日。
（64）范燕秋、前掲「淪亡於二二八的原住民英霊」（中）など。
（65）『回帰歴史真相―台湾原住民族百年口述歴史―』原住民族出版社、一九九四年、一六二～一六五頁。
（66）同前『回帰歴史真相―台湾原住民族百年口述歴史―』一六五～一六七頁。
（67）林昭光は私の質問に以下のように答えている。「叔父のロシン・ワタンは無関係だったのに白色テロにやられた。ロシン・ワタンは日本共産党と関係があると疑われたのだ。若い人は少し関係があり、『蓬萊族』の民族自決を夢見た。林昭明はその内容を十分理解していなかった。私は林昭明が『蓬萊青年同盟』（台湾蓬萊民族自救鬪争青年同盟の略称）に参加することに反対した。だが、林昭明は言うことを聞かない」（菊池「林昭光氏へのインタビュー」二〇一五年三月二三日）。
（68）『簡吉獄中日記』（中央研究院台湾史研究所、二〇〇五年、三〇頁）によれば、簡吉が組織した台湾農民組合は一九二八年末、台中で第二回全島代表大会を挙行した時、正式に「台湾共産党」支持の決議をしたとある。
（69）私は「本当に台湾に多数の中共のスパイが流入していたのか。国民党によるでっちあげではないか」と質問した。

それに対して和夫は「陳儀の軍隊、蔣介石の軍隊が台湾に来た時、多くの中共党員が紛れ込んでいた。陳儀と彼の部隊は、蔣介石側に付くか、中共に付くか動揺していた。だって大陸での内戦で蔣介石・国民党軍が劣勢で中共に負けていることを知っていたのだから。蔣介石も陳儀に捕まえられそうになった。陳儀は中共に甘かったから、当然中共党員も紛れ込むことができた」と答えた。

他方、林昭光によれば、「日本が敗戦し、国民党が来る前から共産党はいた。蔣介石が来る前だよ。日本敗戦時にはすでに沢山の共産党員が台湾にいた。台湾人だよ。台湾の知識分子が中共に入党した。日本時代に独立運動をした人々の中には国民党系だけでなく、共産党系もいた。その他、大陸の共産党ではなく台湾の共産党もあった。日本共産党と台湾の共産党との関係はよくわからない。昔は台湾の共産党は日本共産党の下部組織だった。謝雪紅は有名でしょう。だけど、この当時は双方の関係はよくわからない。台湾の共産党は日本共産党かな。例えば、桃園県亀山にあった青果合作社が台湾の共産党のたまり場だった。日本名は『松山』さんで、中国名は李奎吾という人がおり、警察の巡査だったが、日本人が帰国後、角板山の主監となった。『松山』さんは、国民党が『共産党員』として逮捕した最初の人物だ。牢獄に入れられて精神異常を来した。続いて石巻巡査部長、簡天貴『官派』郷長が逮捕された。『官派』とは選挙で選ばれたのではなく、上から派遣された郷長という意味だ。三人が台湾の共産党として逮捕された。石巻と簡天貴は釈放されたが、簡は家に戻ってから自分で柩を準備し、そこで寝起きしていた。『いつ死んでも大丈夫なように』ということだ。李奎吾の武装部隊長は林元枝で、桃園県の芦竹郷郷長である。彼も台湾の共産党で大陸の共産党ではない」、と（菊池「和夫、林昭光両氏へのインタビュー」二〇一五年三月二三日）。
(70) 菊池「林茂成氏へのインタビュー」二〇一一年三月二五日など。

エピローグ

台湾北部タイヤル族は清朝軍と戦い、日本植民地後、対日抵抗を繰り広げた。ここで明確に押さえるべきことは、タイヤル族は清朝も日本も、そして国民党政権も「外族」、「異民族」と見なしていた事実である。それは国家意識に基づくものではなく、狩猟地など自らの生活圏を脅かす「外族」に対するレジスタンスであった。清朝時代には「土牛」という土塁によってタイヤル族を隔離した。日本はそのやり方を継承、強化し、「土牛」を有刺鉄線に変え、その上、高圧電流を流し、さらにタイヤル族を狭い地域に追いつめた。

では、各章から最終結論を導き出したい。

第一に、タイヤル族はガガという精神・組織・規則、宗教までも包括する構造を有し、蕃刀、入れ墨もその一つの体系に包括された。換言すれば、タイヤル伝統社会は「野蛮さ」、「近代化」からの遅れが指摘されがちであるが、元来独自で厳密な「法」と規則を有していたのである。その上、「部落」―「部落同盟」という組織機構が存在し、それに伴い「頭目」―「総頭目」という指導機構も整っていた。これらは外敵との戦闘の際、強固な団結、連帯を可能とし、部落全体が一挙に臨戦体勢を採った。狩猟や「出草」も軍事訓練となり、戦闘力を高める作用があったといえよう。

第二に、本質的に狩猟民族として山、森、林を守り、生活圏への侵害に抵抗するタイヤル族と、山を資源と見なし、鉄、石炭を採掘、木材伐採、およびその運搬や治安確立のために道路や軽便鉄道などを新設し、開発することで、自然を破壊する日本人とは、真っ向から対立した。環境保全という観点から考えれば、それは後ろ向きというより現在、もしくは将来の問題を先取りしていた側面もあることに気づかざるを得ない。したがって、闘争はレジスタンスとしての色彩を濃厚に有していた。国家観念はなく、狩猟場など土地領有権問題であった。日本は「以夷制夷」方針に則り討伐隊は部族間、もしくは種族間矛盾を利用し、原住民同士を対立させ、切り崩していった。原住民掃討は主に警察討伐隊が担ったが、主要に軍隊経験者を擁する警察であり、銃も大砲も不自由なく使用できた。討伐隊を支援するはずの隘勇などは腐敗していた。なお鎮圧できない場合、軍隊出動が予定されていた。それに対してタイヤル族は主に旧式銃、蕃刀、槍、毒矢なども使用し、ゲリラ戦で抵抗した。その結果、清朝は討伐に手こずり、さらに日本討伐隊も多大の犠牲を払わざるを得なかった。最終的に圧倒的な武力の差から屈服を余儀なくされ、日本の理蕃政策を受け入れることになる。かくして、帰順式に参加し、銃を差し出し、対日抵抗を自ら放棄した。頭目は近代的教育を教えることを条件に自らの息子を人質として差し出した。その代表的例が医者、政治家に育ったロシン・ワタンである。彼は日本支配の枠内で懸命に原住民の地位向上に尽力した。それは台湾総督府にとって日本人と原住民の間のパイプとなる望ましい人物だった。

第三に、一九三七年七月の盧溝橋事件以降、皇民化政策は一挙に進み始めた。原住民には国家意識がなかった結果、当然のことながら反天皇制、反国家意識もなく、必然的にそれと関連する「犯罪」も発生しなかった。神社信仰に関していえば、同じアニミズムとしての共通性を有しており、神道に対して本島人ほど違和感や抵抗感はなかった。また、天皇を素朴に「神」と信じたようだ。総督府による銃回収は、それを神聖かつ生活の重要な一部と考えていた原住民にとって大きな苦痛であり、その文化の完全否定であった。原住民の対日抵抗力を失わせ、「出草」禁止という意味で一定程度以上、成功した。それを日本は「進化」（近代化）と称した。農耕を目的とする平地への強制移住も、管理統制強化のみならず、実は同時に国策として山地資源開発の強行を狙ったものである。その上、開発には交通、特に道路を必要とし、道路工事には原住民青年が動員された。こうして物資流通、開発、人的交流が進むにつれ、貨幣経済が不可避的に浸透していき、原住民の伝統生活は変貌を余儀なくされた。特に医療が発達しておらず、伝統的に薬草を使用することもあったが、主に巫婆による迷信的な祈禱であり、それと治療が未分化であった。まず清朝統治時代、漢方が導入され、次いで日本植民地になると、西洋医学が導入された。当初、警察が市販薬などを与えたが、その後、日本人公医、次いで原住民公医が活動することになる。衛生面では、例えば、マラリアをなくすために、蚊撲滅を指導している。これは、日本統治の功績面にも見えるが、蚊のいない山地から平地への強制移動によりマラリアが増大したという事情もあった。

教育面を見ると、日本人警察を教師とする蕃童教育所は主に四年制であるが、本島人との学力差を埋められず、義務教育制への移行に伴い六年制への意向が強まった。それに伴い、師範学校卒の正規の教師が不可欠とされた。また、上級学校への進学者も出てきた。こうして日本の意に沿う原住民育成が図られたが、現地に立脚した農業中心に各種人材育成という面で意義がなかったわけではない。日本語普及には皇民化の一環として全力が尽くされており、唯一の意義をあげるとしたら、原住民各種族間でのコミュニケーションが可能となったことであろう。その他、娯楽形態での啓蒙としては、台湾内外の観光や映画があげられる。これらを通して原住民は知らず知らずに日本の国策に飲み込まれていった。

第四に、太平洋戦争が勃発すると、高砂義勇隊、陸海軍志願兵に「日本国家への忠」を証明できると考え、積極的に募集に応じた。それは日本による強制ではなく、頭目による決定であるとして、その主体性、自発性を強調することで、日本人、本島人による差別構造からの脱却と地位向上も目指した。こうして、日本統治の枠内で「日本人意識」に転換し、地位向上と生存を図った。初期には高砂義勇隊員は台湾に生還すると、「英雄的物語」を語った。こうして、台湾原住民の銃後の活動は鼓舞された。ところが、実際の戦場は全く異なる様相を呈していた。高砂義勇隊員は軍夫から実際の兵士へと変貌せざるを得なくなったのである。戦況の悪化にともない、日本軍からの補給は途絶え、高砂義勇隊は食糧確保に奔走した。極度の食糧不足の中、現地の動植物などで食糧を確保し、餓死寸前の日本兵を助けた。かつ日本軍、特に高砂義勇隊などのゲリラ戦は連合軍を恐れさせた。だが、結局のところ日本は敗戦した。その時、少なくない日本兵が自決の道を選んだ。だが、高砂義勇隊員は自決せず、行動パターンに明確な相違があった。いわば敗戦は「日本人であること」の否定と結びついたのである。

第五に、一九四五年国民党政権が台湾を日本植民地から解放し、「光復」と称した。日本語、および僅かな山地語しか話せなくなった原住民は、一方で「日本協力者」としての烙印を押された。日本植民地時代、ロシン・ワタンは日本との融和を図り、理蕃政策の銃回収工作、定住農耕政策などに協力することで、原住民の権利拡大、生活安定を一歩一歩築いてきた。日本が敗戦し、国民党政権に交替してもロシンのそうした姿勢は変わらなかった。二二八事件への原住民の呼応を極力阻止し、蔣介石・国民党政権から高い評価を受けた。また、中共による台湾攻撃阻止への協力も申し出た。いわば国民党政権の体制内で原住民の生活、権利を守ろうとしたのである。だが、四九年国共内戦に敗北した蔣介石・国民党政権は台湾に逃げ込んできた。挫折感と疑心暗鬼にかられた国民党政権は、二二八事件に続く第二弾目の大弾圧を開始した。それが五〇年代「白色テロ」である。ロシン・ワタンは国民党政権に対して総督府が三井物産に払い下げた土地の原住民返還を陳情し、かつ原住民自治の実現を求めたことから双方の関係は軋み始めた。その際、ロシンは国民党政権の原住民政策は日本植民地時代後期のそれよりも「後退した」と断じた。国民党政権にとってロシンの主張は屈辱と感じたであろう。ロシンにしろ高一生にしろ体制内改革者、改良主義者であったにもかかわらず、「共産党との関係」、「政府転覆」や「汚職」と強引に結びつけ、逮捕、処刑した。国民党政権はこうした原住民のトップクラスの指導者を切ることによって、その抵抗力を奪い、直接統率しようとしたとしたことは間違いない。こうした暴挙が可能となった背景には、アメリカ中心に国際的に台湾「白色テロ」を黙認する冷戦構造があった。

最後に二段階変容について述べて締めくくりとしたい。

【第一段階変容】清朝統治時代には原住民を農耕民に改編する意識はなかった。だが、日本植民地時代になると、理蕃政策によりタイヤル族をはじめ原住民は狩猟民族から農耕民族へと第一回目のコペルニクス的ともいえる大変容を余儀なくされた。また、入れ墨、「出草」は原則禁止された。伝統的な祖先信仰は否定され、代わりに神社信仰・「天皇は神」との概念で置き換えられた。とりわけ日本語が強要されたことは看過できないであろう。道路、鉱山開発への強制労働で安価な賃金が支払われる場合があり、必然的に貨幣経済に巻き込まれ、公認の交易所も開かれた。特に銃回収には力点が置かれ、管理が強化され、一定の狩猟時期のみ貸し出す方式をとった。とはいえ、太平洋戦争勃発を契機に南洋戦場では再武装化が実施されたのである。

【第二段階変容】国民党政権が日本植民地時代からの継承面では、主要土地の継続的支配と農耕民としての継続であり、すでに狩猟民族には戻れなかった。貨幣経済は継続して拡大した。日本植民地時代の都市政策、およびダム・水力発電などを基本的に継承し、それを利用した。だが、これらを除く日本的なものは全面否定され、価値観が大転換した。第二段階目の大変容である。日本語は否定され、中国語（北京語）に置き換えられた。霧社事件をはじめ原住民の抗日闘争の歴史が再評価された。そして神社は否定され、破壊されるか、鄭成功廟に変わるなど再利用された。「天皇は神」も当然のことながら否定され、神道に代わってキリスト教が普及し、かつ祖先神が復活した。それから、新しい概念としては中国共産党の脅威を導入、過度に強調し、「共産主義」の禁止を口実とした原住民弾圧であろう。なお、国民党政権への原住民による武力抵抗はすでに不可能な状態となっていたことはいうまでもない。

あとがき

角板山のタイヤル族研究を開始してから、すでに十数年の歳月が瞬く間に流れた。その間に私は大阪教育大学から愛知学院大学に異動した。本書完成まで、これほど長い時間がかかるとは全く予想外であった。というのは、当初私は、「和夫」氏と日本人妻緑さんの関係や生活を角板山の雄大で美しい緑溢れる風景の中で描きあげるエッセイ風の小著を二、三年で書き上げるつもりだったからである。

こうした折り、私は林昭光、林昭明両氏の母親の九五歳の誕生日会に招かれた。自動車で角板山まで乗せていってくれたのは弁護士で友人の黄徳財氏である。母親は角板山で入れ墨をした最後の生き残りという。ここで、否応なくタイヤル族の伝統に関心をもった。彼らは果たしてどのような伝統生活をして現在に至ったのか。

このように考えていた時、私は林昭明氏の話を直接聞く機会に恵まれた。その際、彼が自らの体験に基づいて書いた一九五〇年代の「白色テロ」に関する文章（中国語）をいただいた。私は一九四七年の二二八事件については種々の本や史料を読み、かつ多くの人々から体験を聞き、それなりに深く知っていた。ただし「白色テロ」に関しては知ってはいたが、実態については全く分からず、二二八事件の延長線上にあると単純に考えていた。国民党にとっては一連の弾圧過程に位置づけられるかもしれない。だが、角板山タイヤル族にとっては、二二八事件の嵐を必死で避けたにもかかわらず、「白色テロ」で狙い撃ちにされた。蔣介石・国民党は中共に敗北し、中国大陸に地盤を失い、恐怖におびえ、疑心暗鬼となり、凶暴性を発揮したのである。林昭明氏の話はこうした台湾史の影の部分について述べたものである。私の歴史研究者としての魂に火がついた。こうした歴史事実を解明する必要がある、と。こうして次第にタイヤル族の歴史研究に深く入っていったのである。

関連拙稿には、

①「日本の理蕃政策と台湾原住民―戦時期を中心に―」、愛知学院大学人間文化研究所『人間文化』第二八号、二〇一三年九月

②「台湾北部角板山タイヤル族の戦中と戦後―ロシン・ワタンを中心に―」『近代台湾の社会経済の変遷』東方書店、二〇一三年一二月

③「台湾原住民から見るアジア・太平洋戦争―高砂義勇隊の実態と歴史的位置―」『現代中国研究』第三三号、二〇一三年一〇月

④「台湾北部における日本討伐隊とタイヤル族―対日抵抗と「帰順」―」『人間文化』第二九号、二〇一四年九月

⑤「台湾原住民の伝統生活と高砂義勇隊」、歴史学会『史潮』第七七号、二〇一五年六月

⑥「一九五〇年代台湾『白色テロ』と原住民―角板山と阿里山―」『人間文化』第三〇号、二〇一五年三月などがある。
また、私が実施した関連インタビューや訳としては、
⑦「現地調査　台湾桃園県復興郷角板山のタイヤル族―『和夫』さんと日本人妻緑さん―」『愛知学院大学文学部紀要』第三八号、二〇〇九年三月
⑧ワタン・タング「一九五〇年代台湾白色テロ受難の回憶」（解説・訳・インタビュー、訳注）、東洋文庫『近代中国研究彙報』第二一号、一九九九年三月などがある。

なお、「和夫」・緑夫妻を始め、タイヤル族各氏に対するインタビューは本書に収録していないものも少なくない。大変興味深い内容なので、本書の姉妹編として『台湾原住民オーラルヒストリー』として完成させ、近い将来出版する計画でいる。

ガヨ・ウープナ（陳振和、通称は「和夫」）・緑夫妻、ポート・タング（林昭光）氏、ワタン・タング（林昭明）氏、および処刑されたロシン・ワタンの長男であるユイヤル・ロシン（林茂成）氏、ロシン・ユーラオ（黄新輝）氏にはインタビューの際、大変お世話になった。本書出版を楽しみにしていたユイヤル・ロシン、ロシン・ユーラオ両氏はすでに亡くなられ、生前本書をお渡しできなかったことを心の中で詫びた。その他、中央研究院近代史研究所の黄福慶氏、友人の魏栄吉氏（名古屋外国語大学元教授）、故黄徳財氏（弁護士）など多くの方々にお世話になった。そして、本書の意義

を認め、繰り返し出版を勧めてくれた集広舎社長の川端幸夫氏にお礼を申し上げたい。そして、本書作成に尽力してくれた花乱社の別府大悟氏にも感謝したい。

二〇一六年三月二三日　春雨に煙る角板山にて

菊池一隆

索　引

＊台湾人名は日本語読みした上で50音順に排列した。

▷ア行

▷カ行

▷サ行

▷タ行

▷ナ行

▷ハ行

▷マ行

▷ヤ行

▷ラ行

▷ワ行

菊池一隆（KIKUCHI Kazutaka）
1949年，宮城県に生まれる
筑波大学大学院歴史・人類学研究科（史学）博士課程単位取得満期退学
現在，愛知学院大学文学部教授，博士（文学），博士（経済学）
1999年，中国社会科学院近代史研究所等共催「中華人民共和国成立50周年中国革命史中青年学術海外優秀論文賞」受賞

■主要著書
- 『中国工業合作運動史の研究—抗戦社会経済基盤と抗日ネットワークの形成—』汲古書院，2002年
- 『日本人反戦兵士と日中戦争—重慶国民政府地域の捕虜収容所と関連させて—』御茶の水書房，2003年
【中文版】朱家駿主編･校訳，林琦，陳傑中訳『日本人反戦士兵与日中戦争』光大出版社〈香港〉，2006年
- 『中国初期協同組合史論 1911-1928 —合作社の起源と初期動態—』日本経済評論社，2008年
- 『中国抗日軍事史 1937-1945』有志舎，2009年
【中文版】袁広泉訳『中国抗日軍事史』社会科学文献出版社〈北京〉，2011年
- 『戦争と華僑—日本・国民政府公館・傀儡政権・華僑間の政治力学—』汲古書院，2011年
- 『東アジア歴史教科書問題の構図—日本・中国・台湾・韓国，および在日朝鮮人学校—』法律文化社，2013年
【中文版】張新民編訳『東亜歴史教科書問題面面観』稲郷出版社〈台湾〉，2015年など

台湾北部《たいわんほくぶ》タイヤル族《ぞく》から見《み》た近現代史《きんげんだいし》
日本植民地時代《にほんしょくみんちじだい》から国民党政権時代《こくみんとうせいけんじだい》の「白色《はくしょく》テロ」へ

2017年3月25日　第1刷発行

著　者　菊池一隆

発行者　川端幸夫

発　行　集広舎
〒812-0035 福岡市博多区中呉服町5番23号
電話 092（271）3767　FAX 092（272）2946

制　作　図書出版花乱社

印刷・製本　モリモト印刷株式会社

ISBN978-4-904213-46-9